Business Manners

for Nursing Services

간호서비스를 위한

비즈니스 매너

문시정 · 최상호 · 권승혁 · 박영선 공저

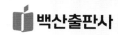
백산출판사

머리말

성장하는 지식산업사회에서는 빠르고 다양한 정보를 공유하고 서로 비교하는 기반을 제공하고 있다. 이러한 비교와 공유는 기업을 중심으로 한 산업의 주체들에게 더 좋은 상품, 더 좋은 서비스를 고객에게 제공해야 하는 치열한 경쟁으로 이끌고 있다.

전통적으로 신성불가침했던 의료, 법률, 과학 및 심지어 외국어까지도 이제는 그 장벽이 낮아지고 있으며 고객은 이러한 정보의 활용을 통해 더욱 많은 권익과 혜택을 요구하고 있고 고객과 시장의 요구를 외면하면 결국 시장에서 도태되고 만다.

의료서비스산업에서도 같은 변화와 시장의 요구에 직면하고 있다. 병원은 제공하는 의료상품의 우수성을 증명하기 위하여 더욱 많은 물적 증거를 제공하고, 고객에 관한 정보를 더욱 많이 수집하며 개인화된 의료서비스를 제공하기 위해 노력하고 있다.

서비스 영역이 세분화되고 전문화됨에 따라 간호서비스의 위상과 기능은 더욱 중요해진다. 업무 및 제공하는 범위와 역량이 꾸준히 고도화되기 때문에 서비스를 통해 전달하고자 하는 핵심요소를 잘 이해하고 스스로 부가가치를 높이는 전략이 필요하다.

본 교재에서는 고객과의 많은 접점을 통해 그 품질을 좌우하는 간호사가 갖추어야 하는 서비스 역량의 기본에 대하여 서술하고 있다. 스스로 더 많은 정보와 제공역량을 확보해야 우수한 간호서비스의 품질을 달성할 수 있도록, 본 교재에서는 3개의 장으로 구성하였다.

첫 번째 장에서는 매너와 에티켓, 예절 등의 정의와 유래, 차이점을 정리하였다. 또한 서비스와 간호서비스의 개념과 트렌드를 제시하고 고객감동과 충성고객을 위한 서비스품질 평가요소 등을 알아보았다. 또한 서비스가 실패했을 경우 대응방법 등을 다루었다.

두 번째 장에서는 반드시 갖추어야 할 간호사의 기본 매너를 이미지, 커뮤니케이션을 중심으로 제시하였다. 특히 고객의 성향에 따라 고객화된 서비스를 제공할 수 있도록 성향별 서비스매너를 추가하여 획일적일 수밖에 없는 간호서비스 변화의 방향을 제시하였다.

세 번째 장에서는 비즈니스 매너를 시작으로, 상황별 간호사의 비즈니스 매너를 서술하였다. 또한 주요 종합병원 및 의료기관 등 입사준비를 할 수 있도록 자기소개, 면접 등 다양한 정보를 제공하였다.

좋은 서비스는 스스로의 노력과 나아가는 과정을 통해 달성된다. 간호사로서 서비스 마인드를 갖추고 비즈니스 매너를 익힘과 동시에, 끊임없는 지식 탐구를 위한 가이드를 제시하는 본 교재가 부디 많은 분께 도움이 되길 바란다.

저자 일동

차례

Ⅲ 상황별 비즈니스 매너

I

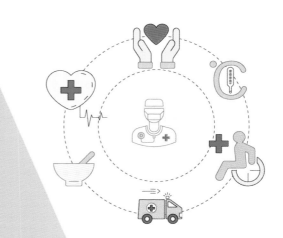

매너와 서비스

간·호·서·비·스·를·위·한·비·즈·니·스·매·너

Ⅰ 매너와 서비스

1 매너와 에티켓의 의미

영국에 초대된 중국 고위 관리자들이 엘리자베스 여왕과 함께 저
녁 만찬을 하는 날이었다. 본격적인 식사가 나오기 전 테이블에는
레몬 띄운 물이 담겨진 핑거볼이 놓여 있었다. 핑거볼에 담긴 물
을 마시는 물로 생각한 중국 고위 관계자들은 핑거볼에 담긴 물을
마셨고 이 모습을 본 영국 관계자들은 당황하거나 비웃으며 수군
대기 시작했다. 그런데 잠시 후…
엘리자베스 여왕은 아무렇지도 않은 듯 핑거볼에 담긴 물을 마시기 시작했다.

건물 안으로 들어가는 출입문에서 앞에 가던 사람이 뒤이어 오는 사람을 위해 문을
잡고 기다려주는 것을 보았거나 경험한 적이 있는가? 아니면 이제 막 닫히려는 엘리베이
터 문을 향해 "잠시만요"를 외치며 필사적으로 뛰어가고 있었음에도 불구하고 안에 타고
있는 사람이 닫힘 버튼을 눌러 야속하게도 엘리베이터를 타지 못했다면 그때 상대에 대

한 느낌, 인상은 어땠는가?

"Manners maketh man(매너가 사람을 만든다)." 이 말은 영화 〈킹스맨〉에서 주인공(해리)을 맡은 배우 콜린퍼스가 한 유명한 대사다. 매너가 사람을 만든다는 말이 과연 무슨 뜻일까? 우리는 공적으로나 사적으로 누군가를 만나고 관계를 갖게 될 때면 사전에 그 사람에 대해 알아보는 경우가 많다. 그 사람에 대해 알아본다는 것을 다른 말로 하면 그 사람의 말과 행동 등을 살펴보고 사람의 됨됨이와 평판 등을 살펴보는 것인데 그것이 바로 매너와 에티켓을 통해 이루어진다는 것이다.

가. 매너의 정의

매너는 라틴어에서 온 것으로 'Manuarius(마누아리우스)'라는 단어에서 그 어원을 찾아볼 수 있다. 'Manuarius'는 'Manus(마누스)'와 'Arius(아리우스)'의 단어가 모인 합성어로 그 뜻을 살펴보면 'Manus'는 영어의 'Hand', '사람의 손'을 뜻하지만 '행동이나 습관'이라는 뜻도 포함하고 있으며 'Arius'는 '방식, 방법'이라는 뜻이 있다. 즉, 매너는 사람의 행동 방식이나 습관이라 할 수 있는데 그것이 현대에 와서는 일상생활 속 사람들과의 만남에서 바르고 기분 좋게 행동하는 방법의 예의와 절차라는 포괄적인 의미로 사용되기도 한다.

자동차 신호등이 녹색불로 바뀌었지만 미처 횡단보도를 건너지 못한 사람을 위해 기다려주는 운전자, 유난히 천천히 식사하는 후배를 위해 함께 속도를 맞춰주는 선배, 또는 소개팅할 대상자를 빛내주기 위해 일부러 덜 꾸미고 나간 주선자, 이들 모두의 행동이 매너라 할 수 있겠다.

한마디로 좋은 매너는 사람을 위하는 마음, 존중과 배려라고도 할 수 있는 것이다.

나. 에티켓의 유래와 정의

'Etiquette(에티켓)'의 어원은 프랑스에서 온 것으로 10세기에서 13세기에 '묶다', '붙이다'의 뜻을 갖고 있는 고대 불어 'Estiquier(에스티끼에르)'에서 왔다. 이것이 14세기를 넘어가면서 줄로 연결해 박아놓은 말뚝들을 지칭하는 중세 불어 'Estiquet(에스티케), Tiquet

(티케), Estiquette(에스티켓)'으로 진화됐다.

에티켓에 대한 유래에는 몇 가지가 있다. 그중 하나로 루이 14세 때 있었던 출입증 이야기를 들 수 있다. 루이 14세는 베르사유 궁전에 출입하는 사람들에게 궁에는 아무나 들어올 수 없고 궁에 어울릴 만한 자격을 갖춘 사람, 규범을 지키는 사람만이 들어올 수 있다는 의미로 궁내에서 지켜야 할 사항이 수록된 출입증을 줬다는 데서 유래됐다.

또 다른 하나는 정원사가 정원 앞 말뚝에 "정원에 들어가지 마시오."라고 붙여 놓은 푯말에서 유래되었다. 베르사유 궁전 안에는 화장실이 없었다고 한다. 불결한 오물이 성스러운 궁 안에 있어서는 안 된다는 것인데 이런 이유로 정원에 들어가서 몰래 볼일을 보는 사람들로 인해 정원은 훼손됐고 오물로 인해 심한 악취가 가득했다고 한다. 이를 더 이상 두고 볼 수 없었던 정원사는 출입금지 표지판을 붙이게 된 것이다.

이 이야기들이 현대로 넘어오면서 에티켓은 마땅히 지켜야 할 규칙, 규범 또는 도리 등의 의미를 담고 있다.

다. 매너와 에티켓의 이해

흔히 에티켓과 매너는 동일시되거나 그 표현과 의미가 같이 쓰이기도 한다. 그렇다면 그 차이는 무엇일까? 에티켓이 사람과 사람 사이에서 서로 지켜야 하는 약속과 같은 것이라면 그 약속을 지키기 위해 하는 행동방식을 매너라고 할 수 있다. 즉, 에티켓은 규칙, 규범과 같은 합리적인 행동기준에 맞추는 'Form'에 해당하는 것이고 매너는 그것을 보여주는 하나의 방식인 'Way'에 해당하는 것이다.

예를 들어보자. 약속시간을 지키는 것은 '에티켓'이고 약속시간에 미리 도착해서 기다려주는 것은 '매너'이다. 영화관 입장 시 영화 상영시간을 준수하는 것은 '에티켓'이고 늦었을 경우 스크린이 가려지지 않게 고개를 숙이고 들어오거나 영화 관람에 방해가 되지 않게 조용히 들어오는 것은 '매너'에 해당하는 것이다.

에티켓은 지켜도 되고 안 지켜도 되는 차원의 문제가 아닌 기본적으로 지켜야 하는 것이다. 에티켓을 지키지 않는 사람은 상식이 없는 사람으로 여겨질 수 있는 것이다. 그러나 꼭 좋은 매너를 보여주지 않는다고 해서 그 사람의 인격이 바닥이라든지 몰상식하다고 말하지는 않는다. 에티켓이 상식에 해당한다면 매너는 그 상식에 플러스를 더한 윤활유와 같은 것이다.

> **매너의 표현 바로 알기**
>
> 표현에도 차이가 있는데 에티켓은 보통 "있다, 없다"로 표현하고 매너는 "좋다, 나쁘다"로 표현한다. 차를 타고 온 남자친구가 문도 열어주지 않은 채 "야… 타"를 외쳤다면 "야… 매너 좀 지켜"가 아니라 "좋은 매너 좀 보여줄래?"라는 표현을, 길을 가고 있는데 자동차가 물을 튀기며 갈 때 재빠르게 여성을 자신의 옷으로 가려줬다면 그건 "매너 있다"가 아니라 "매너가 좋다"로 표현하는 것이 맞다.

엘리자베스 여왕과 중국 고위 관리자들과의 일화에서 중국 고위 관리자들이 물을 마실 때 "어머, 뭐하시는 거죠? 그건 마시는 물이 아니라 손 씻는 물이랍니다"라고 알려줄 수도 있었을 것이다. 하지만 혹시라도 무안해할까봐 핑거볼의 물을 함께 마셔준 엘리자베스 여왕은 비록 에티켓에는 어긋날 수 있으나 자국을 방문한 외교사절단을 배려하는 국왕으로서는 최고로 아름다운, 그리고 최고로 멋진 매너를 보여준 것이 아닐까?

라. 매너와 에티켓의 필요성

첫째, 매너는 함께 사는 사회이기에 필요하다

오른쪽에 보이는 그림은 어떤 한자로 보이는가?

그렇다. 사람 인(人) 자이다. 우리가 살고 있는 사회는 무인도가 아닌 이상 나 혼자 사는 세상이 아니고 혼자 살아갈 수 없는 사회이다. 함께 사는 사회이기에 서로에게 불편을 끼치지 않으면서 살아가기 위한 규칙이 필요한 것이고 서로 양보하고 배려하는 매너가 필요한 것이다.

둘째, 매너는 아름다운 세상을 만든다

영화 〈아름다운 세상을 위하여〉를 보면 '세상을 바꾸기 위한 아이디어를 생각하고 행동하라'는 학교 선생님의 과제를 받고 난 후 주인공은 한 사람이 세 명씩만 도와주더라도 아름다운 세상으로 바뀔 수 있다는 생각을 하고 실천에 옮기게 된다. 친절을 베풀 때마다 그들도 꼭 다른 세 명에게 선행을 베풀라는 메시지도 함께 전하게 되고 이야기는 점점 더 아름다운 세상으로 바꿔어가는 모습을 보여준다.

20세기 초 독일 사회학자 노버트 엘리아스는 "매너란 사회적 약자를 보호함으로써 사회적 불평등을 조금이나마 해소하기 위해 만들어진 것"이라 설명했다. 매너가 필요한 이유 그 둘째가 바로 아름다운 세상을 만들기 때문이다.

셋째, 매너는 자신의 인격과 자신이 속한 조직의 이미지를 형성한다.

2014년 12월 초 국내언론에서는 일명 '땅콩사건'으로 떠들썩했다. 대기업 총수의 딸이자 항공회사 부사장이 객실승무원의 마카다미아 제공 서비스를 문제 삼아 항공기를 유턴시킨 사상 초유의 사건으로 세계백과사전에까지 기재되었다. 한 개인의 심기불편으로 항공기를 유턴시킨 사건도 큰 이슈이겠지만 이에 앞서 기업의 임원이 직원의 아주 작은 실수를 트집 잡아 무릎을 꿇게 할 뿐 아니라 머리를 책자로 때리기까지 한 행동이 국민의 큰 분노를 산 것이다. 서비스의 기본이 매너일진대 기내 서비스를 총괄한다는 사람에게서 매너는 찾아볼 수 없었다. 이 사건으로 인해 대항항공의 이미지는 큰 타격을 입었고 급기야 2천억 원 넘게 주가 손실을 보게 된 것이다.

넷째, 매너는 폭넓은 인맥을 형성하게 해준다

『논어』에 "덕불고필유린(德不孤必有隣)"이란 말이 있다. 덕이 있는 사람은 외롭지 않고 반드시 이웃이 따른다는 의미이다.

쓰레기엔 파리가 모이고 꽃에는 꿀벌이 찾아오듯 좋은 매너를 보여주면 당연히 주변에 따르는 사람들이 많아지면서 다양한 인맥이 자연스럽게 형성되는 것이다.

다섯째, 매너는 성공으로 가는 하이패스다

미국 컬럼비아대학 MBA과정에서 기업 CEO를 대상으로 성공에 가장 큰 영향을 준 요인에 대한 질문을 했다. 설문 결과, 응답자의 93%가 '대인관계에 대한 매너'를 꼽았고, 나머지 7%만이 '실력'이라고 대답했다. 어떻게 그들의 능력과 노력, 남다른 사고력이 성공비율의 극소수를 차지할 수 있겠는가? 어떻게 보면 겸손의 대답일 수도 있다.

하지만 그 겸손의 답변 또한 매너이고 매너가 바로 CEO가 갖추고 있는 실력이라고도 할 수 있을 것이다.

기억하자! '성공으로 가는 지름길은 바로 매너'라는 사실을.

매너의 필요성

- 혼자가 아닌 함께 사는 사회
- 행복하게 살아가는 아름다운 세상을 위해
- 개인의 인격과 자신이 속한 조직의 이미지 형성
- 폭넓은 대인관계 형성
- 성공으로 가는 하이패스

아직도 잊히지 않는 그 남자의 매너

서울 강남 압구정의 로데오 거리가 20~30대 사이에서 패션의 거리로 한창 유행하고 있을 때였다. 워낙 볼거리가 많았던 터라 예쁜 옷들이 자길 보러 오라며 손짓하는 곳마다 구경하느라 하염없이 돌아다녔고 그러다 보니 골목길로 들어가게 되었다. 차도와 인도의 경계가 애매한 좁은 길 한가운데로 천천히 걸어가면서 윈도우 쇼핑을 즐기고 있었다. 그렇게 한참을 걷던 중 왠지 이상한 느낌이 들어서 뒤를 돌아봤더니 한 외제차가 아주 천천히 거북이 주행을 하며 우리 뒤를 따라오고 있는 것이 아닌가? 우리는 목례로 미안함을 표하고 재빨리 자리를 비켜주었고 운전자도 눈을 맞추며 인사한 후에야 속도를 내며 우리의 시야에서 유유히 사라졌다. 아마 내가 뒤를 돌아보지 않았다면 운전자는 골목길이 끝날 때까지 계속 우리 뒤를 따라와주지 않았을까? 보통의 경우라면 경적을 요란하게 울릴 법도 한데 말없이 기다려준 젠틀하고 심지어 잘생기기까지 한 핸섬 가이! 그는 오랜 세월이 지난 지금까지도 추억 속의 멋진 남자로 기억되고 있다.

2 동양의 예절, 서양의 매너와 에티켓

중국 영화 〈패황별희〉(1993)에서 나온 궁궐 내 왕과 신하의 모습, 우리나라 영화 〈광해, 왕이 된 남자〉(2012)에서 왕의 법도를 배우는 장면이나 신하가 왕을 섬기는 모습 등을 떠올려보라. 왕 앞에서는 얼굴도 들지 못한 채 이야기를 하고, 왕의 그림자도 밟지 못하고 그저 땅만 보며 뒤따르는 모습을 보고 있노라면 왠지 딱딱하고 엄한 수직관계가 느껴지지는 않는가? 그럼 영국 영화 〈킹스피치〉(2010)에서 나온 왕과 왕에게 연설법을 가르치는 언어치료사의 모습은 어떠한가? 물론 시대적 배경이 다 다르지만 영화 속 왕과 신하와의 사이에서 그려진 동서양의 예절, 매너나 에티켓은 같은 듯 다른 느낌을 갖게 된다. 동양에서 말하는 예절은 서양에서 말하는 매너나 에티켓과는 다른 의미를 갖고 있는 것일까? 결론부터 말하자면 'YES'도 'NO'도 아니다. 예절, 매너, 에티켓 모두 사람을 생각하고 위하는 그 근본 마음은 같다. 다만 중요시하는 대상이라든가 겉으로 표출된 부분에서 차이가 있는 것이다.

가. 동양 예절의 의미

예절의 사전적 의미는 '예의에 관한 모든 절차나 질서'를 말한다. 예절(禮節)이란 예의(禮儀)와 범절(凡節)을 합친 말로 흔히 줄여서 예절이라고 한다.

예의란 남과의 관계에 있어서 지켜야 하는 마음과 몸가짐의 도리로 내적인 규범을 의미하며 이것은 서양 에티켓의 의미와 유사하다. 범절은 인간관계를 원만하게 하기 위해 만들어낸 모든 일의 순서와 절차, 즉 예의를 외적으로 표현하는 형식, 행동을 뜻하는 것으로 서양 매너의 개념으로 여겨진다.

유교의 영향을 받은 동양의 예절은 오랜 전통을 갖고 있다. 서양보다 그 시기가 훨씬 앞선 2천5백 년 전 공자는 『예기(禮記)』에서 "예가 없다면 개인이나 가정은 물론 국가도 바로 설 수 없다"는 말로, 맹자는 '사양지심예지단야(辭讓之心禮之端也)'라 하여 겸허하게 양보하는 마음이 예의 근본임을 밝히며 예절의 중요성을 강조했다.

나. 예절의 기능

1) 수기(修己)와 치인(治人)

예절은 크게 수기(修己)와 치인(治人)의 두 가지 기능으로 나뉜다. 먼저 첫째로 수기는 자신을 다스리는 수양으로 스스로 사람다워지려는 생각과 자기 스스로를 부단히 관리하는 기능으로 이는 인격적 성장을 이루고 자존감을 높여 자기 성숙을 가져온다.

둘째로 치인이라 함은 타인을 공경하고 존중하는 행위로 원만한 대인관계를 갖게 한다. 관습을 준수함으로써 공동체 생활에서 상호 간의 편의는 물론 합리적인 생활을 영위할 수 있는 것이다.

2) 수기와 치인의 방법

조선시대 전성기를 누렸던 유교사상은 오랜 세월이 지난 지금까지도 우리 의식 깊숙이 자리하고 있다. 부모를 공경하고 스승을 존경하며 친구와 형제 간의 우애를 위한 마음과 몸가짐을 위해 차(茶)문화 체험을 통해 다도와 전통예절을 배우는 교육 프로그램이 학교에서 진행되는가 하면 지리산 청학동, 안동 전통마을 등지에서 이루어지는 예절학교에 참여하는 체험 프로그램도 꾸준한 사랑을 받고 있다. 이를 통해 배울 수 있는 대표적인 정신이 인륜(人倫)이라고 일컫는 삼강오륜(三綱五倫) 즉, 3가지 기본강령(綱領)과 5가지 도덕 강목이다.

▎삼강오륜

삼강(三綱)	군위신강(君爲臣綱)	임금은 신하의 본보기가 되어야 한다.
	부위자강(父爲子綱)	아버지는 아들의 본보기가 되어야 한다.
	부위부강(夫爲婦綱)	남편은 아내의 본보기가 되어야 한다.
오륜(五倫)	부자유친(父子有親)	아버지와 자식 사이에는 친함이 있어야 한다.
	군신유의(君臣有義)	신하는 임금에 대하여 의로써 충성을 다한다.
	부부유별(夫婦有別)	부부 사이에는 구별이 있어야 한다.
	장유유서(長幼有序)	어른과 아이 사이에는 차례와 질서가 있어야 한다.
	붕우유신(朋友有信)	친구 사이에는 신뢰가 있어야 한다.

유교사상을 바탕으로 한 마음과 몸 수양의 또 다른 예는 학자들의 기초학문서인 율곡 이이가 쓴 「격몽요결(擊蒙要訣)」에서 말한 구용구사(九容九思)인데 구용구사라 함은 군자가 명심해야 할 아홉 가지 몸가짐과 마음가짐으로 조선시대 교육지침서로 널리 인용되었다.

여기서 군자라 함은 학문과 덕이 높고 행실이 바르며 품위를 갖춘 사람을 일컫는 말로 이와 비슷한 의미로 사용되는 것이 서양에서는 '젠틀맨(gentleman)'이다. 보통은 '신사'라고 칭하는데 그 단어 속에는 예절과 신의를 갖춘 교양 있는 남성이라는 의미가 포함되어 있는 것이다.

구용구사는 행동을 통해 그 사람의 생각과 인격을 알 수 있고 마음을 바로 하는 데서 바른 행동이 나올 수 있다는 것인데 먼저 몸가짐을 살피는 구용을 살펴보면 다음과 같다.

▌구용

족용중(足容重)	거동을 가볍게 하지 않는다.
수용공(手容恭)	손가짐을 공손히 한다.(손을 가지런히 모은다.)
목용단(目容端)	시선을 바로 한다.(흘려보거나 간사하게 보지 않는다.)
구용지(口容止)	말하거나 음식을 먹을 때를 제외하고 입은 조용히 한다.
석용정(聲容靜)	말소리는 조용히 한다.(가래침을 뱉거나 재채기 시 소리 내지 않는다.)
두용직(頭容直)	머리를 항상 곧게 세운다.(몸은 한쪽으로 기울이지 않는다.)
기용숙(氣容肅)	숨쉬기를 정숙히 한다.(소리 내서 숨 쉬지 않는다.)
입용덕(立容德)	설 때는 덕스럽게 한다.(한쪽으로 비뚤어지지 않게 똑바로 선다.)
색용장(色容莊)	얼굴 모습은 장엄하게 한다.(태만한 기색이 없어야 한다.)

이어서 행동의 근원이라 할 수 있는 마음가짐인 구사를 살펴보면 다음과 같다.

▌구사

사사명(視思明)	사물을 볼 때는 바르게 본다.
청사총(聽思聰)	듣는 것은 명확히 듣고 의미를 분명히 한다.
색사온(色思溫)	안색은 밝고 온화한 빛을 띤다.
모사공(貌思恭)	모습은 공손하고 단정하게 한다.
언사충(言思忠)	한 가지라도 충실하지 않은 말은 하지 않는다.
사사경(事思敬)	한 가지라도 경건하지 않은 일은 하지 않는다.
의사문(疑思問)	의심나는 것은 반드시 물어 알도록 한다.
분사난(忿思難)	화는 이성으로 억제한다.
견득사의(見得思義)	재물은 의리의 분별을 밝혀 의에 합당한 연후에 취한다.

율곡은 항상 구용, 구사를 마음에 두고 몸을 살펴 잠시라도 방심하지 말고, 앉아 있는 곳에 써 두고 항상 볼 것을 권했다.

"예가 아니거든 보지 말며, 예가 아니거든 듣지도 말며, 예가 아니거든 말하지 말며, 예가 아니거든 움직이지 말라"는 율곡의 말에서 당시 예를 행함이 얼마나 중요한가를 짐작해 볼 수 있다.

다. 철학적 사고를 통해 보는 동서양의 차이

동서양의 예절, 서양의 매너와 에티켓은 철학적 가치관과 그 근본정신을 살펴보면 차이를 이해하는 데 도움이 될 수 있을 것이다.

동양철학의 경우에는 관계에 초점을 두었고, 집단을 고려하여 전체적으로 사고하는 것이 중요하게 다루어졌다. 이는 경천사상(敬天思想)을 바탕으로 경로사상(敬老思想)으로 이어지면서 자신에 대한 사랑보다는 부모에 대한 효도, 형제와 벗에 대한 우애, 주변 어른에 대한 공경과 국가에 대한 충성 등으로 확장되면서 공동체의식을 중요시한다.

서양철학의 경우, 사물에 대한 관심이 높았고 이로 인해 사물의 본질을 분석하는 성향이 강했다. 이는 인간의 본연에 대한 관심으로 시작한 인간중심, 평등과 인간존중 사상에까지 이어지게 됐는데 중세시대 봉건제도의 꽃으로 불린 기사들 사이에서 성립된 명예, 성실, 예의를 기본으로 하는 기사도정신과 사랑, 존중, 관용, 봉사 등의 기독교정신 등이 서양의 매너와 에티켓의 기본정신을 이룬 것이다.

동양의 예절	서양의 매너 에티켓
• 상대의 연령이나 신분에 따라 다름 • 수직적 위계질서 • 단체 공동체 의식이 중요 • 경천사상, 경로사상 • 역지사지, 상부상조	• 연령, 신분에 관계없이 대등한 입장 • 수평적 관계질서 • 개인의 행복, 평화 중시 • 기사도정신, 기독교정신 • 합리주의, 여성존중(Lady first)

3 서비스

> • 서비스란 무엇일까?
> 서비스는 어떻게 구성되고 좋은 서비스는 어떤 요소들을 가지고 있으며, 고객은 서비스를 어떻게 평가하는가?

서비스 교육을 받는 사람들에게 이는 가장 기본적인 개념이다. 단순히 인사하고, 몸가짐을 바로 하고, 옷을 잘 차려입고, 예쁘게 보이는 말을 하는 것은 그냥 앵무새를 조련하는 행위일 수밖에 없다.

본질은 왜 이런 관련 행위들을 해야 하는지에 대한 근본적인 이해다. 그게 없다면 부여된 모든 매뉴얼이나 표준들이 서비스를 제공하는 자들에게는 짐이 되고 무거워질 뿐이다.

간호마케팅 관련 학자는 간호서비스의 중요한 장애요소로 간호서비스에 대한 철학의 부재를 중요한 요인으로 꼽았다. 이는 간호라는 행위의 철학보다, 서비스에 대한 구체적인 이해와 부족이 만들어낸 한계점을 지적한 것이다.

본 장에서는 서비스의 구체적인 개념, 구성요소, 제공방법, 평가방법에 대한 이해를 확보하여 보다 품질 높은 간호서비스를 구축하기 위한 방향을 살펴보고자 한다.

가. 서비스의 개념과 정의

1) 서비스의 개념

□ 서비스는 라틴어 '세르부스(Servus)'에서 그 어원을 찾을 수 있고 '노예가 주인에게 충성을 바친다'는 의미에서 출발하였다. 이 개념은 이후 일상적인 '봉사' 또는 '무료'라는 의미로 확대되었고 현대 산업사회에서는 '상대를 위한 봉사 또는 무형의 가치 제공'이라는 의미를 담고 있다.

□ 학자들의 일반적인 서비스에 대한 정의는 다음과 같다.

- 서비스는 행위, 프로세스, 결과로 구성된다(Zeithaml 외 3명).
- 서비스는 무형적인 특성을 갖는 하나 또는 일련의 행위들로 구성되며, 일반적으로 고객과 직원, 그리고 물리적 자원, 제품, 서비스 제공자의 시스템 간 상호작용 속에서 고객의 문제를 해결하는 솔루션 형태로 제공된다(Gronroos).
- 서비스는 어떤 주체가 다른 주체에게 제공하는 경제적인 활동으로 (중략) 서비스 고객은 제공되는 금전, 시간 및 노력의 대가로 물건, 인력, 전문기술, 시설 및 설비, 네트워크 및 시스템 등을 이용함으로써 원하는 가치를 얻을 수 있게 하나, 일반적으로 사용된 유형적 요소에 대해서는 소유권을 가지지 않는다(Lovelock).
- 서비스는 시스템, 인력, 기술, 다른 내/외부 제공시스템, 공유된 정보 등을 공동으로 활용하여 공유된 가치를 창출하는 형태이다(Spohere).

□ 이러한 학자들의 서비스에 대한 정의는 결국 제품과는 달리 좋은 서비스라고 평가받는 요소가 하나가 아니라는 점에 있으며 그러한 서비스의 특징을 CBP(Consumer Benefit Package)로 일컫는다.

□ 학자들에 따라 서비스의 정의는 다양하게 정의되고 있으나, 서비스는 대부분 무형성(Intangibility)과 동시소비성(Simultaneous Consumption)이라는 특징을 가진다는 점은 공통적이다. 무형성은 서비스가 본질적으로 형태를 가지지 않는 특징을 이야기하고 동시소비성은 서비스의 제공과정 자체가 결국 결과물이란 것을 의미한다.

□ 결론적으로 서비스는 고객에게 좋은 경험을 전달할 수 있는 유형적, 무형적 매체의 총합으로 고객의 좋은 경험을 구성하는 것은 서비스 자체의 품질과 서비스 전달과정 모두가 영향을 미친다고 말할 수 있다.

2) 고객의 좋은 경험을 위한 요소

□ 고객의 좋은 경험을 구성하기 위한 서비스는 CBP를 구성해야 한다. 즉 기업이 제공하는 서비스에 고객이 좋아할 수 있는 다양한 혜택들을 조합해야 한다는 것이다. 서비스의 본질적 특성이 무형성이라고 하는 것은 서비스의 구성요소를 포괄적으로 검토해야 한다는 것을 의미하고 이 요소를 학문적으로 단순화시킨 개념이 있는데 이것이 서비스 다발(Service Package)이다.

① 서비스 다발(Service Package)의 구성요소

(1) 보조설비

- 서비스를 공급하기 위해 반드시 있어야 할 물적 자원으로 항공기 회사의 비행기, 병원의 의료설비, 호텔의 각종 침실, 헬스클럽, 수영장 등의 시설을 의미한다. 이러한 보조설비는 건축미, 실내장식, 각종 동선 및 집기의 배치 등이 중요하게 평가받는다.

- 아울러 서비스 제공을 중심으로 서비스 제공과정에서 부수적으로 필요한 시설을 말한다. 예를 들면 호텔의 본연적인 서비스는 잠이고 의료서비스의 본연적 서비스는 질병치료에 있으나 치료과정 또는 잠을 자는 과정 중에 사용되는 시설이 부수적인 제공요소로 인식되어 보조시설이란 명칭을 사용한다.

(2) 편의품

- 서비스를 사용하기 위해 고객이 지니고 있거나 소비하는 물품으로 스키장에서의 스키, 호텔에서는 샤워용품, 병원에서는 환자복 및 개인용품, 패스트푸드점에서는 냅킨, 포크, 나이프와 같이 제공되는 물품을 의미한다.

- 경쟁이 고도화되면서, 편의품은 고객의 경험증진 및 재인식의 도구로 사용되어 고품질의 제품을 무료로 제공하는 경향이 높으며 또한 고객의 재구매를 강하게 견인하는 도구로 사용되고 있다.

(3) 명백한 서비스

- 본연적인 서비스이다. 고객이 즉시 느낄 수 있는 효과로 밥을 먹으면 배가 부른 느낌, 약을 먹으면 통증이 사라지는 현상 등을 일컫는다.

(4) 함축적 서비스

- 서비스의 부차적인 특성으로 고객이 심리적으로 느끼는 효과이다. 귀한 손님을 대접하거나 맞선을 볼 때 호텔을 이용하는 이유는 그 장소를 사용함으로써 서비스를 받는 사람들이 존중받고 돋보이는 심리적 부가가치를 인식하게 하는 것이다. 이처럼 심리적 요소를 서비스에 포함시켜야 한다는 것을 의미한다.

(5) 정보

- 효율적이고 고객화된 서비스를 위해 고객과 서비스 제공자 간에 상호 제공되는 정보나 데이터를 의미한다.
  병원에서 정확한 환자 치료를 위해 가족력과 환자의 병력기록을 활용하고 호텔에 고객이 재방문했을 때 과거 이용 시 선호했던 객실 또는 음료나 식사에 관한 정보를 축적하여 활용하는 활동 등이 그 사례이다.
  이러한 정보의 수집 및 활용이 이전에는 서비스 제공자의 일방적인 전유물이었다면, 이제는 고객이 적극적으로 정보를 비교하고 공유함으로써 서비스 제공자가 고객의 서비스 이용을 지원하기 위해 고객과 소통하며 고객의 요구를 반영한 다양한 정보를 제공하는 방향으로 변화해 가고 있다.

☐ 서비스 다발은 서비스를 제공받는 고객의 총체적 경험에 직접적으로 영향을 미친다. 이러한 다발을 통해 서비스를 제공받은 이후 고객의 서비스에 대한 총체적 서비스를 평가할 때 중요한 평가요인으로 작용한다.
결국 서비스는 서비스 다발을 고려하여 서비스를 설계해야 하며 중요한 것은 이 서비스 다발 내에도 제공자의 역할은 구체적으로 명시되지 않았다는 점을 기억해야 한다.

따라서 서비스 설계 단계에서 서비스 다발 및 서비스 제공자의 역량까지 포괄적으로 고려해야 고객에게 고품질 서비스를 제공할 수 있다.

3) 서비스 품질의 평가

□ 좋은 서비스는 고객이 획득한 서비스 경험에 대한 총량으로 평가한다고 학자들은 이야기한다. 그리고 이 서비스에 대한 경험은 고객이 가진 경험을 비례하여 다르게 나타날 수 있다. 고객 개인이 가지고 있는 경험의 상대적 차이에 따라 서비스 제공 후 나타나는 경험의 총량(인식과 감동의 총량)은 분명히 다르다.

※ 예를 들면, 용인에 사는 대학생과 제주도에 사는 대학생이 있다. 용인에 사는 대학생은 에버랜드를 어려서부터 자주 방문하여 사전에 축적된 경험이 많다. 그러나 제주도에 사는 학생은 에버랜드를 한 번도 방문한 경험이 없다. 이 두 사람이 에버랜드에 같이 방문했을 때 한 사람은 평소의 일반적인 감흥 또는 감흥이 없겠지만, 한 사람은 무척 놀랍고 진기한 경험을 하게 된다.

이렇듯 개인이 가진 경험의 차이가 제공받는 서비스에 대해 감동하거나 보편적이라고 또는 부족하다고 생각할 수 있는 다른 평가를 가져올 수 있는 것이다.

□ 이러한 한계점에도 불구하고 서비스 품질을 평가하는 일반적인 모델은 PZB로 Berry, Zeithaml, Parasuraman의 3인이 연구한 모델을 사용하고 있다. 이들이 모델 안에 구성한 평가요소는 5개의 측정요소로 통합되었고 이는 다음과 같다.

PZB모델 평가요소
1) 신뢰성
2) 대응성
3) 확신성
4) 공감성
5) 유형성

① 신뢰성

- 약속한 서비스를 어김없이 정확하게 수행할 수 있는 능력을 의미하며 고객의 기대에 대해서 적시에 동일한 방법과 수준으로 매번 실수 없이 제공할 수 있는 능력을 의미한다.
  안면이 있거나 없는 고객 간의 차이, 시작할 때는 충실하나 여러 번 반복될 때는 그 수준이 떨어지는 차이 등 신뢰성은 동일한 품질의 서비스를 제공할 수 있는 것을 의미한다.

② 대응성

- 고객을 돕고 신속한 서비스를 제공하겠다는 의지를 의미하며, 뚜렷한 이유 없는 고객의 기다림 방지, 서비스가 실패하면 전문가적인 입장에서 신속하게 실패를 복구할 수 있는 능력 등으로 고객에게 긍정적인 인상을 도출하는 능력이라고 할 수 있다.
- 대부분의 서비스 교육이 말하기에 대해서 집중되고 있어 서비스 불만을 제시할 경우 상담원의 일방적인 이야기와 원칙에 막혀 오히려 고객의 불만을 증폭시키는 경우가 많다. 대응성이란 고객이 불편하게 생각하는 이유와 원인을 잘 듣고 분별하여 그 원인을 제거하고 기업의 입장을 고려해 고객의 추가적인 요구를 잘 조율하는 능력을 의미한다.

③ 확신성

- 서비스 제공에 대한 확신을 주는 직원의 능력과 역량, 직원의 전문성을 돋보이게 하는 지식, 예의바른 근무자세 등을 의미한다.
  확신성의 중요한 특징은 직원이 서비스를 수행하는 역량에 대한 것이다. 실수하거나 주저하거나 무엇인가 부족한 역량으로 인한 서비스 성과의 결여를 예측하게 하는 행위를 줄여야 하며 고객에 대한 준비된 정중함, 존경, 고객과의 효과적인 의사소통, 서비스 제공자의 진심을 다하는 태도 등을 의미한다.

④ 공감성

- 고객에 대한 배려와 개별적인 관심을 보일 준비 및 자세를 의미한다. 고객의 요구나 요청을 이해하기 위해서 고객의 입장에서 생각할 수 있는 능력, 사소한 것에 소홀하지 않는 민감성, 그리고 성실한 노력을 포괄하여 의미한다.
- 공감성은 심적인 동의와 리액션이다. 서비스는 개인과 개인 간의 제공 프로세스가 있어 서비스 실패 시 직접적인 피해를 고객에게 줄 수 있다. 이런 피해에서 고객의 심적 상태를 이해하고 적극적으로 공감해 주는 언행과 리액션은 고객의 분노를 빠르게 누그러뜨리고 빠른 서비스 회복의 기회를 제공한다.

⑤ 유형성

- 물적 시설, 장비, 인력, 통신 등 서비스 제공에 필요한 물리적 환경의 상태를 의미한다. 이는 서비스 제공자의 세심한 관심과 배려를 나타내는 유형적인 증거이고 가장 시각적으로 높은 효과를 나타낸다.

- ※ 이런 유형적 증거는 신뢰성이나 확신성을 지원하는 방식으로도 많이 사용된다. 유명 병원에 걸려 있는 의사의 자격증이나 방송, 논문, 학회상패 등은 의사의 확신성을 제고하는 유형적 증거이며 서비스 실패 시 응대자의 메모는 고객 자신의 민원이 중요하게 여겨지는지에 대한 확신성을 갖게 하는 유형적 요소이다.

□ 각 서비스 다발의 영역들은 이러한 평가요소들을 고려해서 개발되고 제공되어야 한다는 것을 알 수 있다. 따라서 서비스는 이제 단순히 제공되는 무료의 물품이 아니라 전략적으로 설계되고 구성되는 하나의 통합상품임을 직시해야 한다.

4) 서비스 품질의 평가방법

□ 서비스 품질 평가는 앞에서 언급한 5개의 서비스 품질 요소를 중심으로 이루어진다. 고객에게 제공되는 모든 서비스는 서비스 품질 요소로 구분되고, 각 평가요소는 고객의 서비스 제공 전의 기대와 서비스 수행 후의 인지의 차이를 분야별로 평가해 그 총합을 도출하면 된다. 이를 도식화하면 다음과 같다.

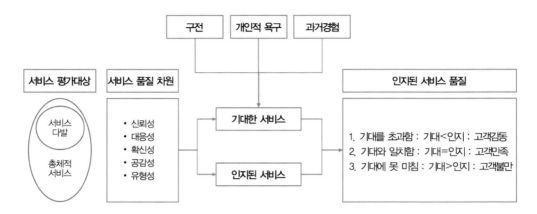

□ 서비스를 제공받기 전에는 누구나 기대를 하게 된다. 기대는 구전, 과거의 경험, 개인의 욕구를 기반으로 구성되고 이렇게 형성된 기대는 서비스를 제공받는 과정에서 철저히 비교된다.

우리는 이를 평가하기 위해 서비스 제공 전 기대의 값과 서비스 제공 후 기대의 값을 기록하며 평가한다.

□ 일반적인 서비스 품질의 해석은 분석된 각 요소의 총합이 고객의 기대 수준보다 높은 인상을 남겼을 경우 '고객감동'으로, 기대와 일치하는 경우도 '고객만족'으로, 인상이 기대에 못 미쳤을 경우 '고객불만'으로 평가된다.

□ 서비스 평가결과의 해석에서 가장 조심해야 할 부분은 앞서 말한 바와 같이 고객의 경험과 기대수준의 차이를 고려하는 것이다.

관련된 서비스를 많이 받아본 고객의 경우 향후 동일 서비스를 구매할 경우 이에 대한 높은 평가역량을 가지고 있다.

이러한 평가역량은 고객마다 일정한 수준으로 작용하지 않으므로 서비스 설계자는 이러한 서비스 평가결과를 적용 시 측정 대상이었던 고객의 경험수준을 잘 평가해서 활용해야 한다.

나. 서비스 트렌드

- 고객들은 더 영리해지고, 기업의 생존을 위한 경쟁은 더욱 치열하다.
- 가치이동이란 … 가치는 'Value' 또는 'benefit'의 개념으로 고객과 기업은 더 많은 가치를 창출할 수 있는 방향으로 이동하는 것을 의미한다.

□ 고객은 어떤 상품 또는 어떤 서비스를 구매할까? 여러분들은 어떤 조건이 충족되면 구매를 하는가? 이러한 질문에 대한 일반적인 답은 이렇다. 같은 값이면 더 좋고, 같은 값이면 더 많이 주고, 같은 값이면 더 즐거울 수 있는 제품 즉 '이왕이면 다홍치마'라는 말

고객은 제품 하나를 구매하더라도 더 편한 방식, 더 많은 혜택을 주는 상품, 서비스 그리고 거래조건을 찾아 다닌다. 즉 자신이 누릴 수 있는 보다 많은 혜택을 찾아 시장을 검색하고 정보를 모으고 상품, 서비스, 시장을 이동한다. 요즘은 해외직구도 마다하지 않는 것이 바로 이러한 특성을 잘 대변한다고 할 수 있다.

기업은 어떤가? 조금 팔린다고 알려진 제품이 등장하면 수많은 복제상품 또는 경쟁제품이 나타나고 제품만으로의 시장경쟁력이 미약하면 1＋1 행사, 각종 경품행사, 해외여행 이벤트, 콘서트 초청 등 다채로운 서비스를 그 제품의 판매를 위해 제공하고 가격이 큰 제품의 경우 카드할인, 금융상품 연계, 포인트 연계 등 다양한 서비스를 제공한다.

고객과 시장은 기업들이 제공하는 조건을 비교하여 더 큰 혜택을 주는 쪽으로, 기업은 고객이 원하는 혜택이 큰 서비스를 상품과 결합하여 더 큰 매출을 달성할 수 있는 쪽으로 서로 이동하는데, 이러한 현상을 '가치이동(Value Mirgation)'이라고 한다.

□ 가치이동은 오래전부터 산업 간의 인구이동을 의미하는 경제학적 용어이다. 요즘에 와서는 정보통신의 기술발달 즉 인터넷, SNS, 모바일의 기술이 발달하면서 고

객이 상품이나 제품에 대한 정보획득이 용이해지고 서로 비교하며 또한 그 사용경험을 공유하면서 더욱더 강력해지는 시장 변화와 이동을 설명하는 핵심 개념이기도 하다.

그만큼 고객이 스마트해진 시대에서 개인/조직/기업의 성과는 결국 어떤 혜택을 고객과 시장에 만들어 주는가, 그 혜택이 남들과 얼마나 차별적이고 또한 고객 개개인의 성향과 구매패턴에 얼마나 적합한가가 중요한 성공요소로 나타나고 있다. 한때 선풍적인 인기를 끌고 서비스의 대명사가 되었던 이 한마디.

- 신선했던 "고객님! 사랑합니다!"
  더 이상 믿지 않는 "사랑합니다. 호갱님으로.."

지금의 여러분은 어떻게 이 말을 생각하는가? 사랑받는다고 믿어지는가?

한때는 이 말을 누구나 어떤 기업에서나 사용했고 이것이 서비스의 표준이었다. 그러나 획일적인 서비스가 시장 내에 만연해지자 고객들은 이 말에서 진정성이란 중요한 요소를 상실하게 되었다. 또 어디든 같은 말이 되풀이되는 현상을 보면서 고객은 식상함으로 더 이상 이 말에 감동 또는 만족하지 못하는 현상이 대두되었다. 이것이 서비스의 중요한 특징이다. 누구나 따라 할 수 있고, 따라 하는 것을 막을 수 없으며, 한번 시작한 서비스는 계속적으로 고객을 만족 또는 유지시키기 위해 그 강도를 더해야 한다.

경제학자 Kano는 서비스의 수준을 다음과 같이 제시하였다.

고객들이 매우 뛰어나다고 인식하는 서비스(Excitement), 평범하다고 인식하는 서비스(Performance), 이건 아주 기본이라고(Basic) 인식하는 서비스의 수준이 있다고 규정하였다.

일반적으로 제공되는 서비스는 뛰어남과 기본 사이의 영역에서 존재하고, 빨간 선 위를 넘어서는 서비스는 고객에게 '감동'으로 인식되며, 아래 기본이라는 초록 선을 넘어선 서비스는 고객에게 '서비스 실패'로 인식된다고 하였다.

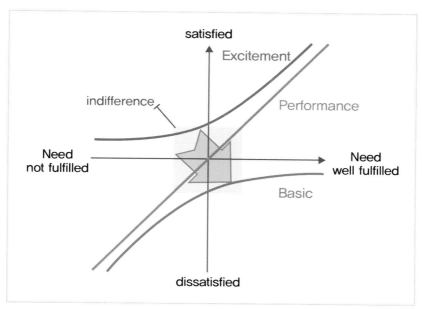

Kano's Model

더더욱 주목해야 할 점은 '아무리 뛰어난 서비스였다 할지라도, 시간의 흐름에 따라 서비스가 고객에게 많이 노출되면 그 기준이 뛰어남에서 기본으로, 기본에서 불만족으로 이동하는 현상을 보인다'는 점이다. (서비스경영, 유영목)

예전부터 우리가 받아왔던 서비스는 이제 더 이상 차별점이 되지 않는다. 결국 고객들 누구나 바라던 기본이 되어버렸고 이 수준을 넘어 새로운 서비스 역량을 확보하지 못하면 무엇을 해도 우리는 고객에게 불만족을 즉 고객을 불쾌하게 만드는 상황에 있음을 직시해야 한다.

- 서비스는 끊임없이 진화되어야 한다.
- 그렇다면 서비스의 진화 방향은 어디를 향하는 것일까?

□ 서비스는 가치이동, 서비스의 자체적인 행동 특성에 따라 끊임없이 진화해야 한다. 식상함을 벗어나 무엇인가 경의로운 경지로 끊임없이 고도화되어야 하고

이를 위해서 우리는 끊임없는 정보와 학습의 역량을 필수 성공요소로 정의하고 있다.

☐ 끊임없는 정보의 탐색과 지속적인 학습

취직하면 끝날 것 같았던 이 지루한 반복의 과정은 여전히 계속되며 여러분의 성장이 멈추는 날까지 또는 여러분이 포기할 때까지 이 과정은 반복되어야 할 것이다. 특히 서비스를 경영하고 서비스의 질과 양을 확대하거나 새로운 서비스를 지속적으로 개발해야 한다면 말이다.

그렇다면 우리는 이 서비스의 변화가 어디로 향하고 있는지를 알아야 한다. 지금부터 그 내용들을 살펴보기로 하겠다.

다. 서비스의 변화와 방향

1) 서비스의 유형화와 제조의 무형화

☐ 서비스의 유형화(Tangibilization)

근본적으로 서비스는 남에게 주는 봉사의 의미 또는 추가적인 제공의 의미로, 눈에 보이지 않는 특성이 있다. 따라서 고객이 좋은 서비스를 받았다고 해서 감동은 남길 수 있으나 좋은 서비스를 제공한 상품, 조직, 기업을 지속적으로 각인시킬 수 있는 물적 증거는 제한적일 수밖에 없다.

이에 기존의 서비스 산업은 고객의 반복인식, 간접노출을 통한 리마인드를 목적으로 유형적 요소를 강화하며 이는 시설, 유니폼, 로고, 기념품, 편의품, 자격증, 인증서 등 다양한 요소에 적용된다.

특정 호텔의 이름이 방송에 나오지 않아도 특이한 시설, 조각, 분위기를 보면 이전에 경험했던 고객들의 머리에 다시 한번 각인되고 편안한 잠자리만으로는 변별력이 없는 서비스를 다른 요소들을 통해 강화하는 것이 서비스 유형화의 핵심이라고 할 수 있다.

병원의 경우 연구실적, 수상내역, 평가순위, 분야전문교수, 유명인의 사인 등을 공개하는 이유가 서비스를 유형적으로 증명하기 위함이다.

□ 또 하나의 대표적인 유형은 Servitization, 제조의 무형화이다. 제조의 경우 상품으로 대변되며, 상품의 기능적인 성과 이외에는 추가적인 서비스, 즉 고객의 혜택을 만들어 주기 어렵다. 이에 따라 제품의 구매를 위한 정보의 제공, 구매를 위한 금융서비스, 구매 후 사후관리 및 고객관리 등 다양한 서비스를 제공함으로 추가적인 혜택을 제공하는 경향이라고 할 수 있다.

현대자동차의 사례를 보면 광고를 통한 이미지전달, 홈페이지를 통한 정보제공, 할부금융의 알선 및 적용, 무상 AS 제공, 각종 쿠폰 및 혜택의 제공 등 실제 제조의 자동차 판매를 통한 가격 할인 외에 추가적인 서비스를 제공하고 있다.

이렇듯 서비스의 유형화와 제조의 무형화는 서로의 고유 영역에서 가치이동을 한다.

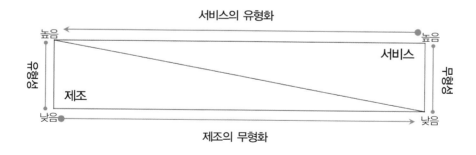

특히, 정보통신기술의 고도화에 따라 고객의 제품 및 서비스에 대한 정보획득 및 비교가 용이해지면서 제조기업은 필사적으로 서비스를 추가하고 서비스 기업은 필사적으로 제조의 유형적 성격을 자신의 사업영역에 포함하려는 경향이 고조되고 있다.

2) 서비스 산업의 가치이동의 방향

• 궁극적인 서비스 산업의 핵심 영역은 '인간'

□ 많은 경제학자들이 대부분의 경제활동 단계를 3단계로 정의한 반면, 콜린 클락 (Colin Clark)은 이를 보다 구체화한 5단계로 정의하면서 미래 핵심 부가가치를 가지는 서비스 산업을 제시하였다. 궁극적인 핵심 서비스 산업인 인간의 건강, 교육, 연구, 예술 및 인문학적 연구를 필요로 하는 대상의 서비스가 핵심 산업으로 나타날 것을 주장하였다. 이러한 주장은 요즘의 인문학을 기반으로 한 서비스의 개인화, 차별화, 맞춤화의 경향과 사람의 성향유형에 따른 서비스의 차별화 추세와 그 궤를 같이하고 있다고 볼 수 있다.

경제활동의 발전단계

3) 경제학 측면에서의 서비스 변화

- 후기산업사회를 통해 고도화된 사회는 개인의 경험을 중심으로 한 경제시대로 진화
- 보다 나은 고객 경험을 제공할 수 있는 코칭 및 디자인이 핵심영역

□ 다니엘 벨은 경제발전의 단계를 4단계로 구분하였고 이는 서비스의 발전 방향을 이해하는 데 중요한 기준으로 사용되었다. 특히 경험경제시대의 경제발전단계는 현재와 미래 서비스 전략의 중요한 어젠다로 활용되고 있다.

① 농경사회

- 농경사회는 산업화 이전의 사회(Preindustrial Society)로 정의하며 농경사회의 삶은 자연과의 투쟁으로 그 특징을 정의할 수 있다. 이 시기는 주로 농업, 광업, 어업에 종사하며 계절과 자연의 리듬에 순응하고 사회생활은 가정의 테두리를 벗어나지 않았다.
- 낮은 생산성과 많은 인구로 실업률이 높고 서비스 부분의 일을 찾지만 그 범위는 개인, 가정을 범주로 서비스가 발생하는 특징을 정의하였다.

② 산업사회

- 산업사회(Industrial Society)의 가장 중심적인 활동은 적은 비용으로 많은 재화를 생산하는 생산성이 핵심이며, 단위당 노동 산출량을 최대화하기 위해 작업을 구조화하고 일정과 시간의 가치가 중시되는 요소이다.
- 일정과 시간의 효율과 가치로 인해 조직은 관료적이고 계층적인 거대 조직을 구성하며 사람을 하나의 개체로 보는 비인적인 특성이 나타난다. 사회적 삶의 기본단위가 개인이며 사회는 개개인이 시장에서 내리는 의사결정의 총집합으로 여겨진다.

③ 후기산업사회

- 후기산업사회(Postindustrial Society)는 삶의 질 즉 건강, 교육, 레크리에이션 등과 같은 서비스에 의해서 측정되며 가장 핵심적인 자원은 정보로, 정보를 가진 전문가가 핵심 역할을 수행한다.
- 후기산업사회는 사람 간의 다양한 주장과 권리가 배가됨으로써 단순한 사회생활이 어려워지고, 사회의 기본 구성단위가 지역 또는 사회가 된다.
- 이 시기의 구성원들은 전문적이고 기술적인 역량이 필요하고, 서비스가 사회 또는 정보의 공공서비스의 성장으로 연계되며, 발생하는 문제가 상호 의존적이다.

④ 경험경제시대

- 후기산업사회(Postindustrial Society)의 서비스의 개념이 고도화됨에 따라 서비스의 체계가 경험경제(Experience economy)로 진화하며 이 시기는 '고객서비스 경험'과 '비즈니스 경험'으로 세분화되어 경험이 서비스 상품을 구성하는 핵심 역할을 수행한다.
- 경험경제의 시대에는 창출되는 부가가치 고객과 서비스 제공자의 협력을 통해 구축 되어지고, 양질의 서비스품질은 상호 간의 밀접한 관계 형성이 좌우하게 된다. 따라서 밀접한 관계 형성을 위해서는 고객의 다양한 요구에 유연하게 대응할 수 있는 서비스 제공자의 역량이 중요하다. 이는 꾸준한 학습과 정보 습득을 통해 훈련할 수 있다.
- 이 시기의 구성원은 전문적이고 기술적인 역량을 고객에 따라 다변화하고, 고객과 밀접한 관계 형성을 위한 유연하고 효과적인 정보수집 그리고 고객의 Wants와 Needs에 맞춤형으로 대응할 수 있는 제공능력의 유연성이 중요한 서비스 요소이다.

4) 경험경제 시대의 이해

□ 경험경제를 이해하기 위해서는 앞에서 서술한 고객서비스의 경험과 비즈니스 경험, 이 2가지 경험에 대하여 이해하여야 한다.

- 기업 – 고객의 경험이란,

  기억 속에 깊이 남을 수 있는 방식으로 고객을 서비스의 과정에 개별적으로 참여 또는 연계시켜 만족, 성취라는 가치를 창출하고, 기업은 고객의 기억에 남는 경험을 연출함에 그에 대한 대가를 청구함으로써 경험 경제를 구현할 수 있게 되는 것을 의미한다.

  그럼 고객서비스의 경험이란 무엇인가?

① 고객서비스 경험

- 서비스의 제공과정에 고객이 참여하는 경험을 의미한다. 이러한 고객의 서비스 참여의 경로는 4가지 유형으로 정의되며 다음과 같다.

고객의 참여

		수동적	적극적
환경과의 관계	몰입	**오락** (영화)	**교육** (언어)
	일체화	**탐미주의** (여행)	**일상으로부터 탈출** (스쿠버다이빙)

고객서비스 경험의 4가지 영역

- 고객 서비스의 경험은 고객의 참여가 능동적인가 수동적인가라는 기준과 환경과 일체화되느냐 또는 무엇을 어떻게 보고 어떻게 느끼느냐의 관계를 기준으로 구분된다.

  - 과거의 서비스는 자연환경보다 제한된 시설 및 영역에서 서비스 제공자가 제한적으로 제공하는 콘텐츠를 보고 듣게 되는 서비스를 갖거나, 또는 패키지여행처럼 코스나 콘텐츠는 여행사가 준비하고 고객은 설계된 환경에 참여하는 형태의 서비스가 주된 고객 경험을 제공하는 방식이었다.

- 획일화된 서비스에 대한 고객의 경험이 축적되면 고객은 다른 방식으로 서비스 참여를 요구하거나 기대하게 된다. 단순히 보고 즐기는 여행에서 새로운 문화를 배워보고 만들어 보는 영역으로 능동적 참여를 시도하고, 이러한 능동적 참여가 극대화되면 자연에 대한 도전, 일체감을 위한 익스트림 형태의 경험을 추구하게 된다.
- 여행상품의 사례를 보면, 이전에는 패키지에서, 자유여행으로 제공된 여행지식에서 참여가 스스로 학습된 사전 지식을 통한 개인 중심의 여행으로 시장이 변화한다고 할 수 있다.

• 고객의 경험은 고객 역시 끊임없이 정보를 모으고 학습하고 있다는 것을 의미하며 정보적으로 서비스 제공자 또는 기업보다 우월할 수 있는 위치를 점유할 수 있다는 것을 의미한다.
그러한 트렌드에 대응하기 위해 기업도 비즈니스 경험이라는 요소를 통해 고객의 서비스경험을 적극적으로 디자인한다.

② 비즈니스 경험

• 비즈니스 경험이란 기업이 서비스제공을 준비할 때 고객의 경험을 극대화하기 위한 서비스제공의 방식, 관계 형성의 역량, 서비스제공에 대한 기업의 경험을 일컫는다.
• 따라서 비즈니스 경험을 구성하는 요소는 가치 공동창출의 경험, 관계 형성의 경험, 서비스 제공역량 및 방법론에 대한 경험을 의미하고 각각을 살펴보면 다음과 같다.

(1) 가치 공동창출

• 고객은 관계로부터 추출되는 가치의 공동창출자이며 또한 고객은 서비스 프로세스의 투입요소이다.

(2) 관계

- 고객과의 관계는 혁신과 차별화의 원천이다.
- 장기적인 관계의 형성은 고객의 요구에 부합하는 개인적 서비스를 제공하는 능력을 가능하게 한다.

(3) 서비스 역량

- 서비스 품질은 유지하면서 수요 및 요구의 변동에 대응할 수 있는 서비스 역량이 필요
- 서비스 품질은 고객관점으로 측정되므로 고객의 관점에 맞추어 서비스를 제공할 수 있는 역량이 필요

5) 서비스시장의 특성 변화

□ 서비스 산업의 경험경제화에 따라 서비스를 제공받는 고객과 기업의 역할은 서로 매우 밀접하고 잦은 소통을 요구하게 되었다. 기존에 기업이 준비한 일방향적 서비스에서 쌍방향적 서비스로의 소통의 방향과 접촉의 빈도가 변화하였다.

병원의 의료서비스 또는 간호서비스의 영역도 마찬가지 형태를 보이고 있다. 의사의 성공적 의료서비스에 대한 평가가 온라인에 공유되고 또한 해당 의료기관의 간호 및 의료서비스의 수준도 의료기관의 선택에 중요한 요소가 되고 있다. 특히 의료기관의 경영적 자립과 시장의 경쟁이 강화됨에 따라 의료기관의 의료서비스는 본질적 요소(의료서비스의 질)에서 보조적 요소(편의성, 시설, 간호 및 지원서비스)로 그 범주를 강화하고 있고, 이러한 강화된 품질을 고객은 서로 비교하고 평가하며 그 정보를 공유하고 있다는 것을 유념해야 한다.

6) 미래 서비스의 방향

□ 그럼 미래의 서비스는 세분화 및 개인화가 첫 번째 특징이다.

우리가 제공하는 서비스는 무엇보다 고객의 개개인 그리고 보다 세분화된 시장을

대상으로 해야 하며 그 대상 면면의 요구에 차별적으로 대응해야 한다. 그러한 차별적 대응을 위해서는 권한과 책임, 매뉴얼로 한정지은 서비스 제공에 대한 한계를 넘어서야 한다. 이로 인해 서비스 제공자는 더욱더 큰 책임과 권한을 부여받고 고객에 대해서 끊임없이 공부하고 정보를 수집하며 고객의 다양한 요구에 차별적으로 대응할 수 있는 역량을 확보해야 한다.

두 번째 특징은 서비스 제공자가 고객을 선도해야 한다는 점이다.

하나의 정보를 심도 깊게 많이 알아야 비교하는 것이 아니다. 얕은 정보를 알아도 다양한 대상들을 비교하고 정보를 분석하며 자신이 원하는 서비스를 보다 명확하게 선택할 수 있다. 법률이나 의료 서비스의 영역도 더 이상 일방적인 권위를 내세울 수 없는 서비스 영역이다. 이 전문화된 영역일수록 고객도 더 많은 학습과 더 많은 정보를 획득하려 하고 있다는 점을 간과해서는 안 된다. 이 경우 오히려 존중받는 서비스 제공자는 고객의 의견을 잘 듣고 그 의견과 상황을 잘 바로잡고 올바른 방향성을 제시할 수 있는 역량이 우선적으로 필요하다.

세 번째 특징은 하나의 정보도 소홀히 말아야 한다.

밥 먹으면 배부르게 되는, 치료받으면 아프지 않게 되는 본질이 서비스의 전부가 아니다. 밥을 먹더라도 맛있고 분위기 있게, 치료받으면서도 대우받고 따뜻하게 만드는 부가적 요소를 서비스라고 생각하며 제공해야 할 서비스 수준은 날로 고도화되고 있다. 그렇기 위해서 필요한 것은 개별 고객의 요구와 필요에 대한 많은 정보의 수집과 올바른 대응이다.

의사의 업무지시는 차트에 기록하면서, 고객의 요구와 필요는 과연 얼마나 많은 의료진이 기록하고 관리하고 처리하고 확인해 줄까? 돌아보면 명확할 것이다.

4 간호서비스

가. 간호서비스와 트렌드

□ 간호서비스란 무엇일까? 일반적으로 간호서비스에 대한 명확한 개념과 정의는 미흡하다. 간호마케팅 분야의 일부 학자들은 간호서비스의 범위가 복잡하기에 "간호서비스는 고객의 입장에서 정의되어야 하고, 간호서비스의 궁극적인 목적은 고객만족이다"라고 정의하고 있다. 그러나 이러한 정의는 원론적이고, 고객의 입장에서 정의되는 서비스로 그 구분이 모호한 한계를 가진다.

다른 구체적인 정의를 보면 "간호 서비스는 고객의 경험을 향상시키기 위해 간호사가 수행하는 모든 활동이다" 또는 "간호사와 고객(환자)의 상호작용 속에서 이루어지는 간호사의 모든 행위"로 정의하고 있다. 이상의 정의를 보면, 간호서비스가 어떤 활동들을 구체적으로 나타내는지에 대해서는 아직 관련 연구의 미흡한 실정이다.

이러한 간호서비스를 조금 더 구체화하기 위해 기존 연구에서 언급하는 간호서비스의 중요 요소를 정의하면 조금 더 이해의 폭이 넓어진다. "간호서비스의 중요요소는 친절, 전문지식, 열정, 도와주기 등으로 정의하며 고객에게 친절하고, 고객을 도와주며, 전문지식을 가지고, 열정적으로 간호 서비스를 제공해야 한다"고 말하고 있다.

또는 산업의 분류 측면에서 살펴보면, "의료서비스는 핵심서비스, 유형서비스, 부가서비스의 3가지 구성요소를 가지고 있으며 이 중 간호서비스는 부가서비스 영역에 속한다"라고 정의하고 있다. 이를 근간으로 한 간호서비스의 진보한 개념은 "의료서비스의 이용을 고객에게 알리고 소개하면서 그들과 유기적인 관계를 창출하고 유지하는 간호사의 활동"이라고 정의하고 있다.

☐ 위에 언급된 간호서비스에 관한 개념과 정의를 살펴볼 때, 아직 간호서비스는 구체적인 발전단계에 있는 학문적 개념이다. 최근 들어 의료서비스로부터 개념적 독립이 이루어지고 있으며 기존에 집중되었던 병원의 시설, 의료진과 못지않게 의료서비스 이용에 중대한 영향을 주는 존재로 인식되고 있음을 알 수 있다.

또한 간호서비스의 수준이 병원 수익을 개선하는 핵심요소로 인식되어 간호마케팅의 측면에서 접근되고 있으며 이러한 추세로 인해 간호서비스를 고도화, 고품질화하려는 경향은 뚜렷하게 나타나고 있다.

☐ 좋은 간호서비스란 어떤 것일까를 살펴보기로 하자.

학자들은 일반적으로 좋은 간호서비스는 다음과 같은 요소를 충족해야 한다고 말하고 있다.

- 인상적인 간호서비스(고객에게 인상을 남길 수 있는 간호서비스)
- 특별한 간호서비스(고객이 기대하는 이상의 간호서비스)
- 믿을 수 있는 간호서비스(제공이 가능하고 약속이 가능한 간호서비스)
- 편안한 간호서비스(고객의 고민거리를 해결해 줄 수 있는 간호서비스)
- 안심을 주는 간호서비스(고객의 위험과 불안을 줄여 줄 수 있는 간호서비스)
- 개별적이고 구체적인 간호서비스(간호사의 개성이 표현되는 간호서비스)

이상의 정의에서는 간호서비스는 이제 의료적 기술이 아니라 환자와 공감하고 그들의 어려움을 해결하며 의료적 서비스 외에 심리적, 관계적인 서비스의 영역으로 확장되고 있음을 볼 수 있다.

좋은 간호서비스를 위해 간호사가 가져야 할 태도의 측면에서 보면 배려, 공손함, 성실함, 신뢰감, 효율성, 유용성, 친밀성, 전문지식 등으로 정의하기도 한다.

이러한 정의는 고객의 입장에서 볼 때 간호서비스가 의료적 기술과 치료에 관련한 서비스의 범주를 넘어서서 고통받는 고객과 환자들을 통찰력 있게 지원하고 의료과정 내에서 적극적으로 문제를 해결하며 의료진과 환자를 연계하는 조정자로서의 역할로 필요한 역량의 범위가 확장되고 있음을 알 수 있다.

□ 간호서비스는 최근 들어 의료서비스로부터 개념적 독립이 이루어지고 있으며 기존에 집중되었던 병원의 시설, 의료진과 못지않게 의료서비스 이용에 중대한 영향을 주는 존재로 인식되고 있음을 알 수 있다.

또한 간호서비스의 수준이 병원 수익을 개선하는 핵심요소로 인식되어 간호마케팅의 측면에서 접근되고 있으며 이러한 추세로 인해 간호서비스를 고도화, 고품질화하려는 경향은 뚜렷하게 나타나고 있다.

□ 실제 우리 현장에서 어떤 간호서비스를 위한 교육들이 이루어지고 있는지를 살펴보고 변화의 방향을 가늠해 보는 것이 전략적으로 타당하다.

앞서 정의된 그리고 오랫동안 유지되어 왔던 좋은 간호서비스의 요건을 서비스 품질평가 요소를 기준으로 분석해 보면 다음과 같다.

이러한 요건을 분류해 보면 좋은 간호서비스에 특정한 트렌드가 있다기보다 무엇이든 다 잘해줘야 한다는, 일반적인 누구나 봤을 때 지금도 중요하고 앞으로 중요한 내용을 담고 있어 차별적인 접근이 제한적이다.

다른 측면에서 좋은 간호사가 가져야 할 태도(덕목)를 중심으로 서비스품질요소를 비교하면 다음과 같다.

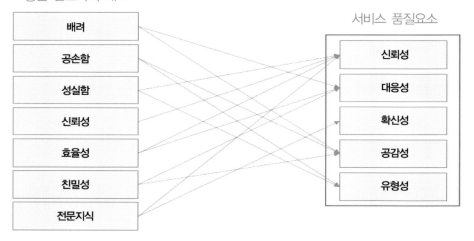

이 분석을 보면, 간호서비스에 대하여 고객이 생각하는 덕목을 통해 환자나 보호자가 원하는 서비스의 역량이 명확해진다.

먼저, 신뢰성이다. 이는 간호사가 가진 기술이 믿을 수 있고 간호사가 제공하는 서비스가 남들과는 다른 대우를 받지 않는 것이라는 부분을 고객이 중요하게 생각한다는 것이 드러난다.

두 번째는 대응성이다. 고객은 환자나 보호자의 요구와 요청에 적극적으로 대응하고 즉각적으로 해결해 줄 수 있는 능력과 태도를 중요시한다.

세 번째는 공감성이다. 질병으로 인해 다양한 고통을 받게 되는 환자와 보호자의 마음을 이해하고 그들의 말을 경청하고 공감해 주는 간호사의 서비스 태도를 무척 중요하게 생각한다는 것을 이 분석을 통해 알 수 있다.

네 번째로 나타나는 유형성은 눈으로 볼 수 있는 예절과 이미지의 영역으로, 확신성에 대한 필요가 상대적으로 낮을 것을 볼 때 간호서비스에 종사하는 인력의 기본적인 의료기술, 전문성에 대한 수준은 의료기관이 가진 신뢰도를 배경으로 상대적으로 낮게 인식함을 알 수 있다.

□ 이러한 방향성을 기준으로 미래 서비스의 트렌드나 간호서비스의 미래를 설명한 책들의 요소와 비교해 그 타당성을 검증해 보는 것이 필요할 듯하다.

최근 간호서비스 관련 서적을 중심으로 간호사가 갖추어야 하는 주요역량들을 살펴보면, 간호사는 의료기술은 물론이고 고객의 기대, 고객의 소리, 고객과의 문제 상황에 대한 대응, 서비스실패에 대한 이해 등이 주요학습 요소로 구성되어 있다.

미래 서비스 트렌드에서 중요한 요소는 대응성과 공감성인데, 대응성은 앞서 설명한 바와 같이 간호사의 태도 및 적극적인 마음과 행동 그리고 공감성은 고객과 소통하는 커뮤니케이션의 방식, 언어, 경청, 이해 등의 세부 요소로 나타난다.

물론 과거에도 이러한 요소들은 앞서 본 바와 같이 중요했다. 그러나 마케팅추세에 따라 그 방식이 수평적, 포괄적, 사회적으로 변화함에 따라 간호사의 기본 요구 역량은 의료적 기술뿐만 아니라 추가적으로 환자와 보호자들을 대상으로 한 소통과 대응, 문제의 해결자 및 조절자로서 그리고 환자와 보호자 그리고 병원의 생태계를 운영하는 구성자로서의 역할이 중요하게 나타나고 있다.

이러한 간호서비스를 수행하는 간호사의 차별적 역량이 고객만족, 고객충성으로 나타나며 이러한 성과가 결국 의료기관의 수익성을 높이는 핵심역량이 된다.

□ 서비스 산업의 종사자는 역량을 수익과 교환한다. 즉 고객에게 제공하는 서비스 수준이 높을수록 개인적 수익도 늘어난다는 의미이다. 따라서 서비스 산업에서 생존할 수 있는 핵심 역량은 끊임없는 학습과 정보의 수집 그리고 꾸준히 도전하는 진취적인 태도에 달려 있다.

의료서비스에서 간호서비스가 독립했다는 것은 간호사 여러분들이 이제 그런 서비스 산업의 특성을 이해하고 끊임없이 진화해야 한다는 것을 의미하고 특히 본 장에서 설명되었던 고객과의 관계 형성, 소통, 문제해결 등을 위한 개인의 서비스 역량이 관련 산업에서 도태되지 않는 핵심역량임을 직시하여야 한다.

나. 서비스 수익사슬과 서비스회복

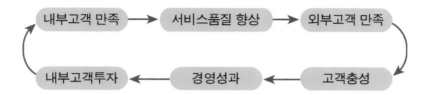

1) 서비스 수익사슬

□ Heskett 등(1997)이 연구한 서비스 수익사슬은 우수한 서비스 품질이 궁극적으로 높은 수익성을 가져다 줄 것이라는 생각이다. 내부고객이 만족해야 내부고객이 제공하는 서비스 품질과 가치가 높아지고 그로 인해 서비스를 제공받는 외부고객의 만족이 일어난다. 그리고 외부고객이 만족해야 비로소 고객 충성도가 높아지고 경영성과 즉 서비스기업의 수익이 높아진다는 것이다.

□ 대학병원의 종사자를 대상으로 실증 분석한 결과를 보면 병원의 의료서비스품질은 모든 의료서비스품질 상황에 의해 정(+)의 영향을 받는다. 아울러 만족도에 정(+)의 영향을 주었으며 의료서비스품질과 만족도에 의해 병원에 대한 충성도도 각각 정(+)의 영향을 받았다. 마지막으로 병원의 재무성과는 의료서비스품질, 만족도 그리고 충성도 개념 모두에 의해 정(+)의 영향을 받았다. 이와 같은 연구결과는 병원이 처한 의료서비스 품질 상황을 이해하고 이를 의료서비스 품질관리 체계에 반영함으로써 경영성과를 향상시킬 수 있음을 의미한다(황용철, 2006, 의료환경에서 서비스품질상황이 서비스품질과 경영성과에 미치는 영향).

□ 또한 병원의 고객, 환자들은 서비스 제공시점에서 종사원들의 태도와 행동에 따라 재구매, 긍정적인 구전을 보임으로써 병원의 성장에 중요한 영향력을 끼치고 있음을 알 수 있다. 대표적인 인적 서비스라고 할 수 있는 의료서비스의 특성상 서비스 접점직원인 의사와 간호사의 서비스 수행능력이 서비스품질과 고객만족에 가장

중요한 요소로 작용하는 만큼 내부고객 만족을 통한 외부고객만족을 강화시키는 전략을 수립해나갈 필요가 있다(장재식, 2011, 병원역량이 경영성과에 미치는 영향).

2) 고객

☐ 고객(Customer)은 시대흐름에 따라 의미가 변화되어 왔다. 가장 현대적인 의미는 기업의 가치제고에 기여하며 또한 기업이 생산할 상품을 결정하는 사람이라고 할 수 있다. 협의적인 개념은 제품이나 서비스를 구매한 경험이 있는 사람이나 앞으로 구매가능성이 있는 사람이다. 광의적인 개념으로는 모든 사람으로 볼 수 있다. 사실 고객의 사전적인 정의는 '상점 따위에 물건을 사러 오는 손님'이나 '단골로 오는 손님'으로, '단골손님', '손님'으로 순화해야 한다. 관습적으로 굳어져 온 표현을 하루아침에 바꿀 수가 없지만 호칭은 "고객님"이라고 부르는 대신 "손님"이라는 바꿔야 한다.

☐ 고객은 조직 내에 있으면서 유·무형 가치를 창출하는 내부고객과 내부고객이 창출하는 유·무형 가치를 소비하는 외부고객으로 나뉜다. 이때 외부고객은 거래 당사자인 고객과 잠재고객에 해당하며 중간고객이라고 하는 '중개인, 거래처, 대리점' 등도 다 포함한다.
내부고객은 직접 상품 및 서비스를 생산하고 고객과의 접점에서 직접 고객의 결정적인 순간을 관리한다. 내부고객이 만족해야 외부고객의 상품 및 서비스에 대한 만족이 이루어지며 이는 업무에 대한 성취뿐 아니라 서비스 품질을 향상시키며 경영성과와 고객충성도로 연결된다.

☐ 즉 서비스 수익사슬 1단계가 바로 내부고객의 만족이다. 특히 서비스산업의 종사자는 서비스 접점에서 최상의 서비스를 제공함으로써 기업과 외부고객을 연결시켜주는 역할이기에 중요성이 강조된다. 내부 고객인 직원이 과도한 스트레스를 받고 있다면 업무성취도가 낮을 뿐 아니라 조직문화까지 해칠 수 있다. 반대로 내부 고객

이 조직문화와 기업정책에 만족하고 직무에 대한 동기와 성취 의욕이 강하다면 제공하는 서비스 품질과 가치가 높아진다. 그래서 많은 기업이 내부고객이 조직문화와 기업정책에 만족하고 업무동기부여 및 서비스마인드를 형성할 수 있도록 교육 및 권한위임, 보상과 효율적인 내부 의사소통방법 등 내부 마케팅에 주력하고 있다.

□ 병원에서는 내원하는 모든 사람이 바로 손님이다. 아파서 내원하는 분, 원인을 규명하고 치료할 분(환자), 함께 오는 가족 또는 지인, 보호자 등이 외부고객이다. 내부고객은 의사와 간호사뿐 아니라 임상병리사, 유지보수를 해주시는 분, 환경미화원, 안내해주시는 분 등 외부고객을 응대하는 모든 사람이다.

3) 서비스 품질과 가치, 고객만족

고객은 진료수준이 비슷하다면 조금 더 친절하고 쾌적한 진료 공간이나 편리한 주차 등 보다 나은 서비스를 제공하는 병원을 찾게 된다. 이것이 바로 서비스 프로세스 품질 측면에서 보다 높은 가치를 추구하려는 고객의 속성이다. 내부고객의 만족은 서비스 프로세스 품질과 서비스 결과 품질을 향상시켜 결과적으로 서비스 가치를 높인다. 우수한 서비스는 외부고객의 만족감, 나아가 고객충성도를 높여주어 고객유지, 반복구매, 주변 권유 등의 가능성을 높인다.

4) 서비스 대기와 고객 심리

서비스 프로세스에 진입하는 고객은 서비스가 이루어지기 전에 대기하는 시간을 갖게 된다. 이 대기과정에서 발생하는 고객 심리는 서비스에 대한 고객의 기대를 형성하는 데 중요한 영향을 미친다. 실제 서비스의 내용은 일정하다 하더라도 대기 중에 가지는 고객의 심리상태가 서비스에 대해 긍정적 혹은 부정적으로 기대하는 결과를 가져올 수 있기 때문이다. 따라서 고객이 대기 중에 가지는 심리상태를 긍정적으로 유도하는 노력은 궁극적으로 서비스 품질에 대한 지각 수준을 높이는 효과를 일으킨다.

□ 8가지 고객심리 특성은 다음과 같다(maister, 1984)

① 하는 일 없이 대기하는 시간이 무엇인가 일을 하면서 대기하는 시간보다 길게 느껴진다:

따라서 곧 받게 될 서비스 프로세스의 진행을 촉진시켜 줄 무엇인가를 고객이 기다리면서 수행하게끔 하는 것이 필요하다. 가령 통화 대기 중에 주민등록 번호나 신용카드 번호 등을 입력하게 하면 고객정보를 출력해서 신속한 서비스가 이어지도록 하는 것이다.

② 서비스 받기 전의 대기시간이 서비스 받는 과정에서의 대기시간보다 길게 느껴진다:

병원의 대기 장소에서 환자의 혈압이나 체온 등을 측정하는 것은 심리적으로 서비스가 시작되었다는 느낌을 주어 고객으로 하여금 덜 지루하게 한다.

③ 서비스에 대한 두려움은 대기시간을 길게 느끼게 만든다:

두려움을 완화시키기 위한 정보를 제공하거나 음악이나 잡지 등과 같이 마음을 편안하게 하는 방법을 사용하는 것이 필요하다. 한 예로 모 종합병원의 소아과에서는 어린 고객을 위해 재미있는 애니메이션을 틀어주거나 어느 소아청소년 치과에서는 대기하는 동안 블록이나 미끄럼틀에서 긴장을 풀 수 있도록 해준다. 치료받는 동안에도 천정에 설치한 모니터를 통해 아이들이 치료가 아닌 선호하는 프로그램에 집중하도록 유도한다.

④ 무작정 대기하는 시간이 알려진 혹은 정해져 있는 대기시간보다 길게 느껴진다:

서비스가 언제 시작될 것인지 혹은 완료될 것인지를 알려주는 것이 중요하다.

⑤ 모르고 대기하는 시간이 이유를 알고 대기하는 시간보다 길게 느껴진다:

서비스가 지연되는 이유와 서비스가 시작되기까지 얼마나 기다려야 하는지를 고객에게 계속해서 알려주도록 한다.

⑥ 불공평하다고 느끼는 대기시간이 공평하다고 느끼는 대기시간보다 길게 느껴진다:

우대고객 혹은 긴급한 고객을 처리할 때는 다른 고객들에게 공정하게 보여질 수 있는 방식으로 처리하며 가능하다면 고객들이 볼 수 없도록 처리하는 것이 바람직하다.

⑦ 혼자 기다리는 대기시간이 그룹과 함께 기다리는 대기시간보다 길게 느껴진다:

이는 부분적으로 특성 ① (즉, 이야기할 다른 누군가가 있다는 점에서), 특성 ③ (다른 사람을 만나서 이야기하게 되면 걱정이 줄어들 수도 있다는 점에서) 혹은 특성 ⑤ (즉, 다른 기다리는 고객이 대기하는 이유를 설명해줄 수도 있다는 점에서)를 반영한 심리특성이라도 볼 수 있으며 함께 있으면 보다 안전감을 느끼게 되는 일반적인 심리특성을 나타낸다고도 볼 수 있을 것이다.

⑧ 서비스의 가치가 높다고 인식할수록 보다 오래 대기할 가치가 있다고 느낀다:

마케팅이나 기타 관련 활동을 통해서 고객이 서비스의 가치를 올바르게 인식할 수 있도록 만드는 것이 대기시간을 참지 못하게 만드는 일을 줄여주게 될 것이다.

5) 고객만족과 고객충성도

앞에서 언급했듯이 높은 고객 충성도를 달성하고자 하는 것은 기존고객을 유지하고 고객의 재구매 가능성을 높이며, 나아가 주변 권유를 통해 수익창출 기회를 확대하고자 하는 데 있다. 이렇게 유도된 높은 매출 성장은 결과적으로 높은 수익성을 가져오며 이는 내부고객인 직원에 대한 관심과 투자를 이끌어낸다. 즉 외부고객 요소의 향상이 내부고객 요소 향상으로 이어지는 것이다. 내부고객 요소가 향상되면 내부고객의 만족이 시작되고 다시 서비스 수익사슬은 순환구조를 이루며 고객감동이 만들어낸 높은 충성도와 매출 성장을 이루게 된다.

6) 서비스 실패와 회복

병원은 변화에 적응하고 고객을 유치하고 유지하기 위해 고객에게 양질의 서비스를 제공하고 고객만족을 실현함으로써 고객의 충성도를 높이기 위해 노력한다. 고객만족의 결정 요인을 이해하는 것도 물론 중요하지만 의료서비스 접점에서 발생하는 실패유형을 파악하고 실패유형에 따른 적절한 회복 방안을 모색하는 것이 더욱 중요하다.

☐ 고객과의 접점에서 서비스 실패는 언제나 일어나기 마련이며(Bitner, 1990) 서비스 실패가 없는 완벽한 서비스의 제공은 현실적으로 불가능하다는 연구결과가 있다. (이문규·김일민, 2001) 아울러 성공적인 서비스 회복은 불만스럽고 짜증난 고객을 오히려 서비스 실패가 일어나기 전보다 충성스러운 고객으로 전환하기도 한다. 이러한 현상을 회복 패러독스라고 부른다(Maxham & Netmeyer, 2002).
서비스 실패가 발생한 병원의 특성을 살펴보면 종합병원이 60%로 가장 큰 비율을 차지했으며 병원의 이용 형태는 외래가 83%, 고객의 병원 이용 기간은 2~5회 정도가 46%, 초진이 42%였다. 의료서비스 실패를 경험했던 5명 중 2명은 해당 병·의원을 다시 이용했지만 3명은 이용하지 않았다. 그리고 의료서비스 실패 유형 중 간호사의 무관심과 무성의한 태도가 33%를 차지했다.
즉 최상의 서비스를 제공하려고 노력하되 고객접점의 순간순간 일어날 수 있는 서비스 불만족을 두려워하기보다 이를 회복하는 것에 초점을 맞춰야 한다. 사실 서비스에 불만족했음에도 이야기하지 않는 고객은 다시는 같은 병원을 찾지 않는다. 고객의 문제 제기는 바로 그들의 정보를 수집할 수 있는 좋은 기회이다. 고객의 요구에는 문제를 해결하고 더 나은 방향으로 변화할 수 있는 아이디어가 담겨 있기 때문이다. 간호서비스의 문제해결은 고객의 불평을 받아들이는 자세에서 가능하다.

☐ **서비스 실패와 고객행동**
서비스 실패를 경험한 고객이 취하게 되는 행동은 다음과 같이 4가지로 나누어 볼 수 있다(Lovelock & Wright, 2002).

① 아무 행동도 취하지 않는다.
② 서비스 회사에 불만을 제기한다.
③ 제3의 기관(소비자보호 단체, 소비자보호 기관, 법률기관)을 통해 행동을 취한다.
④ 서비스 업체를 바꾸고 다른 사람들에게 부정적인 구전활동으로 기존 서비스
   업체를 이용하지 말도록 권유한다.

서비스 실패를 직접 경험한 고객은 몇 명에게 이 경험을 공유할까? 평균 12명이다. 놀라운 것은 직접적으로 이 서비스 실패를 경험하지 않았지만 이야기만 전해 듣기만 한 12명 또한 간접적인 서비스 실패를 평균 5명에게 전한다는 것이다. 고작 한 번의 서비스 실패라고 간과할 수 있지만 평균 61명의 부정적인 고객을 만들어 낸다.

만일 하루에 1명이 불만을 제기했다면 사실은 평균 20명의 불만족한 고객이 발생했다는 것을 의미한다. 이들이 전체적으로 평균 240명(20명×12로 일차적인 경험만 공유했을 경우)에게 불만을 이야기한다는 것을 알아야 한다. 그리고 현대사회에서는 인터넷을 통해 훨씬 빠르고 광범위하게 이루어지고 있다. 수많은 잠재고객에게 부정적인 영향을 미쳐서 비즈니스의 존립을 위태롭게 만들 수도 있는 것이다(Mcmanis, 1999).

아울러 새로운 고객을 유치하는 것보다 기존 고객을 유지하는 것이 비용적으로 절감되어 수익이 더 크다고 할 수 있다. 즉 100% 만족하는 서비스를 실현할 수 없다면, 서비스 실패를 회복하는 프로세스가 매우 중요하다. 실제로 한 연구결과에 따르면 "전혀 문제를 경험하지 않은 고객보다도 불만을 제기한 후 만족스러운 문제해결 서비스를 받은 고객이 재구매할 가능성이 높다"고 한다(Bell & Zemke, 1987).

□ 서비스 회복(Service Recovery)
고객을 최우선에 두라(Putting the Customer First - British Air)는 서비스 실패를 극복하라는 의미이다. 여기에서 서비스 실패는 서비스 제공과정과 그 결과에서 결함으로 발생된 고객의 불만족을 의미한다. 이로써 기업 및 조직의 신뢰가 상실되며

이러한 '서비스 실패 발생 이전에 고객이 가졌던 동일수준으로 고객의 만족과 신뢰를 회복하는 것'을 말한다.

☐ 서비스 회복 절차

효과적인 서비스 회복을 위한 노력의 절차를 살펴보면 6가지 단계로 나누어 설명할 수 있다(Zemke, 1993).

① 1단계 : 고객이 불편을 겪고 있다는 사실에 대해 사과하거나 이를 인정하라.
② 2단계 : 고객의 말을 경청하고 고객의 상황을 이해하며 의견을 구하는 질문을 하라.
③ 3단계 : 문제에 대해 공정한 해결방안을 제시하라.
④ 4단계 : 고객의 불편 혹은 손상에 대해 가치부가적인 보상을 제공하라.
⑤ 5단계 : 약속한 바를 지켜라.
⑥ 6단계 : 사후관리를 시행하라.

☐ 서비스 회복 패러독스(Service Recovery Paradox)

서비스 실패를 겪은 고객이 기업으로부터 뛰어난 서비스 회복 노력을 받게 되면 기업으로부터 실패 혹은 회복 경험을 받은 적이 없었을 때보다 나은 고객만족과 재구매의도를 창출해 낼 수 있다(Smth & Bolton, 1998; McCollough 등, 2000). 이는 고객에게 보다 큰 만족을 주고 고객으로부터 높은 충성도를 이끌어 내려면 역설적으로 고객으로 하여금 서비스 실패를 경험할 기회를 제공해야 한다는 것을 의미한다. 그러나 이러한 증대효과는 회복노력에 대한 평가가 매우 높은 고객들에게서만 발견할 수 있었다. 따라서 기업의 입장에서는 회복노력을 고객만족 증대의 기회로 활용하기보다는 서비스 실패를 줄이는 것이 더욱 합리적이다.

- **의료서비스 실패란?**

  고객이 기대한 서비스에 미치지 못하는 의료서비스 제공자의 태도 및 행위 그리고 물리적 환경의 실패

- **의료서비스 회복이란?**

  의료서비스 실패가 발생했을 때 서비스 제공자로부터 환자와 보호자가 제공받는 유/무형적 절차상 또는 결과상의 보상

서비스의 7대 죄악

알브레히트(Albrecht)는 고객불만을 분석한 결과 서비스의 7대 죄악을 규정했다.

- 무관심 : '나와는 관계없다'는 태도

  주로 일에 지친 서비스맨이나 뒷짐을 지고 있는 관리자에게서 볼 수 있다.

- 무시 : 고객의 요구나 상담에 대해 무시하고 고객을 피하는 일

  즉 정해진 시간과 절차 안에 고객을 속박하고 고객의 문제에 대해서는 귀찮아 하는 경우이다.

- 냉담 : 고객에게 퉁명스럽고 불친절 등의 냉담을 보이면서 '방해가 되니 저쪽으로 가시오.'라고 하는 식의 태도

  주로 행정기관이나 레스토랑 서비스에서 볼 수 있다.

- 어린애 취급 : 고객을 어린애 취급하는 것. 주로 의료기관에서 많이 볼 수 있다.

- 로봇화 : 서비스가 정감이 없고 마치 기계처럼 돌아가는 경우

  즉 서비스하는 데 미소와 대화가 없고 인사를 하더라도 가식적이며 진심이 결여되어 있는 상태다. 대부분의 서비스업종에서 볼 수 있다.

- 법대로 : 고객만족보다는 회사의 규칙을 우선시하고 자기가 맡은 업무 외에는 기꺼이 응하지 않으려는 태도. 즉 예외를 인정하거나 상식을 생각하지 않는다. 무사 안일주의 서비스업체에서 흔히 볼 수 있다.

- 발뺌 : 고객의 불평불만에 대하여 대응해 주지 않고 '나는 모릅니다', '글쎄요', '윗분에게 물어보세요' 하는 식으로 대하고 때로는 고객의 잘못으로 돌리는 경우

출처 : 훌륭한 인품을 위한 첫걸음 서비스파워. 문소윤 저. 백산출판사

다. 고객감동을 만드는 간호서비스

1) MOT(Moment Of Truth) 진실의 순간

진실의 순간, MOT(Moment Of Truth)는 서비스 제공자와 고객이 만나는 결정적인 순간순간을 의미한다. 투우사가 소의 급소를 찌르는 순간을 뜻하는 스페인 투우 용어 'Moment De la Verdad'의 영문인 'Moment of Truth'의 머리글자에서 따왔다. 스웨덴의 경제 & 마케팅학자 리차드 노만(R. Norman)이 서비스 품질관리에 처음 사용하였는데 고객이 서비스 제공자와 만나거나 서비스 또는 제품을 접하는 처음 15초가 회사의 이미지를 결정하고 나아가 기업의 성공을 좌우한다는 것이다. 구매로 이어지거나 반복적인 서비스 이용여부를 결정짓는 것은 음식의 맛이나 따뜻한 멘트와 미소 등 고객이 만나고 느끼는 직접적인 순간뿐 아니라 시설, 규모, 편의성, 부대비용과 같은 간접적인 환경 등 모든 순간에 일어난다. 스타벅스 커피 매장에 들어서자마자 느껴지는 커피 향이나 은은한 조명 등도 MOT의 일부분인 것이다. 고객의 한 번의 발걸음에도 발생하는 수많은 MOT 중에서 한 번이라도 고객에게 부정적인 인상을 주게 되면 전체적인 서비스에 영향을 미쳐 한 순간에 고객을 잃어버릴 수 있다는, 고객접점의 중요성에 대한 이론이다. 이후 이 이론을 적용한 스칸디나비아항공(SAS)사 얀 칼슨 사장은 "기업이 고객과 만나는 15초가 평생단골을 만들 수 있는가를 결정한다!"고 말했다. 그리고 이 15초의 비결을 통해 오일쇼크로 2년 연속 적자를 기록했던 스칸디나비아항공을 1년 만에 800만 달러의 적자를 7,100만 달러의 흑자로 전환시켰다.

• 순간 15초의 힘

왜 순간 15초가 중요한 걸까? 대부분의 고객은 아주 단순한 이유로 현장을 떠난다고 한다. 바로 서비스 제공자가 아는 척을 하지 않아서이다. 서비스제공자는 매일 일하는 익숙한 공간이지만 고객은 단순히 어떤 목적을 위해 그곳을 찾아온 사람이다. 여러 번 방문하면 낯설지 않고 또 단골고객이 되면 문을 여는 순간 편안함을 느낄 수 있지만 일반적으로 고객은 친숙하지 않은 영역으로 들어선 것이다. 그래서 다소 불편함을 느끼고 있을지도 모른다. 여기 그 순간의 15초에 고객을 사로잡는 힘이 있다. 물론 고객과 함께 하는 시간 중 처음 15초만 중요하다는 뜻이 아니다. 아무리 최초 15초의 힘을 보여주었다고 해도 그 뒤에 이어지는 수많은 MOT(고객접점)에서 실수를 연발하거나 무례하거나 하면 고객은 돌아선다. 인사, 안내, 대기, 예약 등 순간순간 15초마다 최선을 다하자. 고객이 저절로 몰려들 것이다.

• 인사는 신속하게

- 인사는 고객이 공간에 들어서자마자, 고객을 바라보자마자, 고객과 눈을 마주치자마자 신속하게 한다.

• 말을 건네라

- 가벼운 인사말이라도 건네면 고객의 마음이 편안해진다.

• 웃어라

- 미소는 얼음처럼 차가운 관계도 녹아내리게 만든다.

• 눈으로 고객과 이야기하라

- 고객을 바라보는 것만으로도 고객을 맞을 준비가 되어 있음을 알리는 것이니 말로 인사를 할 수 없는 경우라도 꼭 마주쳐야 한다.

중요한 것은 100번의 서비스 중 99번을 만족해도 1번을 불만족하면 그 서비스는 부정적으로 기억된다는 점이다. MOT에서는 100-1=99가 성립하는 것이 아니라 $100 \times 0 = 0$이된다. 99번을 잘해도 1번을 못하면 결국에는 다 0점으로 돌아간다는 것이다. 진실의 순간에는 덧셈이나 뺄셈 법칙은 존재하지 않고 오로지 곱셈의 법칙만 존재한다는 것을 명심하고 고객과의 직간적접인 모든 접점에서 최선을 다해야 한다. 그래야 고객은 최상의 서비스를 받았다고 느끼고 다시 방문할 것이다.

서비스 제공자로서의 필수 자질
- 일에 대한 순수한 열정
- 새로운 경험에 대한 열린 의식
- 업무수행에 관해 새롭거나 다른 방식을 배울 의지
- 항상 배우려는 자세
- 타인과 함께, 타인을 위해 일하는 것을 진정으로 즐김
- 고객에게 '중요한 사람이다'라고 느끼게 해줄 능력 소유
- 신속하게 일을 감당할 충분한 체력 소유
- 새로운 요구와 경험에 유연하게 적응하는 능력

서비스 성향 진단표

구분	항목	V
1	나는 처음 만난 사람과 대화하는 것을 좋아한다.	
2	친구가 고민을 털어놓을 때 어떻게 해서든 해결해 주려고 노력하는 편이다.	
3	나는 명절에 집안이 시끌벅적한 것이 좋다.	
4	처음 본 사람들은 나에게 호감 가는 인상이라고 말한다.	
5	친구가 오해를 하고 화를 내도 일단 참고 보는 성격이다.	
6	길을 가다 누군가 길을 물어보면 자세히 알려주는 편이다.	
7	친구나 가족을 위해 깜짝 파티를 준비해 본 적이 있다.	
8	사람들은 내가 매사에 긍정적이라고 한다.	
9	나는 어른을 만날 때와 친구를 만날 때의 옷차림을 구분하는 편이다.	

10	나는 한 가지 일을 짜증내지 않고 꾸준히 하는 편이다.	
11	나는 상대의 얼굴만 봐도 마음상태를 알 수 있다.	
12	나는 자원봉사를 하거나 후원금을 낸 적이 있다.	
13	나는 주위 사람들에게 상냥한 편이다.	
14	약속이 있을 경우 털털한 모습으로 나가기보다 꾸미고 나가는 편이다.	
15	지하철이나 버스를 타면 노약자에게 자리를 양보한다.	
16	필요하다면 자존심을 버릴 용기가 있다.	
17	주위 사람들에 대해 관심이 많은 편이다.	
18	평소에 설득력이 강한 편이다.	
19	나는 사진을 찍을 때 활짝 웃는 모습이 자연스럽다.	
20	문제를 해결할 때 감정보다는 이성을 앞세운다.	

나의 서비스 성향

Type	서비스 성향
A형(17~20개)	• 당신은 타고난 서비스맨이다. • 만약 서비스업을 선택하면 아주 훌륭하게 고객만족을 실천할 수 있다. • 지속적으로 단골 고객을 만들 수도 있고 문제 해결 능력도 뛰어나다. • 인내심이 많고 리더십이 강하다. • 어디에서나 주목받는 스타일이라 사람을 직접 상대하는 직업이 가장 잘 어울린다.
B형(12~16개)	• 비교적 높은 서비스 성향을 가지고 있고 인간관계도 원만한 편이다. • 서비스업을 선택해도 무난하게 어울리며 감성적이고 두뇌회전이 빠르다. • 아직 서비스 방법을 잘 모르거나 충분한 자극을 주지 않았기 때문에 당신은 얼마든지 서비스를 잘할 능력이 잠재되어 있다.
C형(7~11개)	• 잠재적으로 서비스 성향이 어느 정도는 있다. • 하지만 지금 충분한 동기 부여가 되지 않아 당신의 능력이 발현되지 못하고 있으며 어떤 때는 서비스를 잘하다가 어떤 때는 트러블이 생기는 등 변화가 조금 심한 편이다. • 약간 무뚝뚝한 편이며 자기중심적인 성향이 강하지만 집중력이 강해 한번 마음먹은 일은 끝까지 해내는 책임감(의욕) 있는 타입이다. • 만약 서비스업에 관심이 있다면 교육에 참여하거나 자기 계발을 통해 능력을 보여줄 수 있다.

D형(1~6개)	• 서비스업에 종사하기에는 조금 부담스러운 서비스 성향이 있다. • 신중파이기 때문에 업무를 기획하거나 지원하는 쪽이 더 어울린다. • 내성적이고 혼자 있기를 좋아하며 한 번 마음에 상처를 받으면 오래 가지만 본인 스스로 그러한 성향을 알고 있기 때문에 다른 사람의 서비스를 정확하게 평가할 수 있는 장점이 있다.

출처 : 서비스매너, 장순자, 백산출판사

2) MOT를 결정짓는 간호서비스

의료서비스는 예약부터 외래, 진료, 수납 등 곳곳에 고객접점이 존재한다. 아무리 진료가 탁월하고 좋은 인상을 받았어도 다른 장소나 또 다른 서비스 제공자에게 부정적인 인상을 받게 되면 결국 MOT는 실패하게 되고 이는 전체 의료서비스 및 간호서비스 평가에 영향을 미친다. 특히 고객의 입장에서는 의료서비스 전체에 있어서 간호서비스를 제공받는 순간(MOT)이 차지하는 비중이 가장 높다. 치과의 경우만 보더라도 의사에게 치료받는 시간 외에는 전화상담, 접수, 안내, 수납, 예약, 환송 및 고객관리까지 순간순간이 MOT이다. 어느 한 부분에서만이라도 고객을 불편하게 만들면 고객감동은 0이 되어버리는 결정적인 순간이다.

이렇듯 진료와 치료는 의사가 진행하지만 그 외의 모든 부분은 간호사의 업무와 연결되기 때문에 간호사의 입장에서 고객은 매일 반복되는 업무에서 만나는 환자 중 한 명에 불과하지만 고객은 눈앞에 있는 간호사야말로 자신의 문제를 해결해줄 수 있는 유일한 사람으로 생각한다. 그래서 간호사는 고객을 일상적인 사건으로 생각하지만 고객은 간호서비스를 일생의 큰 사건으로 생각하기 마련이다. 또한 고객의 상태와 기분에 따라 같은 간호서비스도 전혀 다르게 느껴질 수 있다. 이렇듯 각자의 입장차이가 존재하기 때문에 간호서비스에서 MOT는 더욱 중요하다.

앞에서 살펴봤듯이 서비스 수익사슬의 첫 단계인 내부고객의 만족 및 외부고객의 만족은 '매너'에서 시작된다. "매너가 사람을 만든다."라는 영화 〈킹스맨〉의 명대사처럼 매너는 내부고객의 만족을 이끌어내고 그로인해 내부고객을 훌륭한 서비스제공자로 성장시킨다. 서비스 품질이 좋아지면 외부고객의 만족이 생겨난다. 칭찬카드 등 피드백이 돌아오거나 외부고객의 만족을 느끼면 내부고객의 만족 또한 증대되고 이는 더 나은 서비스품질 및 경영성과, 고객충성도로 연결된다. 그러므로 간호서비스를 제공하는 간호사로서 일반적인 관계에 있어서의 매너가 아닌, 정확하면서도 따뜻한 서비스매너를 지향해야 한다.

따뜻하면서도 전문적인 간호서비스 매너의 요소를 살펴보면

1. 자신감과 긍정적인 마인드
2. 전문성과 신뢰감
3. 밝고 적극적인 태도와 환한 미소
4. 진심에서 우러나오는 눈빛
5. 따뜻함이 느껴지는 대화

이 외에도 겸손한 태도, 단정한 용모와 복장, 정확한 표현력과 따뜻한 말투 등이 있다. 이를 서비스품질 평가요소와 함께 나누어보면 다음과 같이 정리할 수 있다.

1. 신뢰감을 주는 이미지
2. 간호사로서 갖춰야할 용모와 복장 즉 간호사로 알아볼 수 있는 유형적인 면
3. 확신을 주는 간호사로서의 자세
4. 공감하는 대화매너
5. 성향별 서비스 회복과 대응성이다.

물론 위의 다섯 가지 면으로 모든 서비스품질 평가요소를 결정짓는 것은 아니다. 아울러 각 항목이 하나의 서비스품질 평가요소가 되는 것도 아니다. 사실 요소들은 상호작용을 하며 다섯 가지 평가요소에 영향을 미친다.

예를 들면 자신감 있고 긍정적인 마인드의 자세를 가지고 있어도 대화를 할 때 소통과 공감을 하지 못한다면 고객은 의료 & 간호서비스에 대한 확신을 가질 수 없을 것이다. 아무리 신뢰감 있는 이미지와 간호사로서의 용모와 복장을 완벽하게 갖추고 있어도 적절

한 대응을 하지 못한다면 서비스 실패가 일어나서 서비스 평가는 좋지 않을 것이다. 유형성, 신뢰성, 공감성, 대응성을 다 갖추고 있으면 그로 인해 확신성이 생기기도 한다.

    다음 장에서는 간호 서비스를 위한 비즈니스 매너를 강화할 수 있도록 각 요소별 역량에 대해 자세히 알아보겠다.

II

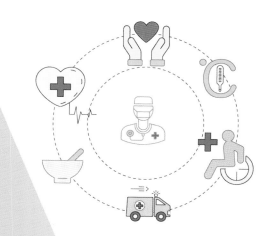

간호사를 위한
서비스 매너

간·호·서·비·스·를·위·한·비·즈·니·스·매·너

II 간호사를 위한 서비스 매너

1 이미지 메이킹

흔히 21세기를 이미지메이킹(Image-making)의 시대라고 한다. 밀란 쿤데라는 현대사회를 Image＋ideology의 합성어인 '이미골로지'의 시대라고 불렀다. 또 라슬로 모호이너지는 '미래의 문맹은 이미지를 모르는 사람'이라고 했다. 한 사람에 대한 호감도뿐만 아니라 사회적인 능력을 평가하는 요소로 인식될 만큼 중요성이 커지고 있다는 뜻이다. 이미지라는 말은 어떤 대상으로부터 감지된 사람의 마음속에서 하나의 형상으로 떠오르는 것이다. 어원인 Imago는 '마음의 모양'이란 뜻으로 내면을 통해 형성되어 표현되는 것을 의미하며 '정직하다, 신뢰감이 있다' 등 내적인 이미지와 '늘씬하다, 다부진 느낌이다' 등 외적인 이미지로 나눌 수 있다. 내적인 이미지와 외적인 이미지는 모두 중요하며 두 이미지가 일치하는 것이 좋다. 아무리 긍정적인 사람이어도 목소리가 작고 표정도 어둡고 움츠러든 자세를 가지고 있다면 고객은 부정적이고 소극적인 사람으로 보기 때문이다. 이 경우, 이미지 연출에 실패했다고 볼 수 있다.

최상의 이미지연출은 외적 이미지 강화를 통해 내적 이미지도 끌어올리는 것이다. 또한 스스로 바라는 이미지와 자신이 생각하는 현재 이미지, 그리고 타인이 바라보는 자신의 이미지가 일치해야 가장 이상적인 이미지라고 할 수 있다. 마지막으로 조직이나 기업 등 자신이 속한 사회와 어울리는 이미지를 연출할 수 있어야 한다.

1) 이미지메이킹 5단계 전략

첫째, Know Yourself! 자기 자신을 알아야 한다.

장점과 단점, 현재 이미지와 바라는 이미지 등 철저하게 자신에 대해 알아야 한다. 성공한 유명 인사들의 대부분은 자신의 장점에 집중하여 이미지를 부각시켰다는 것을 기억해야 한다.

둘째, Model Yourself! 자신의 모델을 설정해야 한다.

모델을 설정하는 것은 자신이 추구하는 이미지를 구체적으로 만드는 과정의 첫걸음이다. 서비스 모델로 삼은 사람들의 행동과 이미지를 따라가려고 노력하며 이러한 모방에서 나아가 자신만의 개성을 살리고 차별화 전략을 구축해야 한다.

셋째, Develope Yourself! 자신을 개발해야 한다.

적극적이고 능동적인 사고가 필요하며 자기 확신을 바탕으로 한 지속적인 노력이 있어야 한다. 꾸준한 개발이 당당하고 멋진 자신을 만든다. 외적인 이미지뿐만 아니라 내적인 이미지도 함께 가꿔야 한다.

넷째, Direct Yourself! 자신을 연출해야 한다.

어떻게 하면 자신만의 매력을 연출할 수 있는지 고민해야 한다. 자신의 매력도 중요하지만 이때 T(Time), P(Place), O(Occasion)에 맞는 적절한 이미지 메이킹도 놓쳐서는 안 된다. 서비스매너까지 겸비해서 최상의 이미지를 보여줘야 한다.

다섯째, Market Yourself! 자신의 가치를 팔아야 한다.

이미지 메이킹의 완성 단계는 자신의 가치를 고객에게 인정받는 것이다. 획일화된 서비스 상품으로서 평가받는 것이 아니라 차별화된 자신만의 이미지를 만들어 브랜드화해야 한다. 자신의 가치를 브랜딩해서 고객에게 다가가야 한다.

자신을 알아보기

* 나는 어떤 사람인지 성격, 성향, 외모, 장단점, 능력 등을 분석해 보자.

내적 이미지	1. 2. 3. 4. 5.
외적 이미지	1. 2. 3. 4. 5.

* 나의 목표 이미지와 현재 모습, 그리고 타인의 시선을 알아보자.

자신이 되고 싶은 이미지	1. 2. 3. 4. 5.
자신이 바라보는 자신의 이미지	1. 2. 3. 4. 5.

타인이 말해주는 자신의 이미지	1. 2. 3. 4. 5.

* 간호사로서의 전략적 이미지를 알아보자.

3년, 5년, 10년 후 나는 어떤 모습인가?	3년 후 1. 2. 3. 4. 5. 5년 후 1. 2. 3. 4. 5. 10년 후 1. 2. 3. 4. 5.
원하는 이미지를 위해 어떤 점을 개발해야 하는가? (appearance, behavior, communication)	1. 2. 3. 4. 5.

무엇을, 어떻게 연출할 계획인가?	1. 2. 3. 4. 5.

2) 나의 이미지 지수 체크하기

*아래 질문을 읽고 해당되는 항목에 'O' 표시를 한 후 그 숫자를 합산한다.

〈이미지 A〉

질문	Y	N
현재 내 이미지에 대해 만족하는 편이다.		
뚜렷한 희망과 목표가 있다.		
나쁜 습관보다 좋은 습관을 더 많이 가지고 있다.		
다른 사람이 나를 어떻게 생각할까 늘 의식한다.		
매사에 긍정적이고 적극적이다.		
감정적이기보다 이성적이다.		
서점에 가면 자기개발서나 성공스토리를 다루는 코너를 항상 찾는다.		
클래식 음악을 들으며 책 읽는 것을 즐긴다.		
각종 문화행사에 대한 관심이 많다.		
분노를 느낄 때 심호흡을 하면 흥분이 가라앉는다.		
눈치가 빠른 편이다.		
무력감과 우울증에 빠져 있는 시간이 짧다.		
자동차나 전철 속에서 성공한 미래의 모습을 자주 그린다.		
매일 짧게라도 명상을 한다.		
사람을 만나는 것이 즐겁고 대인관계도 원만하다.		

남에게 말한 계획은 반드시 지키려고 노력한다.		
항상 메모하는 습관을 가지고 있다.		
스트레스를 받으면 영화를 보거나 좋아하는 운동을 한다.		
컴퓨터 앞에 앉아 있는 시간이 즐겁다.		
생각하고 고민하는 것보다는 먼저 행동으로 옮긴다.		
시간약속을 잘 지키는 편이다.		
수다를 떨고 나면 시간이 아깝다는 생각이 든다.		
하루의 수면시간은 다섯 시간 내외이다.		
심심하고 무료한 시간이 별로 없다.		
따라 하고 싶은 이미지 모델이 있다.		

〈이미지 B〉

질문	Y	N
대체로 외모에 만족한다.		
거울이 있으면 습관적으로 몸 전체와 표정을 본다.		
매력적인 사람을 만나면 그 사람의 외적 이미지를 유심히 관찰한다.		
평소 잘 웃는 편이다.		
모르는 사람을 만날 때 웃으면서 인사할 수 있다.		
다른 사람으로부터 꾸중을 들을 때 멋쩍은 미소를 띤다.		
사람 앞에 나서는 것이 결코 두렵지 않다.		
외모에 항상 신경을 쓴다.		
얼굴에 트러블이 생기면 재빨리 진료를 받거나 조치를 취한다.		
체중이 불어나면 즉시 식사량 조절에 들어간다.		
자신에게 어울리는 컬러를 알고 자신의 체형에 어울리는 패션 감각을 가지고 있다.		
튀는 패션 컬러와 스타일을 좋아하며 상황에 맞는 옷을 입을 줄 안다.		
깔끔하고 단정한 패션 스타일을 좋아한다.		

상사를 만날 때 검정색 옷(양복)을 입지 않는다.		
여러 종류의 스카프(넥타이)를 가지고 있다.		
귀걸이, 목걸이, 반지, 팔찌 등의 액세서리를 한꺼번에 다 착용하지 않는다.		
자세는 구부정하지 않고 반듯하며 걸음걸이도 당당하다.		
몸짓과 제스처는 우아하고 품위가 있다.		
인사성이 좋고 친절하다.		
상대방을 배려하는 습관이 몸에 배어 있고 공중도덕을 잘 지킨다.		
내 목소리가 상대에게 거부감을 주지 않는지를 늘 의식한다.		
교양있는 말투로 겸양어를 자주 사용한다.		
상대의 말을 잘 듣는 편이다.		
대화를 할 때 상대의 눈을 쳐다본다.		
음식을 깨끗하게 먹고 소리를 내지 않는다.		

3) 평가결과

① Ⅰ영역(A, B 각각 12~25)

내적 이미지와 외적 이미지 모두에 관심이 많고 삶의 의욕 역시 강한 타입. 자신만의 개성을 지속적으로 잘 개발한다면 원하는 모든 것을 이룰 수 있다.

② Ⅱ영역(A 12~25, B 12 미만)

내적 이미지 가치를 중시하여 외적 이미지를 추구하는 사람들에게 우월감을 느끼기도 하는 타입. 지성에 맞게 외적 이미지를 보완하면 매력적인 사람이 될 것이다.

③ Ⅲ영역(A, B 각각 12 미만)

이미지에 관심이 부족하고 패배의식을 지닌 탓에 자신감이 부족한 타입. 적극적인 행동으로 외적 이미지를 구축해 가면 나의 이미지도 강화될 수 있다.

④ Ⅳ영역(A 12 미만, B 12~25 미만)

외적 이미지에 관심은 많으나 자신에 맞는 외적 이미지를 찾지 못해서 내적 이미지의 강화효과를 보지 못하는 타입. 전략적 차원에서 외적 이미지를 강화하면서 자신감을 재고하다 보면 이미지 강화도 가능하다.

(출처 : 서비스매너, 장순자, 백산출판사)

간호서비스 제공자로서 나의 이미지 분석

표정	• 평상시 표정은 어떠한가? • 처음 만나는 사람에게 주로 어떤 표정을 짓는가? • 상대방과 눈을 맞추는 편인가?	
용모	• 자연스러운 화장을 하는가? • 단정한 머리모양을 하고 알맞은 복장을 갖추었는가? • 눈빛과 낯빛은 살아 있는가?	
인사	• 인사는 밝고 공손하게 하는가? • 하루에 몇 번이나 하는가? • 처음 만나는 사람에게도 먼저 하는가?	
자세	• 걷는 모습은 어떠한가? • 서 있거나 앉은 모습은 어떠한가? • 평소 손짓은 상대를 배려하는가?	
대화	• 상대방의 이야기를 경청하는 편인가? • 경어를 바르게 사용하는가? • 상대를 배려하면서 말을 하는가?	

가. 첫인상과 표정

1) 첫인상

배우 장동건은 2009년에 찍었던 모 화장품 광고 CF에서 이렇게 묻는다. "첫인상을 결정짓는 시간이 미국은 15초, 일본은 6초, 그럼 우리나라는 몇 초일까요?" 그리고 "3초!" 라고 친절하면서도 분명하게 말한다. 3분도 30초도 아닌, 고작 3초 만에 한 사람에 대한 첫인상이 결정된다는 것이다. 2006년, 미국 프린스턴 대학교 심리학과 알렉산더 토도로

프 교수팀이 발표한 연구결과를 보면 타인의 얼굴을 보고 매력이나 호감도, 공격성 등을 판단하는 데 걸리는 시간은 0.1초 미만이다. 또한 미국 다트머스 대학교 심리학과 폴 왈렌 교수도 2008년 1월 MBC TV와의 인터뷰에서 "인간의 뇌는 0.017초라는 짧은 순간에 상대방에 대한 호감이나 신뢰 여부를 판단한다."고 밝혔다. 눈 깜짝하는 순간에 호감, 비호감을 판단하고 한 사람의 첫인상이 결정되어 버린다. 하지만 첫인상을 깨기 위해선 첫인상보다 200배 이상 강렬한 인상을 주어야 한다.

2) 첫인상 효과

① 초두효과

먼저 제시된 정보가 나중에 제시된 정보보다 더 큰 영향을 미치는 것을 초두효과 (primary effect)라고 한다. 1946년 미국의 사회심리학자 솔로몬 애시 박사는 첫인 상의 함정을 잘 보여주는 실험을 했다. 애시 박사는 학생들을 두 그룹으로 나누고 가상의 인물에 대한 여섯 가지 특성을 정반대의 순서로 설명했다. A집단은 '똑똑 하고, 근면하며, 충동적이고, 비판적이고, 고집이 세며, 질투심이 강함'이라며 긍정 적인 정보를 먼저 들려주었고, B집단은 '질투심이 강하고, 고집이 세며, 비판적이 고, 충동적이고, 근면하며, 똑똑함'이라며 부정적인 정보를 먼저 주었다. 그 결과 긍정적인 정보를 먼저 들은 그룹은 대부분 가상인물을 긍정적으로 평가한 반면, 부정적인 정보를 먼저 들은 그룹은 대부분 가상인물에 대해 부정적인 인상을 받았 다고 평가했다. 예를 들어 한 사람이 '똑똑하다'는 사실을 먼저 알고 '고집이 세다' 는 정보를 추가로 들으면 '능력 있는 사람의 이유 있는 고집'으로 이해를 한다. 하 지만 '고집이 센 사람'이라는 사실을 먼저 알고 '똑똑하다'는 추가 정보는 함께 일하 고 싶지 않은 사람으로 받아들이게 되는 것이다.

② 후광효과

하나의 좋은 현상이 빛을 발하면서 그로부터 전체 인상이 영향을 받는 것을 후광 효과(Halo Effect)라고 한다. 때론 후광효과를 통해 고정관념이 생겨나기도 한다. 외모나 인종, 성별이 판단력을 흐리게 하는 것을 막기 위해 세계적인 오케스트라 스태프들은 단원을 모집할 때 커튼 뒤에서 지원자들의 연주를 평가한다.

③ 맥락효과

처음에 제시된 정보가 맥락을 형성하고 이 맥락 속에서 나중에 제시된 정보가 해석되는 것을 맥락효과(context effect)라고 한다. 평소 근면성실했던 사람이 지각하거나 결석하면, 또는 갑자기 미팅이 취소되면 '무슨 일이 생긴 건가?'라고 걱정을 하게 된다. 하지만 게으르고 한심하다고 여겨졌던 사람이 그렇게 하면 '지각까지?'라며 부정적인 생각을 하게 된다.

④ 빈발효과

반복해서 제시되는 행동이나 태도가 첫인상을 바꾸는 것을 말한다. 평균 60번 정도 노출되어야 첫인상을 바꿀 수 있다. 그만큼 짧은 순간에 이루어지는 첫인상이 중요하다.

시간경과에 따른 이미지 판단요소

구분	특징	판단요소
첫인상	• 외모에 의해서 고객이 일방적으로 평가한다. • 3~5초 안에 이루어진다. • 외모만을 보고 성격이나 신뢰감에 대한 연상을 일으킨다. • 단 한 번뿐이다. • 자신에 대해 긍정 & 부정의 마음을 갖게 한다	표정, 모습, 인사, 자세, 동작, 이미지 등
중간 인상	• 첫인상에 대한 평가에 의해 지속적으로 영향을 받는다. • 부정적인 첫인상을 바꿀 수 있는 유일한 시기이다. • 긍정적인 첫인상을 강화할 수 있는 시기이다. • 생각을 행동으로 실천하게 하는 시기이다.	행동과 대화가 대부분의 이미지를 차지
마지막 인상	• 긍정적인 생각을 한다고 느끼면 소홀하기 쉽다. • 긍정적인 중간 인상을 마무리 각인시키는 시기이다. • 신뢰감을 형성한다. • 지속적인 만남을 가질 것인가를 결정한다.	감사인사, 행동, 전화, 시선 등

출처 : 서비스매너, 장순자, 백산출판사

3) 직장에서 첫인상의 효과

영화 〈에린 브로코비치〉 주인공 에린은 어느 날 갑자기 해고를 당했다. 늘 허벅지 위로 한참 올라간 치마와 가슴골이 보이는 상의, 10cm의 높은 하이힐을 신는 등 동료들의 눈에 거슬리는 옷차림을 하던 에린. 아무리 현장 확인을 다녀왔다고 해도 대표를 비롯해 어느 누구도 그녀의 말을 들어주지 않았다. 대표는 왠지 그냥 즐기는 타입의 여자로 보였다고, 나중에 그 이유를 설명했다. 또 에린은 평소 공격적인 말투와 하고픈 말, 심지어 욕설까지도 아무렇지 않게 하곤 했는데 무심코 뱉은 욕설이 판결에 불리하게 작용되어 다 이긴 소송에서 지고 보상금을 못 받기도 했다.

말씨와 몸가짐, 용모와 복장 등 눈에 보이고 귀에 들리는 것이 결국 첫인상으로 굳어지고 한 사람을 평가하는 기준이 된다는 것은 '에린'을 봐도 알 수 있다.

일본에서는 기존의 첫인상을 앞서는 개념의 신조어가 나타났다. 최근 SNS를 통한 교류가 확대되면서 SNS의 프로필 사진 등을 보고 결정된 상대의 인상을 뜻한다. 실제로 Facebook 에서 친구요청을 하거나 수락할 때에도 '제○인상'에 따라 결정하고 이력서에 첨부한 사진이 취업에 영향을 미치기도 한다.

4) 첫인상을 결정짓는 요소

짧은 시간에 상대방에게 각인되는 첫인상은 어떻게 만들어야 할까? 메라비언의 법칙을 보면 첫인상을 결정짓는 요소는 목소리, 표정 & 외모, 태도, 내용이다. 내용은 7%이지만 시각 & 청각적 이미지는 무려 93%를 차지한다. 이는 서비스 제공자가 '무엇을 말하느냐보다 '어떻게 보이는지', 또 '어떤 음성인지' '어떻게 행동하는지' 등에 고객은 초점을 맞춘다는 것이다. 시각적, 청각적 요소 등을 통해 어떤 첫인상을 결정짓느냐가 바로 자신을 대변하게 되는 것이다.

인류학자인 레이 버드위스텔(Ray Birdwhistell) 역시 직접 대면한 상태에서 이루어지는 대화에서 언어적 수단이 차지하는 비율은 35%, 65% 이상이 비언어적인 수단으로 이루어진다는 사실을 밝혔다. 또한 전화로 이야기를 나눌 때에는 자신의 주장을 강하게 내세우는 사람이 이기는 경우가 많지만 직접 대면해서 이야기를 나눌 때에는 전화 상황과는 다른 결과가 나올 수도 있다고 했다. 얼굴을 보며 대화를 나누면 말의 내용뿐 아니라 느낌이나 행동 등 눈에 보이는 모든 것을 통해 결정하기 때문이다.

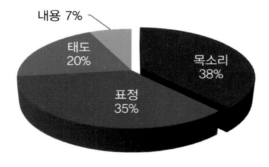

메라비언의 법칙

5) 표정

한 포털의 설문조사에 따르면 직장생활에서 거래처나 동료 사이에 첫인상을 결정하는 요인으로 얼굴 표정(74.5%)의 영향이 압도적으로 높았다. 표정은 마음속에 품은 감정이나 정서와 같은 심리상태가 겉으로 드러나거나 또는 그런 모습을 뜻한다. 한 사람의 '얼(정신)'이 담긴 '굴(窟)'이라는 얼굴에 표정이 드러나는 것은 당연하다. 프랑스의 어머니들은 자녀들에게 "너의 얼굴은 너를 위한 것이 아니란다. 주위 사람들을 행복하게 해주기 위한 소중한 것이란다."라고 늘 이야기한다. 그런데 유교적인 사상이 짙은 우리나라의 경우, '잘 웃는 사람은 싱겁다.'라고 표현하기도 하며 무표정을 일반적인 표정으로 생각한다. 비단 우리나라뿐만 아니라 동양인의 경우 서양인보다 표정변화가 없는 편으로 '일본인의 경우 1분 중 28초나 무표정으로 있다.'는 연구결과도 있다. 동양에서 주로 근무

했던 어느 프랑스 기자가 동양인의 표정에 대해 쓴 평가서가 있다. 무표정하게 느긋하게 걸어오면 중국인, 온화하게 바쁘게 걸어오면 일본인, 화난 표정으로 급하게 걸어오면 한국인이라는 내용이었다. 그러나 일반적으로 많은 나라에서 무표정은 반감이나 불만족, 무관심 등으로 이해한다. 아무리 상대에 대한 배려, 고마움, 사랑 등을 가지고 있다 한들 표정에 드러나지 않으면 진심이 전달되지 않기 때문이다. 기억하자. 상대방은 독심술사가 아니다.

미소 체크 리스트

1. 웃는 얼굴이 매력적이라고 칭찬받은 적이 있다.
2. 미소 지을 때 입술을 옆으로 최대한 벌린다.
3. 이가 되도록 많이 보이게 웃는다.
4. 웃을 때 입술 끝이 위로 향하도록 노력한다.
5. 항상 미소를 지으려고 노력한다.
6. 사진을 찍을 때 자연스럽게 웃는 얼굴을 취할 수 있다.
7. 미소 지을 때 손으로 입을 가리지 않는다.
8. 웃는 얼굴이 건강에 좋다고 생각한다.

8개 : 상당히 매력적인 미소를 가지고 있다.
6~7개 : 웃는 모습이 평범하다.
4~5개 : 조금 더 아름다운 미소를 가꿔야 한다.
3개 이하 : 웃는 모습과는 거리가 멀다.

출처 : 현대인의 생활매너, 이연희 외, 백산출판사

6) 미소의 효과

가장 좋은 표정은 무엇일까. 찰리 채플린은 "웃음 없는 하루는 낭비한 하루"라고 하였고 일본의 다국적 기업인 혼다의 소이치로 회장은 "웃는 얼굴이야말로 세계 공통의 여권이다."라고 했다. 국내 모 항공사의 경우 CF모델 선정기준이 '미소가 아름다운 배우'이다.

지금도 많은 회사에서 '미소마케팅 기법'을 활용하여 고객에게 다가가고 있다. 아름답고 따뜻한 미소, 좋은 표정의 완성이다. 영화 〈바람과 함께 사라지다〉 캐스팅 현장에 배우 비비안 리가 오디션을 보러 갔다. 감독 데이비드 셀즈닉은 비비안을 보고는 "당신은 우리 영화의 여주인공으로는 어울리지 않는군요."라며 단번에 불합격 소식을 알렸다. 실망했지만 비비안은 밝은 표정으로 인사하고 발걸음을 옮긴다. 그 순간 감독은 "잠깐, 비비안. 바로 그 표정이에요. 우리 영화에 함께합시다."라고 결정을 번복했다. 캐스팅의 비결은 바로 환하게 웃는 미소였던 것이다.

이처럼 미소는 상대의 호감과 신뢰감을 형성한다. 자신감을 갖게 하는 등 마인드컨트롤을 해주며 상대의 기분까지 좋아지게 만든다. 상대방을 언짢게 만드는 상황이 생기더라도 "웃는 낯에 침 뱉으랴?"라는 속담처럼 차마 화를 낼 수 없게 한다. 미소라는 무기만 있으면 부정이라는 싹에서도 긍정이라는 꽃을 피우는 '비비안 리'는 누구나 될 수 있다. 더불어 미소는 건강증진효과가 있다. 로마린다(Loma Linda) 의과대학의 리 버트 교수는 암환자들에게 병원에 있는 모든 TV방송을 찰리 채플린 등의 코미디 영화로 바꾸는 등 웃음을 이용한 치료를 진행했다. 그 결과, 환자들의 면역력이 강화되었음을 발견했다. 또 미국 스탠퍼드 대학의 윌리엄 프라이 교수는 웃음을 '앉아서 하는 조깅(stationary Jogging)에 비유했는데 하루에 백 번을 웃으면 10분 동안 보트레이스(Boat Race) 운동을 한 효과와 같다고 했다. 신경학자 헨리 루벤스타인은 1분 동안 힘차게 웃는 것은 45분간 휴식을 취한 효과와 맞먹는다는 사실을 알아냈다.

1. 최고의 인간관계
2. 이미지 형성에 가장 큰 역할
3. 편안한 분위기 연출로 신뢰성 향상
4. 엔도르핀 발생으로 건강 증진
5. 인생이 밝아짐

"절대로 웃지 않겠다!"

1999년 홍콩의 캐세이퍼시픽 항공회사에서 일어난 Smile 파업이다. 회사가 임금인상 요구를 수용하지 않자 근로계약에 미소를 지을 의무는 없었다면서 항공승무원들이 '웃음 짓는 서비스를 파업하겠다'고 선언한 것!

서비스의 상징인 웃음을 파업한 것은 운항거부 못지않은 부담으로 항공매출에 직접적인 영향을 미쳤다.

7) 미소 짓는 자세

① 자주 많이 웃는다

'성공이란 무엇인가.'라는 질문에 미국의 철학자이자 시인인 랄프 왈도 엔더슨은 "자주 그리고 많이 웃는 것"이라고 답했다. 한 연구에 따르면 3세 아이들은 하루 평균 300번 정도 웃지만 성인이 되면 하루에 15회 정도 웃는다고 한다. 심리학자 제임스와 랑케는 "사람은 슬퍼서 우는 것이 아니라 울어서 슬퍼지는 것이고 기뻐서 웃는 것이 아니라 웃기 때문에 즐거워지는 것이다."라며 자주 웃는 것을 강조했다.

② 웃을 타이밍을 안다

미소는 자기관리나 상대와의 관계에 있어 가장 기본적이면서 필수적이다. 중요한 것은 언제 웃어야 할지 알아야 한다는 것이다. 실패나 부정적인 소식에 웃어서는 절대 안 된다. 분위기를 바꾸고자 미소를 짓는 것이지만 적절하지 못한 상황에 웃는 것은 부정적 효과를 안겨준다. 자주 웃지만 항상 웃어서는 안 된다.

③ 진심으로 웃는다

로봇이 해맑게 웃는다고 해서 감정이라고 느끼는 사람은 없을 것이다. 기계적이고 형식적인 인사는 상대의 마음을 움직이지 못한다. 겉으로만 웃는 척하는 것이 아닌, 상대에 대한 감사와 존경, 호의 등을 담아 진심으로 웃어야 한다.

8) 미소 짓는 얼굴 만들기

거울을 보며 매일 연습하면 자연스럽고 예쁜 자신만의 미소가 만들어진다.

① 눈썹

눈썹은 표정을 연출하는 데 있어 중요한 부분이다. 각도만으로도 표정이 변하기 때문이다.

- 손가락으로 눈썹 라인을 따라 꾹꾹 눌러준다.
- 눈썹을 위아래로 움직여 이마와 눈 근육을 함께 풀어준다.
- 눈썹을 미간 사이로 내려 각도를 세모꼴로 만든다.
- 눈썹을 바짝 위로 올려 각도를 둥근 모양으로 만든다.

② 눈

놀라면 동공이 확대되고 화가 나면 눈이 매서워진다. 이처럼 눈동자만으로도 표정이 연출되며 진심이 담긴 맑고 빛나는 눈은 고객에게 신뢰감을 준다.

- 눈을 지그시 감아서 긴장을 풀어준다.
- 눈을 크게 뜨고 감는 것을 반복한다.

- 눈동자를 좌우상하로 천천히 그리고 빨리 움직이는 것을 반복한다.
- 눈에 힘을 주어 감는다.
- 다시 한번 눈을 크게 뜨고 위에서부터 오른쪽으로 한 바퀴 돌린다. 그리고 반대 방향으로 다시 한번 돌린다.

③ 코 운동

불쾌한 냄새를 맡을 때나 기분이 언짢아서 찡그리게 되면 코에 주름이 생긴다. 이처럼 코로 하는 표정 연출도 많지는 않지만 가능하다.

• 코와 미간 사이에 주름을 만들었다가 풀기를 반복한다.
• 콧구멍을 늘렸다 줄였다 하면서 코의 근육을 풀어준다.

④ 볼 운동

• 먼저 입을 '아' 벌리고 턱을 오른쪽에서 왼쪽으로, 왼쪽에서 오른쪽으로 움직인다.

• 입술을 다물고 양 볼에 공기를 가득 넣어준다.
• 볼에 있는 공기를 좌우상하로 이동시킨다.

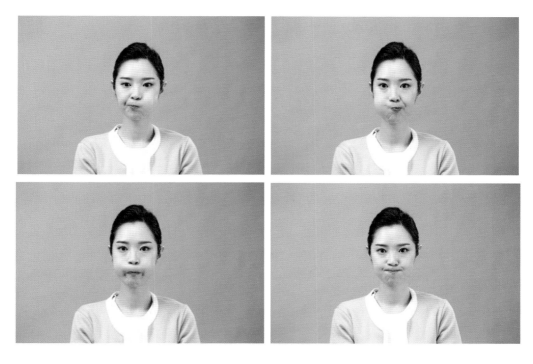

⑤ 입술 운동

• 위아래 입술로 공기를 보내며 가볍게 털어준다.

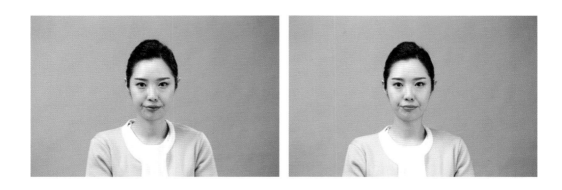

• 아 에 이 오 우를 반복한다.

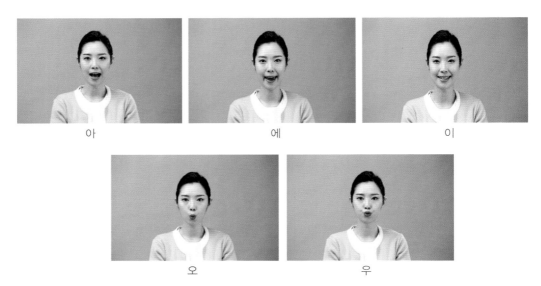

아　　　　　　　　에　　　　　　　　이

오　　　　　　　　우

9) 예쁜 미소 짓기

상대를 존중하는 마음과 시선으로 상대의 눈을 바라본다. 눈, 입이 함께 웃으며 '와이키키' 한다. 이렇게 '와이키키' 하면서 3초간 미소를 지어보자. 다시 한번 '와이키키' 하면서 7초간 웃어보자. 마지막으로 '와이키키' 하면서 10초간 웃어보자. 처음에는 쉽지 않겠지만 매일 거울을 보면서 연습하면 밝고 당당한 미소를 짓게 될 것이다.

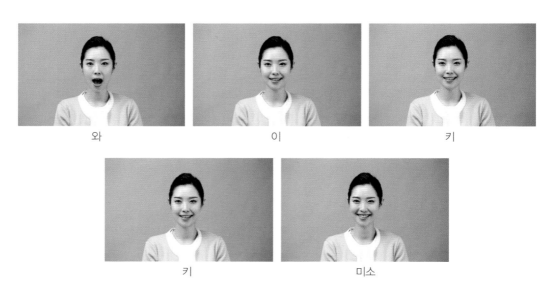

와　　　　　　　　이　　　　　　　　키

키　　　　　　　　미소

10) 진심으로 웃는 방법

① 팬암 미소

- 팬아메리칸 항공사의 승무원들이 의식해서 웃는 가식적인 미소를 뜻하는 데서 유래했다. 입만 웃는 가짜 미소를 말한다.

② 뒤센 미소

- 프랑스 신경심리학자인 기욤 뒤센은 진짜 웃음과 가짜 웃음을 연구하던 중 어떤 인위적인 자극에도 반응하지 않는, 진짜 웃음을 지을 때만 움직이는 눈가 주변 근육을 발견했다. 뒤센 미소란 이렇게 눈가 근육이 움직이며 주름이 지고 두 뺨의 상반부가 올라가는, 마음에서 우러나는 미소를 말한다.

1948년 미국 아이다호주의 포카텔로에서는 축제기간 중에 웃지 않아 상대방에게 불쾌감을 주는 사람을 체포했다. 가짜 감옥에 수감한 후 기부금을 내면 풀어주었는데 이 해프닝으로 필립 시장은 유명세를 탔고 포카텔로는 미국의 '스마일 수도(smile capital of U.S.A)'로 정해졌다.

나. 퍼스널 컬러와 활용법

1) 퍼스널 컬러

색상은 고유의 에너지를 가지고 있다. 그리고 같은 색상이라 해도 사람이나 상황에 따라 다른 에너지를 나타낼 수 있다. 똑같은 립스틱을 바르거나 같은 색상의 옷을 입었는데 친구는 잘 어울리고 자신은 잘 어울리지 않았던 경험이 누구나 있을 것이다. 바로 색의 에너지, 색과 자신의 에너지에 따라 나온 결과 중 하나이다.

색은 크게 따뜻한 색과 차가운 색으로 나눌 수 있다. 보통 따뜻한 색은 노란 계열, 차가운 색은 푸른 계열의 색을 의미한다. 따뜻한 색이 어울리는 사람을 웜(Warm)톤, 차가운 색이 어울리는 사람을 쿨(Cool)톤이라고 한다. 이를 퍼스널 컬러(Personal Color)라고 한다. 자신에게 어울리는 퍼스널 컬러는 긍정적인 에너지를, 어울리지 않는 색은 부정적인 에너지를 준다.

중요한 것은 자신에게 어울리는 색을 입음으로써 만들어지는 긍정적인 에너지가 고객에게 그대로 전달된다는 것이다. 또한 퍼스널 컬러에 따라 성격과 표정, 성향이 영향을 받게 된다. 평소 차가운 색을 좋아하는 사람이 퍼스널 컬러 웜톤을 진단받고 따뜻한 색을 가까이 하다 보면 이미지와 고객평가가 퍼스널 컬러에 맞춰 변화하기도 한다.

2) 퍼스널 컬러 진단하기

먼저 색상이 들어간 천을 이용해 자신에게 어울리는 색을 찾아본다. 은빛이 도는 천 위에 손을 올려두거나 얼굴을 대었을 때 혈색이 돌며 피부가 맑아 보인다면 쿨톤, 금빛이 도는 천 위에 손을 올려두거나 얼굴을 대었을 때 그렇다면 웜톤이다. 퍼스널 컬러를 만나면 얼굴이 작아 보이기도 하는 등 긍정의 에너지가 강해지며 반대의 컬러를 만나면 다크서클이 짙어지거나 10년은 늙어 보이는 효과가 생기기도 한다.

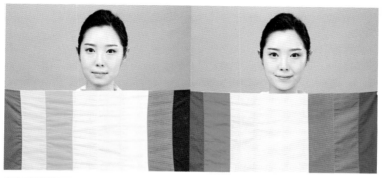

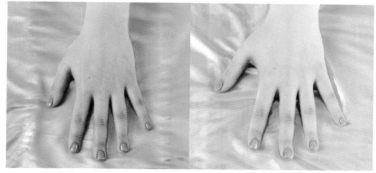

　이 외에 ○링 테스트도 있다. 1970년대 초 오무라 오시아기가 연구한 '오무라 테스트'로 손 위에 음식이나 약 등을 올려놓고 그 물건이 자신의 체질과 맞는지를 확인하는 검사이다. 긍정적인 에너지를 받으면 근력이 강해지고 부정적인 에너지를 받으면 근력이 약해지는 원리이다. 이 테스  트는 두 사람이 함께해야 한다. 먼저 퍼스널 컬러를 진단받는 사람은 눈을 감고 오른손의 엄지와 검지를 보아 OK모양을 만든다.

　이때 서 있는 것이 좋으며 진단하는 사람은 왼손에 진단천이나 도구를 올려준다. 금, 은색의 천이 없다면 금반지나 은반지 등을 활용해도 좋다.

진단하는 사람은 진단받는 사람의 OK모양의 손을 풀어본다.

은색 진단천이나 은반지 등을 손에 들었을 때 OK모양이 풀리지 않거나 힘이 더 세게 느껴진다면 쿨톤, 반대로 금색 진단천이나 금반지 등을 손에 들었을 때 상대의 힘이 더 세게 느껴지거나 OK모양이 풀리지 않는다면 웜톤이다. 이렇게 떨어지는 손의 힘의 정도로 자신의 퍼스널 컬러를 찾을 수 있다.

만약 색상천이나 색상표가 없다면 피부색을 이용하면 된다. 손끝이나 손바닥을 봤을 때 살굿빛이 나면 웜톤이 잘 어울리며 분홍빛이 나면 쿨톤이 잘 어울린다. 또한 눈동자 색깔에 따라서도 다르다. 머리 뒤쪽의 두피로도 진단해볼 수 있는데 녹색이 돌면 웜톤, 푸른빛이 돌면 쿨톤이 잘 어울린다.

3) 퍼스널 컬러 활용법

한 대학생이 퍼스널 컬러를 진단받은 후의 일이다. 자신은 카키나 브라운 등의 의상만 즐겨 입었는데 이미지 컨설턴트와 만나보니 '쿨'톤이라는 사실을 알게 되었다. 다음 날 쇼핑을 하는데 어김없이 눈길 가는 의상들의 색상을, 일부러 쿨 컬러로 구매해 보았다. 친구나 지인들의 평가에서 확연히 느낄 수 있었다. "며칠 사이에 굉장히 예뻐졌다!", "무언가 달라 보여!", "피부과나 성형외과 다녀왔어?" 등 색상 하나만 바꿨을 뿐인데 주변의 반응이 뜨거운 것을 보고 퍼스널 컬러의 중요성을 알았다는 것이다. 이처럼 퍼스널 컬러는 의상, 특히 상의에 활용하면 얼굴이 작고 화사해 보이며 자신감이 가득 차 보인다. 메이크업이나 염색을 할 때도 자신의 퍼스널 컬러에 맞게 하면 더욱 돋보이는 이미지를 표현할 수 있다.

옐로베이스 파운데이션

핑크베이스 파운데이션

웜 - 살구

쿨 - 핑크

웜

쿨

퍼스널 컬러와 상관없이 의도적으로 계절컬러를 활용하여 이미지를 변화시킬 수도 있다. 카리스마 있는 이미지를 연출해야 한다면 상 & 하의 색상 혹은 상의 안에서 콘트라 스트를 강하게 하는 등 대비되는 색상을 활용하는 방법이 있다. 흰 셔츠에 파란 재킷을 입거나 검정은 정장에 붉은 넥타이를 매면 강렬하면서도 깔끔한 느낌을 연출할 수 있다. 부드럽고 지적인 이미지를 연출하고자 할 때는 살구색이나 금색 같은 따뜻한 색을 활용 하면 좋다.

4) 오픈페이스

우측

원본

좌측

〈오픈페이스 찾는 방법〉

1. 자신의 얼굴을 정면으로 본다.

2. 좌측과 우측의 얼굴을 비교하여 관찰한다.

3. 좌/우측 중, 균형과 이미지 면에서 더 좋은 쪽이 오픈페이스이다.

※ 대화 시 상대방에게 자신의 좋은 쪽을 보여주는 것이 좋다.

오픈페이스를 찾은 후 가르마 방향은 오픈페이스가 잘 보이는 방향으로 한다.

위 사진의 모델은 오른쪽과 왼쪽 얼굴 중 왼쪽 얼굴의 눈매가 더 또렷하고 얼굴라인 도 갸름하기 때문에 오픈페이스는 왼쪽이다. 따라서 가르마는 왼쪽 얼굴이 잘 보이도록 왼쪽으로 내준다.

다. 간호사로서 신뢰감을 주는 이미지 전략

뮤지컬 배우들은 맡은 역할에 충실하기 위해 그 배역에 맞게 분장하고 의상을 입고 연기를 한다. 이처럼 자신의 직업, 자신이 속한 조직과 기업에 맞게 프로다운 이미지를 연출해야 한다. 특히 서비스의 경우, 서비스를 제공받는 현장에서 고객에 의해 이미지에 대한 평가가 이루어지기에 프로다운 이미지는 더욱 중요하다.

2015년 간호행정학회지에 발표된 연구결과를 보면 긍정적인 자기 이미지를 가진 사람은 자신을 유능하다고 생각하며 부정적인 자기 이미지를 가진 사람은 자신을 무능하다고 생각하는 경향이 높다는 것을 알 수 있다.

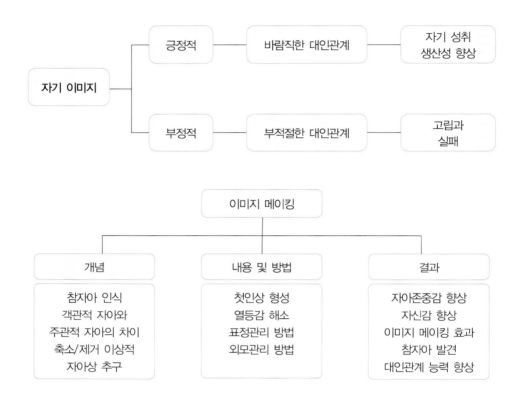

또한 이미지 메이킹 프로그램을 통한 외적 이미지 변화가 진취적인 사고와 긍정적인 사고 향상에 영향을 미친다는 것을 알 수 있다. 이미지는 후천적으로 변화 & 발전시킬 수 있는 요소이며 단순히 외적인 아름다움을 추구하는 것뿐만 아니라 내적인 심리상태 및 자신감과도 관련이 있기에 그 자체가 이미 성공요소라고 할 수 있다.

그렇다면 의료서비스, 간호서비스를 제공하는 사람으로서 신뢰감을 주는 성공 이미지 전략은 무엇일까? 간호서비스 이미지는 고객들이 병원의 간호서비스에 대해 마음에 그리는 그림이다. 그 그림은 고객의 경험과 기대수준에 따라 결정되며 병원이나 간호사가 추구하는 간호서비스 콘셉트와도 연관된다. 병원이 어떠한 간호서비스를 제공하겠다는 약속인 콘셉트와 고객이 그리는 간호서비스 이미지가 일치하면 서비스에 대한 만족 및 충성도가 높아지고 이는 곧 서비스를 제공하는 간호사들의 동기부여와 성취의욕을 더욱 고취시켜 더욱 차별화된 간호서비스를 제공하도록 만든다.

의료 커뮤니케이션에서 간호서비스 이미지가 중요한 이유는 간호서비스 이미지가 고객을 유혹하는 요인이기 때문이다. 간호서비스에 대한 고객의 이미지가 좋을수록 많은 고객이 찾아온다. 또한 간호서비스 이미지가 좋은 병원에는 우수한 간호사가 또 몰려들어 내부고객 수준이 올라간다. 간호서비스 이미지는 결국 간호사에 대한 애정과 신뢰로 다가가 간호사가 어떤 상황에서도 자신의 서비스 이미지를 표현할 수 있는 자신감이 생긴다. 그래서 사회생활이라는 새로운 도전을 준비하는 간호 대학생들에게 무엇보다 긍정적인 마인드가 중요하다. 복잡한 상황에서 다양한 고객을 만나 도움을 주는 간호사는 광범위한 지식과 훈련된 전문기술을 요구받기에 우선 자신과 직업에 대한 신념과 가치를 가져야 한다. 그리고 밝고 적극적인 태도와 환한 미소로 다가가고 진심에서 우러나오는 눈빛과 따뜻함이 느껴지는 대화를 나누어야 한다. 이처럼 내 & 외적인 이미지의 균형을 맞추고 스스로에 대한 만족감과 자신감이 생긴다면 고객에게 호감가고 신뢰감을 주는 바람직한 간호사 이미지를 형성할 수 있다.

무엇보다 상황에 따른 적절한 이미지를 연출하는 것도 필요하다. 응급실로 실려 온 위급한 환자와 그의 보호자에게 환한 미소를 짓고 다가간다면? 열이 나는 아이를 안고 있는 부모에게 밝은 표정으로 아무렇지 않게 아이의 상태에 대해 이야기한다면? 분명 고객은 마음의 상처를 입고 간호사와 의료진에 대해 불만을 품게 될 것이다.

서비스 제공자는 상황에 맞게 그리고 자신의 감정과 무관하게 전략적으로 연출할 수 있어야 한다. 자신감 있으면서도 자연스러운 미소와 더불어 슬픈 일에는 공감하는 표정 연출, 고객이 서비스에 대해 불만족을 표출할 때는 감정에 동요되지 않고 해결하는 진지한 표정을 연출해야 한다. 건강이 좋지 않아 밝은 에너지가 떨어진 고객의 경우 환하게 웃으며 쾌활한 기운을 북돋아줘야 한다.

• 따뜻한 이미지 VS. 차가운 이미지

따뜻한 이미지와 차가운 이미지로 나눌 수 있는데 이 두 이미지는 체형, 말투, 몸짓, 이목구비, 목소리 등 모든 면에서 영향을 받아 형성된다. 고객은 부드러운 인상과 온화한 미소를 지닌 간호사를 보며 편안함을 느끼고 날카로운 눈매와 강한 표정을 지닌 간호사를 보며 확실한 업무 능력을 짐작한다. 후자는 전문적이고 확실한 서비스를 보여줄 수 있지만 고객과의 만남에서는 차가운 이미지가 긴장감과 불편함을 줄 수 있으므로 밝은 색상의 옷차림 또는 부드러운 말투로 따뜻한 이미지를 보여주어야 한다.

2 용모와 복장

가. 용모

용모와 복장은 자신이 누구인지, 어떤 사람인지 또 자신이 속한 회사나 조직을 대변한다. 초라하거나 볼품없으면 스스로 자신감이 결여되기도 하고 고객이 서비스 제공자를 바라보는 시선이 곱지 않을 수 있다. 용모와 복장이 변화하면 자신과 고객의 기분전환이 되기도 한다. 이렇듯 용모와 복장은 자신을 변화시키고 고객의 시각을 바꾸는 비즈니스의 중요한 수단으로서 전문가다운 모습을 표현할 수 있어 서로의 신뢰감이 더 쌓인다. 또한 조직에 활력을 주고 나아가 병원의 이미지도 좋아진다. 곧 성공의 열쇠이다. 마지막으로 용모와 복장은 또 하나의 매너이다. 고객을 존중하고 배려하는 사람일수록 어떤 모습을 보여줄지 세심한 주의를 기울인다.

1) 용모의 의미와 효과

링컨은 그 사람의 얼굴에는 그가 살아온 삶의 흔적이 담겨 있다며 사람은 나이가 들수록 본인의 얼굴에 책임을 져야 한다고 했다. 즉, 한 사람 인생의 축소판이 바로 얼굴이라는 것이다.

- 용모(容貌) : 사람의 얼굴 모양을 일컫는 말로서 흔히 사람의 겉모습을 말하기도 한다.
- 외모(外貌) : 얼굴과 몸매 모두를 말한다.
- 풍모(風貌) : 얼굴·몸매·복장·태도 등을 종합한 외형의 것으로 얼굴이 아니라 몸매나 복장을 주로 가리키는 말이다.

제2차 세계대전 중 독일 군부는 유대인을 학살할 때 병사들의 마음속에 있는 인간의 양심을 없애려고 유대인을 '짐승'으로 만들었다. 3만 명 이상을 가둔 수용소에 화장실을 한 개 만들었고 2인당 하루에 물 한 컵씩만 제공했다. 유대인들은 씻을 수 없었고 아무 곳에나 배설을 했고 그 모습을 보는 독일군의 양심은 사라졌다. 하지만 어떤 유대인들은 물을 조금만 마시고 남은 물과 옷 조각으로 이를 닦고 세수를 했다. 또 수용소에서 발견한 유리조각으로 면도를 했다. 인간다움을 잃지 않겠다는 의지였고 독일군에게 가장 무서운 항거였다. 매일 정해진 시간이 되면 처형할 유대인들이 정해졌는데 이처럼 사람의 얼굴을 한 유대인은 선택되지 않았다.

2) 용모 가꾸기

〈남자의 용모〉

① 얼굴

- 수염을 길러서는 안 되며 매일 면도한다.
- 코털이 밖으로 보이지 않도록 주의한다.
- 면도 후에는 로션을 발라 피부를 촉촉하게 만든다.
- 미소 띤 밝은 얼굴에 눈빛은 자신감 있게 한다.

② 치아

- 오복 중에 하나이므로 중요하게 생각한다.
- 중간에 양치질이나 헹구면서 청결을 유지한다.
- 식사 후에는 치아 사이에 이물질이 끼지 않았는지 점검해야 한다.
- 교정이나 치아미백 등을 통해 가지런함과 하얀 미소를 보장한다.

③ 손

- 자주 씻어 청결함을 유지한다.
- 손톱은 깔끔하게 자르고 군살을 제거하고 윤이 나게 다듬는다.

④ 머리

- 앞머리는 이마를, 옆머리는 귀를, 뒷머리는 드레스 셔츠 깃을 덮지 않도록 한다.
- 머리는 단정하게 빗고 왁스나 젤을 사용하여 깔끔한 모양을 유지한다.
- 지나친 염색이나 너무 튀는 머리모양을 하지 않는다.

〈여자의 용모〉

① 피부

- 맑고 촉촉한 피부를 위해 충분한 수면을 취하고 기초 화장품을 바른다.
- 자신의 피부 톤에 맞는 파운데이션 색상을 선택해 밝고 자연스러운 느낌을 살린다.
- 얼굴과 목의 피부 색상이 비슷해야 한다.

② 눈

- 무엇보다 눈빛은 밝고 따뜻하며 자신감 있게 한다.
- 눈썹은 깔끔하게 정리하고 눈썹 산의 위치를 정한다.
- 눈썹 앞부분과 꼬리부분은 자연스럽게 채운다.
- 아이라인은 눈매를 선명하게 하되, 너무 진하게 그리지 않는다.
- 마스카라는 뭉침이 없게 발라야 한다.
- 간혹, 속눈썹을 붙이는 경우가 있는데 비즈니스 매너로는 추천하지 않는다.
- 아이라인과 마스카라가 번지지 않았는지 신경쓴다.
- 너무 진하거나 야한 색조화장은 피한다.

③ 입술

- 입술에 각질이 생기지 않도록 주의한다.
- 립글로스나 립밤으로 건강한 입술을 만든다.
- 너무 붉은색의 립스틱은 피하며 치아에 묻지 않았는지 확인한다.

④ 손

- 손톱의 경우 지나치게 기르거나 짙은 색의 매니큐어는 피하는 것이 좋다.
- 손톱 주위의 군살은 깔끔하게 제거하고 윤기가 나도록 한다.

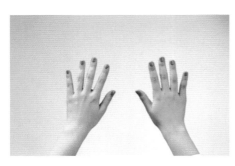 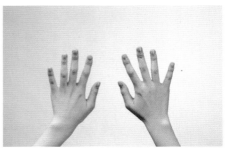

⑤ 머리

- 윤기 있고 아름다운 머리를 유지한다.
- 너무 유행을 따르거나 튀는 머리모양보다는 자신에게 가장 잘 어울리는 것을 찾는다.
- 긴 머리는 묶어서 단정하게 한다.

눈썹 하나로도 첫인상이 바뀐다

　미국 성형외과학회 존 퍼싱 박사팀은 눈썹이 인상을 결정하는 데 가장 큰 영향을 미친다는 연구결과를 발표했다. 컴퓨터 합성기술로 젊은 여성 한 명의 얼굴 사진에서 눈썹 모양과 위치, 눈꺼풀, 피부상태, 주름 위치 등을 변형시켜 16가지 다른 얼굴을 만들었다. 그 뒤 20명에게 각 사진을 보여주고 행복이나 놀람, 화남, 슬픔, 혐오, 두려움, 피곤함 등의 7가지 감정표현이 강해 보일수록 높은 점수(0점에서 5점까지)를 주도록 했다. 그 결과 눈썹 모양이나 위치가 변할 때 가장 점수 변화가 큰 것으로 드러났다.

눈썹 그리는 방법
STEP1. 눈썹 라인 잡기
　스크루 브러시를 이용해 눈썹 결을 살린 뒤, 자신의 헤어 컬러에 맞는 컬러를 이용해 눈썹 앞머리, 꼬리, 아래 선을 터치해 가이드라인을 잡아준다. 이때 눈썹 아래부분을 먼저 잡아준다.

STEP2. 눈썹 산 만들기

눈의 2/3 지점에 눈썹 산을 그린다. 눈썹 산에서 꼬리부분으로 자연스럽게 하강하며 그린다. 눈썹 꼬리는 살짝 뾰족하고 너무 길지 않게 한다.

STEP3. 눈썹 채우기

자연스러운 눈썹 연출을 위해, 눈썹 가이드라인을 잡아준 컬러보다 연한 컬러로 눈썹 끝쪽에서 앞쪽으로 채워준다. 앞쪽부터 하다 보면 앞이 너무 두껍고 진할 수 있다. 눈썹의 빈 곳을 채워준다.

유의사항

- 자신이 없는 사람의 경우 반영구화장을 추천한다.
- 무조건 유행을 따라가기보다는 자신의 이미지에 맞는 눈썹을 해야 한다.

나. 복장

1) 복장의 의미와 효과

복장은 나이나 직업, 신분에 따라 달리 만든 옷을 의미한다. 한 사람의 성향과 개성, 매력을 표현할 뿐만 아니라 지위, 소속, 가치관과 직업의식을 나타낸다. 자신에게 어울리고 T·P·O에 맞춰 잘 갖춰 입은 복장은 상대에게 호감이 가는 첫인상과 신뢰감을 형성해 준다. 또 자신과 상대의 기분을 전환해 주고 서로의 인식 변화를 가져오기도 한다. 이런 상호작용으로 업무의 능률이 향상되고 나아가 자신과 조직, 회사의 이미지를 완성한다.

"인간지의(人間之衣) 재명미덕(在明美德) 재신민(在新民) 재지어지선(在之於至善)"이란 말이 있다. '옷을 입는다는 것은 곧 아름다움과 덕을 바깥으로 내보이는 것이고 사람을 새롭게 하고 더 나아가 선하게 만든다.'라는 뜻이다. 자기 내면의 아름다움과 덕을 표현할 뿐만 아니라 스스로를 새롭고 선하게 만들기 위해 노력해야 한다.

2) 알맞은 복장

① T · P · O에 맞게 조화로워야 한다

같은 검정색의 옷을 입더라도 파티나 클럽에 갈 때, 조문을 갈 때 각각 어울리는 복장이 따로 있다.

② 자신만의 매력이 드러나되 너무 튀어서는 안 된다

취업면접을 보러 갈 때 화려한 꽃무늬나 컬러풀한 의상은 피하는 것이 좋다.

③ 청결하고 단정하며 품위가 있어야 한다

너무 짧은 미니스커트를 입고 출근하거나 구겨진 정장을 입어서는 안 된다.

면접 복장

너무 화려한 옷보다 호감을 주면서도 지원한 직군에 맞는 의상을 선택해야 한다. 금융권과 공기업은 검정이나 감청색 같은 어두운 재킷에 바지 또는 H라인 스커트, 단정한 셔츠와 블라우스, 넥타이를 매치해 깔끔한 느낌을 주는 것이 좋다. 여성의 경우 너무 마른 체형의 지원자라면 짙은 컬러의 원피스에 화이트나 베이지 컬러 재킷을 매치하면 체형의 단점을 커버할 수 있다.

광고나 디자인, 패션 업계라면 세련되고 트렌디한 분위기를 연출해 개성을 드러내는 것이 좋다. 하지만 전체적으로 단정한 느낌을 주는 것을 잊어서는 안 된다. 한 곳에 포인트를 주거나 액세서리를 통해 자신의 감각을 보여줄 수 있다.

IT, 이공계 업계의 면접이라면 신뢰성을 주면서도 활동적인 이미지를 강조하는 것이 좋다. 여성의 경우 블라우스 컬러에 포인트를 주거나 스커트 대신 정장 팬츠를 선택하는 것도 좋다.

그렇다면 의료서비스업계, 특히 간호사 면접을 보러 갈 때 알맞은 복장은?

단정한 올림머리와 검은색 정장, 흰 블라우스, 그리고 검정 구두를 신는 것이 좋다. 생기 넘치고 단아한 피부표현과 화장을 해야 하며 화려한 메이크업은 좋지 않다. 피부에 트러블이 많은 경우, 거친 소재의 옷을 입는 것이 좋으며 매끄러운 피부의 경우 부드러운 소재의 옷을 입는 것이 좋다. 또한 손톱은 짧게, 윤이 나고 깔끔하게 손질한 정도이며 손톱이 약한 경우 영양제나 투명한 매니큐어 정도는 가능하다. 액세서리도 귀에 딱 붙는 작은 크기가 좋다. 반지나 목걸이는 착용하지 않으며 손목에 딱 맞는 시계는 좋다.

3) 격식 있는 복장 연출법

① 남성

▶ 정장(suit)

비즈니스 사회에서 가장 기본적이면서도 품격을 보여주는 것이 정장이다.

- 조직의 이미지에 어울리는 조화롭고 품위 있는 정장을 입는다.
- 정장(수트)은 재킷과 바지의 색상과 소재가 같아야만 한다.
  하나라도 다르면 비즈니스 캐주얼에 속한다.
- 체형에 맞는 디자인과 사이즈를 선택한다.

▶ 상의

- 재킷의 길이는 엉덩이의 굴곡부분을 가릴 만큼 길어야 한다.
- 정장에 조끼를 입을 때에는 몸에 꼭 맞는 크기를 착용하며 맨 아래 단추는 푼다.
- 앞가슴 주머니에 만년필이나 볼펜을 잔뜩 꽂고 다니는 것을 피한다.

▶ 바지

- 바지의 길이는 서 있을 때 단이 구두코에 가볍게 닿는 정도가 좋다.
- 바지선은 잘 다려서 구김이 생기지 않도록 한다.

▶ 드레스 셔츠

와이셔츠로 알고 있지만 드레스 셔츠가 정식 명칭이다. 와이셔츠는 화이트 셔츠가 와이셔츠로 발음된 데서 굳어진 것이다.

- 흰색 또는 옅은 색을 선택하고 화려한 디자인은 피한다.
- 구김이 없어야 하며 단추는 모두 채운다.
- 소매 길이는 손등 위로 알맞게 얹히도록 하고 1~1.5cm 정도 보이도록 한다.
- 반소매 셔츠에 넥타이를 매거나 정장 상의를 입지 않도록 한다.

정장(suit) 용어

■ 재킷

• 고지라인

정장의 깃은 윗 깃(칼라)과 아랫 깃(라펠) 2개로 구성되며 이 둘을 이은 봉제선을 고지라인이라 한다. 이 위치가 정장의 인상을 좌우하는데 일반적으로 클라시코 이태리 정장은 높고 브리티시 정장은 낮다.

• 프런트 다트

가슴 아래에서 앞주머니에 걸쳐 좌우에 한 번 집어서 꿰맨 세로선이다. 입체감 있는 실루엣을 만들어준다. 현대 정장에서는 빠지지 않지만 박스형인 미국 전통 브랜드인 아메리칸 트레드 정장에는 보이지 않는다.

• 암홀

몸통과 소매를 연결하는 둥근 부분으로 진동 둘레라고도 한다. 이 부분이 딱 맞으면 소매를 올리거나 내려도 정장의 형태가 흐트러지지 않는다.

• 프런트 커트

재킷 앞면에서 서로 겹쳐지는 가장 아랫부분의 둥근 커팅이다. 이 곡선의 각도 차이가 V존과 마찬가지로 정장의 이미지를 바꾼다. 싱글 정장은 큰 활 모양을 그리는 것이 주류이다. 더블 정장에 많이 보이는 직각 모양은 '스퀘어 커트'라고 하듯 열린 각도에 따라 다양한 명칭이 존재한다.

• 브레스트 포켓

포켓 스퀘어를 꽂는 자리로 가슴주머니이다. 이태리 정장은 가슴포켓을 직선으로 처리하지 않고 곡선으로 디자인하는 것을 선호한다.

■ **라펠**

코트나 재킷의 앞몸판이 깃과 하나로 이어져 접힌 부분을 말한다.

• 노치드 라펠

가장 보편적인 라펠모양이다. 칼라와 라펠의 경계선이 적당하게 벌어진 모습으로 심플한 디자인이다.

• 피크드 라펠

아랫깃이 뾰족하면서 크게 위로 올라간 라펠로 드레시한 슈트에 잘 어울린다. 강렬한 이미지를 준다.

• 버튼홀

정식명칭은 플라워홀이다. 라펠의 단춧구멍이다. 버튼의 기능 대신 배지를 다는 등 장식적인 요소로 활용된다.

■ **팬츠**

• 플리츠

바지허리 부분에 만들어진 1개 또는 2개의 주름이다. 아웃 플리츠(주름이 바깥쪽으로 열려 있는 것)와 인 플리츠(주름이 안쪽으로 향한 것)로 나뉜다. 정장보다 감각적으로 보이길 원하면 노 플리츠로 한다.

• 크리스

바지 중심이 접히는 선이다. 깨끗하게 들어가 있지 않으면 깔끔해 보이지 않는다.

• 커프스

소맷부리, 바지의 접단을 말한다.
- 싱글 : 바짓단을 안으로 접어서 바느질 처리하는 것을 말한다.
- 턴업 : 바짓단을 바깥으로 접는 것을 말한다.

▶ 넥타이

- 차분하고 단정한 인상을 주고 싶을 때는 정장과 동일한 계열의 색상을, 강하거나 활동적인 인상을 남기고 싶을 때는 보색 계열을 선택한다.
- 자기 회사의 이미지나 목적에 맞춰 넥타이 색상을 고르기도 한다.
- 넥타이를 맨 길이는 벨트의 버클을 약간 덮을 정도가 적당하다.
- 조끼를 입었을 때는 조끼 하단으로 넥타이가 나오지 않아야 한다.
- 넥타이 두께도 신경을 써야 한다.

  체격이 큰 사람이 너무 얇은 두께의 넥타이를 매거나 체격이 왜소한 사람이 너무 두꺼운 넥타이를 매는 것은 좋지 않다. 신체적 결함이 더욱 부각되기 때문이다. 자신의 신체적 특징을 잘 파악하여 넥타이를 선택해야 한다.

넥타이의 기원

'30년 전쟁' 당시 프랑스 왕실을 보호하기 위해 파리에 도착한 크로아티아의 병사들은 모두 스카프를 목에 감고 있었다. 무사귀환의 염원을 담아 아내나 연인이 감아준 사랑의 징표였다. 그 스카프에 강한 인상을 받은 루이 14세가 프랑스 군인에게도 매도록 하면서 프랑스 전역에 퍼지게 됐다.

당시 루이 14세가 '저것이 무엇이냐'고 묻자 시종장이 "크로아티아의 병사입니다."라는 의미로 '크라바트'라고 대답했는데 이때부터 남자들의 목에 맨 스카프가 '크라바트'가 되었고 넥타이가 프랑스어로는 크라바트(Cravate)이다. 현대 스타일의 매듭은 19세기 말 영국의 오스카 와일드가 쉽고 간편한 스타일의 포 인 핸드 타이(Four in hand tie)를 창안하면서 시작됐다고 전해진다.

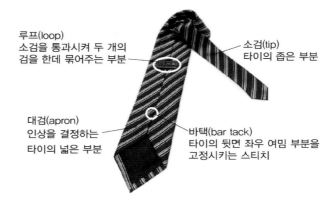

루프(loop)
소검을 통과시켜 두 개의 검을 한데 묶어주는 부분

소검(tip)
타이의 좁은 부분

대검(apron)
인상을 결정하는 타이의 넓은 부분

바택(bar tack)
타이의 뒷면 좌우 여밈 부분을 고정시키는 스티치

넥타이 연출법

■ **윈저노트(Windsor Knot)**

영국의 왕 에드워드 8세, 윈저공이 즐겨 매던 스타일로 스프레드 칼라의 넓은 공간을 채워
주는 매듭법이다. 좌우로 두 번 매듭을 짓기 때문에 매듭 자체가 커지므로 두꺼운 타이는
피한다. 타이의 폭이 넓고 긴 길이의 클래식 타이에 어울리는 연출법이며 공식적인 모임
에 참석할 때 어울리는 타이 연출법이다.

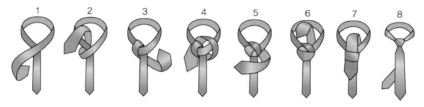

■ **하프 윈저노트(Half Windsor Knot)**

윈저노트에서 좌우로 두 번 돌리는 절차를 한 번으로 줄인 매듭법으로 세련되고 간결한
느낌을 준다. 좌우가 균등하게 되도록 고안되어 꽉 조여주면 더욱 멋스럽다. 와이드 타이
보다는 폭이 조금 좁고 컬러감이 화려한 레귤러 타이에 좀 더 잘 어울리는 연출법이다.

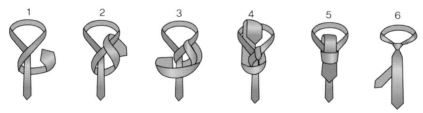

■ **플레인 노트(Plain Knot)**

가장 기본적인 매듭법이다. 19세기 중반까지 넥타이의 주를 이루었던 나비매듭에 이어
등장했다. 타이 종류 중에는 슬림 타이에 잘 어울리며 가볍고 캐주얼한 자리의 옷차림에
연출한다. 매듭 바로 아래쪽에 주름이 생기지 않도록 잡아주는 것이 포인트이다.

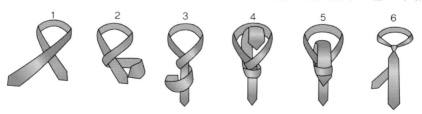

간호서비스를 위한 비즈니스 매너

■ 블라인드 폴드 노트(Blind Fold Knot)

플레인 노트로 매듭을 만든 후 대검 부분을 매듭 위로 돌려 덮어주는 매듭법이다. 굉장히
독특하면서도 포멀한 느낌이 있어 공식적인 자리에서라면 더욱 돋보일 수 있다.

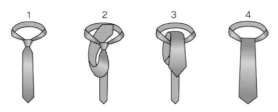

■ 크로스 노트(Cross Knot)

플레인 노트와 같은 형태의 매듭에 중앙을 교차하는 사선 하나가 생기는 스타일의 매듭법
이다. 눈에 띄는 모양이므로 전체적으로 단순한 스타일과 컬러의 타이에 어울린다.

■ 더블 노트(Double Knot)

두 번 돌려 처음 돌린 매듭 부분이 두 번째 돌린 매듭 아래로 조금 보이도록 매는 것이
포인트다. 비즈니스 슈트에 연출하면 스마트하고 센스 있는 인상을 줄 수 있다.

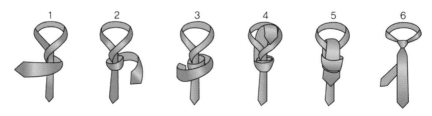

▶ V-zone

- 정장 착용 시 재킷의 단추를 잠갔을 때 재킷을 통해 드러나는 셔츠의 깃과 넥타이가 드러나 보이는 부분을 말한다.
- 첫인상을 좌우하는 중요한 부분이다.
- 색상과 무늬 선택 시 주의해야 한다.
- 세 가지 중 한 곳만 포인트를 주어 시선을 분산시키지 않도록 한다. 보통 포인트는 넥타이 연출로 하는 것이 무난하다.

▶ 벨트

- 정장과 어울리는 색상을 선택한다.
- 어울리지 않거나 튀는 색상은 피한다.
- 버클은 심플한 것을 선택하고 모양이 지나치게 화려하거나 폭이 넓은 것은 피한다.

▶ 양말

- 정장 착용 시 실크 소재 양말이 어울리며 흰색 양말은 피한다.
- 양말은 검은색과 같은 진한 색 혹은 구두나 정장과 같은 색을 신는다.
- 앉았을 때 맨살이 보이지 않아야 한다.

▶ 구두

- 소재는 가죽이 적당하다.
- 굽이 닳지 않았는지, 청결한지 확인해야 한다.
- 구두와 가방의 색상을 맞추는 것이 좋다.

▶ 가방

- 서류 가방은 안을 깔끔하게 정리하고 밖에 지저분한 곳이 있다면 가볍게 닦아준다.

▶ 향수

- 진하지 않은, 은은한 향수를 뿌린다.

② 여성

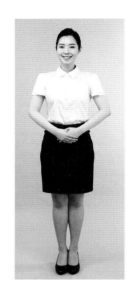

▶ 정장
• 남성과 마찬가지로 소재와 색상이 같은 한 벌 개념이다.
• 스커트가 일반적이며 무릎 바로 아래에서 무릎 위 5cm 이내
 가 적당하다.
• 현대 사회에서는 바지를 입는 것이 에티켓에 어긋나지는
 않지만 공식 석상에서는 치마를 입는 것이 좋다.

▶ 블라우스
• 노출이 심하거나 지나치게 화려한 디자인은 피한다.
• 구김이 잘 가는 소재는 다림질을 하여 단정하게 한다.

▶ 스타킹
• 정장에 색상을 맞추되 현란한 색상은 피하고 그물이나 반짝거리는 스타킹도 피
 해야 한다.
• 자신의 살색과 같거나 약간 어두운 색상이 가장 무난하다.
• 스타킹 올이 나가진 않았는지 자주 확인해야 한다.

▶ 액세서리
• 돋보이게 하는 것이지만 그래도 한 번에 착용하는 액세서리가 3개를 넘지 않도
 록 한다.

▶ 핸드백과 서류가방
• 색상, 소재, 디자인은 때와 장소에 맞게 선택해야 한다.
• 가방의 크기는 자신의 키와 비례하여 연출하는 것이 바람직하다.

▶ 향수
• 은은한 향수를 뿌린다.

『신데렐라 성공법칙』의 저자 캐리 브루서드는 늘 프로답게 더할 나위 없이 열심히 했고 엄청난 성과를 냈다. 하지만 임금과 승진에서 인정받지 못했고 상사에게 "자네는 일은 정말 잘해. 하지만 외모가 문제야!"라는 평가를 받았다. 충격은 잠시, 새 옷과 새 스타일로 자신감 있게 무장하고 승승장구해서 부회장 자리에 올랐다고 한다. 물론 옷이 승진시켜 준 것은 아니지만 능력을 돋보이게 하는 데는 변화한 외모가 도움이 된 것은 사실이다. 자신의 분야에서 전문가답게, 내면과 능력이 함께 돋보이도록 해야 할 필요가 있다. 스스로가 당당하고 상대방의 눈에 비치는 자신의 모습이 편안하면서도 매력적으로 보인다면 더없이 좋지 않을까.

다. 간호사로서 갖춰야 할 용모와 복장

- 깨끗하고 단정해야 한다.
- 생기 있고 단아한 화장을 한다.
- 깔끔하게 뒤로 넘긴 머리를 망에 넣는다.

- 손톱은 짧아야 한다.

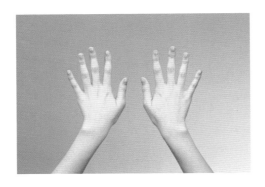

- 고객에게 위협이 될 만한 액세서리는 하지 않는다.

- 귀걸이를 착용한다 해도 최대한 작고 귀에 붙는 것으로 한다.

- 시계는 손목에 딱 맞는 것으로 착용한다.

---

3 인사와 자세

가. 인사와 악수, 소개

1) 인사

인사는 가장 먼저 배우는 사회 행동이자 가장 기본 에티켓이다. 톨스토이는 "어떠한 경우라도 인사하는 것이 부족하기보다는 지나칠 정도로 하는 편이 좋다."라고 했다. 배우 최수종 씨는 대학 강의에서 "연기를 잘하는 사람보다 인사를 잘하는 사람이 돼라."라고 했고, 김성근 감독은 "인사하지 않는 것은 상대에 대한 존중이 없다는 것이고 존중이 없다는 것은 겸손이 없고 겸손이 없으면 오만하다는 뜻이다. 오만은 자신의 실력을 제대로 모르고 있다는 것이다. 이런 선수들로는 승부 세계에서 살아남을 수 없다."며 선수들에게 인사하는 것을 제일 먼저 가르쳤다고 했다. '인사만 잘해도 모든 일이 잘 풀린다.'는 인사의 의미와 효과를 알아보자.

① 인사의 의미와 효과

인사는 사람 인(人) 섬길 사 · 일 사(事)로 이루어진, 즉 '사람이 마땅히 해야 할 일,

사람을 섬기는 일'이라는 큰 뜻을 품고 있다. 자신의 가치뿐 아니라 상대방의 가치
를 인정하고 높여주는 것, 사람이 가장 사람다울 수 있게 하는 행위인 것이다. 인
사는 예절의 으뜸이자 인격과 교양을 나타내는 척도이다. 상대방에 대한 존경심과
우호적 감정의 표현으로서 과거에는 상대방에게 공격이나 적대감이 없다는 의미
로 사용된 자기 보호 수단이었다. 즉, 인사는 자신을 알리는 동시에 마음을 여는
열쇠이다. 동시에 상대에게 다가가는 만남의 첫걸음이자 상대방이 느끼는 첫 번째
감동이다. 마지막으로 헤어지는 순간에도 인사는 서로에게 건네는 선물이다.

② 인사의 방법

언제 어디에서 누구를 만나든지 남녀노소를 불문하고 진심을 담아 상냥하게 인사
해야 한다. 상대방이 나를 알아보지 못할지라도 먼저 인사해야 한다. 만약 상대가
먼저 인사했을 경우에는 바로 답례한다. 인사는 많이 할수록 자신의 이미지가 좋
아지고 상대방의 기분이 좋아지니 마주칠 때마다 하는 것이 좋다. 눈을 마주치거
나 바라보는 즉시 해야 하며 앉아 있다 하더라도 일어서서 인사해야 한다. 바른
자세뿐 아니라 T.P.O(때와 장소와 상황)에 맞게 인사하는 것도 잊어서는 안 된다.
무심코 고개만 까딱 하는 인사나 말로만 인사하거나 눈을 마주치지 않고 하는 인
사를 해서는 안 된다. 또한 할지 말지 망설이다 인사해서도 안 되지만 아부하듯
90도로 인사하는 것도 좋지 않다. 상대방의 복장에 따라 차별하는 인사도 해서는
안 된다.

③ 인사의 기본자세

상대의 시선을 바라보며 선다. 어깨와 가슴을 펴고 등은 곧으면서도 자연스럽게
세운다. 턱과 시선은 정면을 바라보고 표정은 부드럽고 따뜻하게 한다. 여성은 오
른손을 왼 손등 위에 포갠 공수자세, 남성은 주먹을 가볍게 쥐고 차렷 자세를 한
다. 무릎과 뒤꿈치는 붙인다.
허리와 등, 머리가 일직선이 되도록 숙인다. 머리가 아닌 허리부터 숙이는 기분으로
해야 하며 엉덩이가 뒤로 빠지지 않게 한다. 상체를 숙인 상태에서 약 1초간 멈추고

천천히 들어 올리는 것이 중요하다. 속도의 미학을 통해 상대방에 대한 존중과 존경심을 표하는 것이다. 똑바로 선 후 다시 상대방의 눈을 바라보고 미소를 짓는다.

④ 공수

공수(拱手)자세란 손을 가지런히 앞으로 모으고 자신을 낮추고 자세를 취함으로써 상대에게 인사한다는 의미를 알린다. 어른 앞에서 공손한 자세를 취하거나 전통배례를 할 때, 의식행사에 참석했을 때 공수를 한다. 공수는 남자와 여자가 다르고 평상시와 흉사 시가 다르다.

• 평상시(제사, 차례 포함)

여자는 오른손이 위로 올라오도록 포개고 남자는 왼손이 위로 올라오게 포갠다. 왼쪽을 동쪽 즉 양(陽)으로 보기 때문에 남자는 왼손이 위, 오른쪽은  서쪽 즉 음(陰)으로 보기 때문에 여자는 오른손이 위로 오게 포갠다.

115

- 흉사 시(사람이 죽었을 때)

평상시와 반대로 여자는 왼손이 위로, 남자는 오른손이 위로 오게 두 손을 포개야 한다. 상주노릇을 하거나 상가나 영결식에 참석할 때는 흉사의 공수를 한다. 제사는 조상을 섬기는 길(吉)한 일이기에 흉사의 공수를 하면 안 된다.

⑤ 인사의 종류와 상황별 인사

인사는 마음가짐뿐 아니라 기본자세를 비롯한 형식도 중요하다. 각 인사의 종류와 상황에 맞는 인사를 살펴보면 다음과 같다.

만나는 순간, 인사해야 한다. 일반적으로 고객은 친숙하지 않은 공간에 들어선 것이다. 불편함을 느끼게 되고 감각이 예민해진다. 그래서 쉽게 스트레스를 받게 된다. 이 점을 기억하고 고객과 만나는 순간, 고객을 바라보는 순간, 인사해서 친근하고 편한 공간으로 만들어야 한다. 일반적으로 인사하기 좋은 시기는 30보 이내, 가장 좋은 시기는 6보 이내이다.

하지만 갑작스럽게 마주친 경우에는 즉시 인사를 하는 것이 좋고 멀리 있을 때에도 눈이 마주쳤다면 정식으로 인사하기 전에 목례를 먼저 건네는 것이 좋다. 거리가 가까워지면 정지한 상태에서 제대로 인사해야 한다. 걷고 있을 때는 상대를 향해 선 후 기본자세를 취하고 인사를 한다.

계단을 오르고 있을 때 상대가 내려온다면 길을 비켜주고 상대가 자신보다 한 계단 위에 왔을 때 인사한다. 내려가고 있을 때 상대가 올라오는 경우라면 길을 내어주고 같은 계단 정도에 왔을 때 인사한다. 출퇴근 시 활기찬 인사말과 함께하는 것이 좋다. 전화 통화 중일 때는 눈인사를 먼저 한다. 통화를 가급적 빨리 끝내고 감사인사로 대화를 시작한다. 상대방이 앉아서 열심히 업무하는 중이거나 복잡한 계산이나 위험한 작업, 중요한 상담을 하고 있을 경우, 상사에게 결재나 주의를 받고 있는 경우일 때는 생략해도 된다. 인사할 타이밍이 생긴다면 가급적 하는 것이 좋다.

종류	내용	
가장 가벼운 인사(목례) -눈으로 하는 인사	상체를 숙이지 않고 머리만 가볍게 숙여서 하는 인사. 아무 말 없이 고개만 끄덕이기보다는 웃는 얼굴로 눈도장을 찍으며 5도 정도 가볍게 숙인다. 화장실 등 인사를 생략하여도 괜찮은 곳이나 낯선 사람과 만난 경우에 한다. 또 통화 중이거나 양손에 무거운 짐을 들고 있을 때 할 수 있다.	
짧은 인사 (약례)	목례보다는 정중하나 보통례보다는 단순한 인사로 15도 정도 숙이는 인사이다. 하루에 상사나 손님을 두 번 이상 만날 때 한다. 엘리베이터와 같이 좁은 공간에서 제대로 인사할 수 없을 때 건넨다.	
보통 인사(보통례)	가장 많이 하는 보편적인 인사로 30도 정도 허리를 굽힌다. 고객을 맞이하거나 배웅할 때, 또래의 사람을 처음 만났을 때나 나이 차이가 심하지 않은 선배에게 하는 인사이다. 상사에게 보고하는 경우에도 한다.	
정중한 인사(정중례)	가장 공손한 인사로 45도 정도 허리를 굽힌다. 감사나 사죄의 뜻을 표현하거나 면접, 예식 등 공식적인 석상에서 하는 인사이다. 또 VIP, 국빈, CEO 등을 맞이하는 경우나 단체 고객을 배웅할 때 한다.	

빌 게이츠는 "사실 전 다른 사람의 좋은 습관을 내 것으로 만들어요."라고 말했다. 미국 심리학자이자 철학자인 윌리엄 제임스는 "생각이 바뀌면 행동이 바뀌고 행동이 바뀌면 습관이 바뀌며 습관이 바뀌면 인격 또한 바뀌고 인격이 바뀌면 운명까지도 바뀐다."고 했다. 인사하는 습관이 바뀌면 내 인격과 운명이 바뀔 것을 믿어야 한다. 언제나 자연스럽게, 정감 가면서도 예의 바른 인사로 자신과 고객의 가치를 올리자.

바른 인사 포인트

1. 먼저 하기

마음의 문을 여는 열쇠인 인사, 내가 먼저 인사한다!!!

2. 진심

진심이 담긴 인사는 상대방을 감동시킨다. 호감을 표현하고 존중하는 마음을 담아 인사를 하자. 잠깐의 멈춤과 동시에 천천히 상체를 들어 올려야 성의가 느껴진다.

3. 눈맞춤

눈은 마음의 창이다. 모든 인사에는 눈맞춤이 필수요소이며 이때 밝은 미소는 꼭 한 세트로!

4. 인사말

처음 만나는 상대나 잘 알지 못하는 상대를 만났을 때 꿀 먹은 벙어리가 되어본 적이 있지 않은가? 어릴 때부터 잡담하지 말라는 핀잔을 많이 들어온 우리지만 요즘 시대의 잡담은 소통과 공감을 불러일으키는 능력 중의 능력이다. "안녕하세요." 인사 후에 구체적인 칭찬이나 날씨, 식사 등 공통화제의 이야기를 건네자. 의미나 알맹이는 없어도 호감 가는 분위기를 만들어줄 것이다.

마지막으로 인사를 잘 받는 것 = 또 하나의 인사!

⑥ 간호사 인사 체크리스트

- 고객의 눈을 마주쳐야 한다.
- 고객의 얼굴을 잠깐 들여다본다.
- 천천히 얼굴에 미소를 띤다.
- 약간 뜸들인 미소는 고객에게 소중
  하고 감춰진 특별한 미소이미지를
  준다.

2) 악수

① 악수의 의미

악수는 전 세계인이 사용하는 가장 보편적인 인사이다. '인사, 감사, 친애 등의 뜻을 나타내기 위하여 두 사람이 각자 한 손을 마주 내어 잡는 일'이라는 의미가 있다. 악수는 자연스러운 스킨십을 통해 상대에게 친밀감과 호감 가는 인상을 심어준다. 한 연구결과에 따르면 악수를 하면 진실을 말하지만 악수를 하지 않으면 은폐한다고 한다. 아무도 보지 않았을 때, 길에 떨어져 있던 지폐를 주머니에 넣은 사람이라도 누군가 악수를 요청하며 다가와 지폐를 주운 적이 있는지 물어보면 사실대로 고백한다고 한다. 그런데 악수를 요청받지 않은 사람은 그 사실을 숨겼다. 현대 비즈니스 사회에서 대등한 입장에서 상호 간의 호의와 신뢰, 감사를 보이는 악수는 매우 중요한 행위이다. 특히 서양에서 악수를 사양하는 것은 결례로 여겨지니 올바른 매너와 에티켓을 알아둬야 한다.

② 악수의 유래

고대 바빌론에서는 신성한 힘이 인간의 손에 전해지는 것을 상징하는 의미로 통치자가 성상의 손을 잡았다는 이야기가 있다. 이집트 시대의 상형문자에서 '주다'라는 동사는 손을 내민 모양일 만큼 악수는 신에게서 지상의 통치자에게 권력이 이양되는 것을 의미한다고 한다. 고대 로마시대에는 약속이나 계약을 굳건히 한다는 뜻으로 악수를 했다. 신중하게 악수를 했기 때문에 함부로 손을 내밀거나 잡지 않았다고 한다. 카이사르는 오른손으로 악수하는 인사법을 그의 장군들에게 가르쳤다. 중세시대 때 기사들은 칼을 차고 다녔는데 적을 만났을 때는 오른손으로 칼을 빼 들어서 적의를 표현했다. 하지만 상대와 싸울 의사가 없을 때에는 무기가 없다는 것을 증명하기 위해 오른손을 내밀어 잡았다. 앵글로색슨족도 우호적인 관계를 맺고 싶다는 의미로 무기가 없음을 보여주며 오른손을 내밀었다. 팔을 흔드는 이유는 맞잡은 손의 소매부분에 무기를 숨기지 않았다는 의미이다.

③ 악수 순서

상호 평등하고 대등한 인사이지만 순서는 정해져 있다.

- 손윗사람이 손아랫사람에게
- 상사가 부하에게
- 연장자가 연소자에게
- 선배가 후배에게
- 고객이 직원에게
- 기혼자가 미혼자에게
- 여성이 남성에게
- 국가원수, 왕 & 귀족, 성직자가 일반 사람에게

④ 악수 매너

- 상대방과 계속 시선을 맞춰야 한다. 여러 사람과 악수해야 하는 경우 상대의 손을 잡자마자 시선과 몸의 방향이 그다음 상대에게 옮겨가지 않도록 한다.
- 오른손에 부상이 있거나 장애가 있는 경우를 제외하고는 원칙적으로 오른손으로 한다. 왼손잡이여도 마찬가지이다.
- 남성의 경우 장갑을 벗는 것이 예의이지만 여성의 경우에는 드레스와 세트인 장갑은 벗지 않아도 된다.
- 손을 너무 오랫동안 잡지 않도록 주의한다.

- 가끔 상대방이 너무 세게 잡거나 오래 잡을 경우, 손의 각도를 위로 오게 하여 빼겠다는 의사표현을 한 후 빼는 것이 좋다.
- 대통령이나 왕족을 대하는 경우 외에 허리는 곧게 편다.
- 우리나라의 경우 아랫사람이 윗사람과 악수할 때 허리를 약간 숙이거나 다른 손을 오른쪽 손목이나 팔꿈치에 살짝 대기도 한다. 또 가볍게 인사를 먼저 한 후 악수하기도 한다.
- 상대가 악수를 청할 때 남자는 반드시 일어나야 하며 여자는 앉아서 해도 괜찮다.

⑤ 악수방법

▶ 눈맞춤
반가운 마음으로 상대와 시선을 맞춘다.

▶ 밝은 미소
미소 띤 얼굴로 상대를 편안하게 한다.

▶ 적당한 거리
팔꿈치가 자연스럽게 굽혀지는 거리에서 손을 내민다.

▶ 적당한 힘
너무 세거나 약하지 않은 힘으로 상대의 손을 마주잡는다.

▶ 리듬
2, 3번 가볍게 흔들며 호의감을 표시하고 손을 놓는다.

⑥ 악수의 유형

지배형 악수	상대방을 지배하겠다는 생각이 있는 사람은 자신의 손등을 위로 오게 하거나 더 잘 보이게 한다.	
동등형 악수	동등한 악수자세를 취한다. 상대 힘의 강도만큼 상대의 손을 쥔다.	
순응형 악수	지배형 악수의 반대로 손등이 보이지 않으며 아래 방향으로 가기도 한다. Finger Pinch 라고 한다.	

⑦ 잘못된 악수

Vice 악수	손에 피가 흐르지 않을 정도로 꽉 잡는 악수이다. 상대를 지배하겠다는 욕구와 힘을 과시하려는 의미이다.	
Bone Crush 악수	Vice 악수와 비슷한 악수로 뼈를 부술 듯 세게 잡는 악수이다.	
손가락 끝만 살짝 잡는 악수	여성과 남성이 악수할 때 흔히 일어나는 악수이다. 소극적이거나 복종을 의미한다.	

3) 소개

우리는 일상에서 수많은 사람을 만난다. 이때 소개를 하고, 받는 방법을 몰라 당황하거나 우물쭈물대다가 그냥 넘겨버린 경험이 한 번쯤은 있을 것이다. 사실 누구나 상대를 처음 만나면 어색하다. 그럴수록 자연스럽고 부드러운 분위기를 만드는 사람이 된다면 얼마나 좋을까? 소개는 단순히 그 사람이 누구인지를 알려주는 것이 아니다. 사람과 사람 사이를 연결하는 다리이고 인맥을 형성하는 기회이다. 또한 이때 받은 느낌과 인상이 오랫동안 관계에 영향을 미친다. 소개할 때 지켜야 할 매너를 알아보고 나뿐만 아니라 함께하는 모든 이에게 호감을 심어주자.

① 소개 매너

▶ 인사말 + 이름 + 소속

• 스스로 자신을 소개하는 경우에는 인사말과 함께 자기 이름과 소속을 당당히 밝히는 것이 좋은 인상을 준다. 대부분 자신의 이름은 소극적으로 말하는데 상대방이 자신의 이름을 되묻게 해서는 안 된다. 만약 제3자에게 소개받은 후 자신을 소개할 때에도 상대방이 정확하게 들을 수 있도록 다시 한번 분명한 발음으로 소개해야 한다.

▶ 눈맞춤
- 1:1로 만났을 경우에는 상대방을 바라보며 미소를 짓고 자기소개를 하고, 여러 사람 앞에서 자신을 소개하는 경우에는 허공이 아닌 그 자리에 함께 있는 사람을 돌아가며 쳐다보는 것이 좋다. 사람이 많은 경우에는 그룹별로 묶어 각 그룹별 두는 시선을 같이하는 것이 좋다.

▶ 최신 정보
- 상대방을 소개하기 전에 정확한 이름과 소속 등 소개할 내용을 확인해야 한다. 급한 마음에 이름을 잘못 발음하거나 회사명이나 직함을 몰라서 실수하는 경우를 많이 보았다. 또한 승진이나 이직을 하기 전의 내용으로 소개하는 실수를 범하기도 하는데 꼭 최신 정보로 상대방과 자신을 소개해야 한다.

▶ 소개 시 인사말
- 소개가 끝나면 먼저 소개받은 사람이 상대방에게 먼저 인사를 청한다.
- 소개를 받을 때는 "처음 뵙겠습니다.", "만나뵙게 되어 반갑습니다."라고 하며 공손한 태도로 상대방에게 호감을 줘야 한다.
- 소개를 받고 인사를 나눌 경우, 상대방의 이름과 직함을 반복하며 인사말을 덧붙여주면 좋다.
- 소개받은 상대방의 이름을 꼭 외워야 한다. 만약 상대의 이름을 정확하게 듣지 못했다면 제3자에게 조용히 확인하는 것이 좋다.
- 초면에 대화가 이어질 경우, 날씨, 문화, 스포츠 등 편안하게 접근할 수 있는 주제를 선택해야 한다.
- 정치, 종교, 지역, 금전 관련 화제는 피하는 것이 상식이다.

▶ 헤어질 때
- 적은 인원의 모임에서는 소개받았던 모든 이에게 인사를 하고 자리를 떠야 하고 사람이 많은 모임은 호스티스, 호스트와 주변 사람, 자신의 지인에게만 인사하면 된다.

② 소개하는 순서

소개할 때에는 모두 일어나는 것이 원칙이다. 특히 자신보다 지위가 매우 높은 사람을 소개받을 때는 남녀에 관계없이 일어서야 한다. 환자나 노령인 사람은 예외이다. 동성끼리 소개를 주고받을 때나 남성이 여성을 소개받을 때는 반드시 일어선다. 하지만 나이가 많거나 앉아 있던 여성이 남성을 소개받을 때는 반드시 일어날 필요는 없다. 다만 파티의 호스티스일 때는 일어나야 한다.

- 직위가 높은 사람에게 직위가 낮은 사람을 먼저 소개해야 한다.
- 연장자에게 연소자를 먼저 소개한다. 이때 연소자는 연장자가 악수를 청하기 전에 먼저 손을 내밀어서는 안 된다. 연장자라 하더라도 직위가 낮은 경우에는 연장자를 먼저 소개한다. 즉 직위가 나이보다 먼저이다.
- 선배에게 후배를 먼저 소개한다.
- 여성에게 남성을 먼저 소개하지만 이때도 남성이 연장자이거나 직위가 높을 때는 여성부터 먼저 소개한다.
- 직장 사람과 손님의 경우에는 손님에게 직장 사람을 먼저 소개한다.
- 거래처를 방문한 경우에는 고객에게 상사를 먼저 소개한다. 자신도 처음 만나는 고객일 경우에는 상사가 먼저 고객에게 자기소개를 하고 상사로부터 소개받기를 기다린다.
- 한 사람을 여러 사람에게 소개해야 할 때에는 그 한 사람을 먼저 모두에게 소개한 다음 여러 사람을 한 사람씩 소개한다.
- 나이나 사회적 지위가 비슷한 경우에는 더 가까운 사이에 있는 사람을 먼저 소개한다.
- 잘 아는 사람을 잘 모르는 사람에게 소개한다.
- 가족의 경우 자기 가족을 다른 사람에게 먼저 소개하는 것이 예의이다. 즉, 부하직원을 만났을 경우 부인을 그 부하직원에게 먼저 소개한다. 이때 소개는 먼저 받았지만 부하직원이 인사를 먼저 드리는 것이 좋다. 또 미혼인 사람을 결혼한 사람에게 먼저 소개한다.

• 은사님과 부모님의 경우에는 은사님에게 부모님을 먼저 소개한다.
• 많은 사람이 모인 자리에서는 호스트가 자신을 소개한 후 자연스러운 방향으로 직접 자기소개를 하도록 한다.

나. 몸짓언어와 자세

1) 몸짓언어의 의미와 중요성

몸짓언어란 말 그대로 몸으로 하는 말이다. 몸짓이나 손짓, 표정 등 신체의 동작으로 의사나 감정을 표현·전달하는 언어라는 뜻으로 학문적으로는 키네식스(kinesics)라는 용어를 사용하고 있다. 이는 정신과 의사가 환자의 신체에서 보이는 모습과 환자의 입에서 나온 말을 조화시켜 치료하는 것을 의미한다. 당대의 최고 희극배우 찰리 채플린은 표정과 손짓 등 몸짓언어만으로 대중에게 감동을 선사했다. 드라마를 볼 때 소리를 끄고 눈으로 배우들의 몸짓만 봐도 대략 좋은 소식인지 나쁜 소식인지 상황이 어떻게 전개되는지 유추할 수 있다. 미국의 심리학자 윌리엄 제임스(William James)는 인간의 행동은 마음을 대변한다고 했다. 들리지는 않지만 보이는 무언의 대화이고 말보다 앞서는 것이 바로 신체언어이다.

2) 몸짓언어의 요소

최근 스타나 정치인의 몸짓언어나 자세를 분석한 기사들이 종종 나온다. 하지만 보디랭귀지 연구소 CEO이자 미 법무부 소속 연방집행관으로서 몸짓언어 해석기술을 가르쳤던 재닌 드라이버는 사진 한 장을 보고 그 사람의 본심을 분석하려면 최소 20장 이상의 사진을 봐야 한다고 했다. 지나치게 단순화하거나 일반화하면 오해할 수 있기 때문에 몸짓언어의 5가지 요소를 꼭 살펴봐야 한다.

① 맥락

상황과 장소 등 기타 여러 가지에 의해 같은 몸짓언어가 전혀 다른 의미로 보일 수 있다는 것이다. 해가 쨍쨍 내리쬐는 여름날, 상사가 얼굴을 향해 손을 흔들고 있으면 더워서 부채질을 하는 것처럼 보인다. 그런데 상사가 거래처와 통화를 마친 후 새빨개진 얼굴로 책상에 앉아 부채질을 하고 있다면 일이 잘 풀리지 않거나 화가 나서 열을 식히는 행동으로 보일 것이다.

② 묶음

하나의 행동이 아닌, 그 사람의 다른 행동들을 묶어서 함께 보고 의미를 파악해야 한다. 즉 일부의 몸짓언어가 아닌 몸짓언어 전체를 보아야 해석의 오류가 생기지 않는다. 예로 팔짱을 끼거나 허리에 양손을 얹는 행동은 대표적인 방어 & 폐쇄 자세로 알려져 있다. 상대가 이럴 경우 대화의 문을 닫은 것처럼 보이고 평가받는 기분이 들어서 의기소침해지곤 한다. 또는 화가 났거나 공격적인 모습으로 보이기도 한다. 하지만 팔짱 하나만 끼고 있다고 해서, 또 허리에 손을 올렸다고 해서 상대방이 무조건 자신에게 공감하지 않고 무시하거나 싸우자는 것은 아니다. 허리에 양손을 올리거나 팔짱을 끼고 있지만 환하게 웃고 있으면 전혀 다른 느낌을 준다. 실제로 손을 어디에 둬야 할지 잘 모르거나 소극적인 사람은 자세가 어색하고 불편해서 자신도 모르게 팔짱을 끼기도 한다.

③ 일치도

몸짓언어는 다른 행동 그리고 말의 내용과 일치해야 한다. 만약 상대가 "네"라고 대답하는데 고개를 양쪽으로 돌리거나 "아니요"라고 답하면서 고개를 끄덕인다면 어떨까? 이 경우 평소에 하던 방식과 정반대이기 때문에 상당히 어색한 느낌을 받을 것이다. 이렇듯 사람이 살아오면서 굳어진 언어방식과 다른 몸짓언어는 거부감을 준다.
또한 지난해에 비해 고객의 숫자가 늘었다는 말을 하면서 멀리 있는 양손을 가깝게 붙인다면? 말은 증가인데 행동은 감소이므로 고개를 갸우뚱하게 될 것이다. 즉 내용과 몸짓언어가 호응하지 않으면 상대는 거부감을 갖게 되며 이 경우 말 자체보다 보이는 이미지를 믿는 경향이 있다.

④ 일관성

한 사람이 평소에 행동하고 표현하는 몸짓언어를 알아야 한다. 원래 무뚝뚝한 사람이라면 몸짓언어 표현이 다소 부족하다 하더라도 이해할 수 있다. 반대로 워낙 활발한 사람인데 최근에 몸짓언어가 줄어들었다면 건강상의 문제가 있거나 심기 불편을 유추해 볼 수 있다. 또한 모든 행동에 일관성이 없으면 그 사람에 대한 평가가 좋지 않을 수 있다. 실제로 한 기업에서 있었던 일을 살펴보자. 프레젠테이션 강사가 사장 앞에서 PT를 하게 됐다. 연간 교육이라는 중요한 계약여부를 두고 펼쳐진 상황이었기에 강사는 그 어느 날보다 열심히 임했다. 그런데 그 기업 사장은 시종일관 무표정했으며 팔짱을 끼고 뒤로 앉아 있었다. '아무래도 이번 PT는 잘 못했나 보다. 연간교육 진행은 물 건너갔군.'이라고 생각하며 강연장을 빠져나오는데 사장 비서가 쫓아왔다. 프레젠테이션이 정말 인상 깊었다며 연간교육 관련한 미팅을 하고 싶다는 사장의 의견이 있었다는 것이다.

⑤ 문화

로마에 가면 로마법을 따라야 한다. 아랍에서는 발바닥을 보이면 상대에게 심하게 무례를 범한 것이라고 한다. 각 나라의 몸짓언어의 의미를 이해해야 관계에서 오해를 없앨 수 있다. 하와이에서는 '알로하'라는 말보다 실제로 엄지와 새끼손가락을 제외한 나머지 손가락을 구부린 채 '샤카'라는 인사말을 한다고 한다. 영국에서는 대화 중 눈을 깜박이는 것은 '이야기를 재미있게 듣고 있다'라는 의미이다.

3) 몸짓언어의 사용

몸짓언어에는 준비 - 결정(완성) - 회복의 단계가 있다. 몸짓언어의 필요성을 느끼고 기본자세에서 손이나 몸을 움직이는 동작을 준비단계, 강조하고자 하는 동작을 정확하고 빠르게 그리고 완벽하게 표현해야 하는데 이를 결정 또는 완성의 단계라고 한다. 이후 다시 기본자세로 돌아와야 하는데 이를 회복단계라고 한다. 회복단계에서 표현한 몸짓언어를 거두는 속도는 완성단계보다 한 박자 느리게 한다. 몸짓언어는 크고 정확하게, 격에 맞게 사용해야 한다. 손이나 고개 어느 하나만이 아닌 몸 전체를 활용하는 것이 좋다. 이때 머리부터 발끝까지 한 방향을 나타내는 것이 좋다. 또한 고객이나 모니터, 특정한 무언가를 가리킬 때에는 손등이나 손가락이 아닌, 손바닥으로 표현한다.

4) 몸짓언어의 종류

① 시선

미술과 마찬가지로 사랑은 눈에서 시작된다고 한다. 상대방과 눈을 맞추는 것은 상호작용의 가장 기초적인 단계로서 외향적인 사람일수록 상대방과 눈을 마주치는 시간이 길다고 한다. 내향적이거나 대화를 그만두고 싶은 욕구가 생기면 시선을 아래로 떨구게 된다. 또 얼굴은 고정한 채 눈만 빠르게 움직이는 것은 달아날 곳이나 도움이 될 만한 것을 찾는다는 신호이다. 말하는 내용에 대한 자신감이 없거나 이어갈 만한 내용이 떠오르지 않을 때 나오며 긴장감이나 두려움을 나타낸다. 갑작스러운 압박을 받거나 긴장할 때, 거짓말을 하는 경우에는 눈 깜박임이 빨라진다. 불만이나 우월감을 표시하기 위해 실눈을 뜨기도 하는데 무언가에 열중할 때 이런 모습이 나오기도 한다.

의사소통 전문가 버트 데커는 눈으로 하는 의사소통에 '3가지의 I'가 있다고 말한다. 애정(Intimacy), 위협(Intimidation), 관련(Involvement)인데 비즈니스 환경에서 필요한 것은 세 번째 I와 관련이 있다. 용인 모 병원의 입원환자 보호자가 수납 및 보험관련 처리를 위해 원무과에 갔다. 필요한 내용과 서류에 관해 담당 직원에게 문의했는데, 직원은 단답식의 정보만 던져주는 것이었다. 퉁명스러운 목소리와 무표정도 마음에 들지 않았지만 좋은 게 좋다며 다시 상냥하게 질문하였다.

그런데 직원은 시종일관 컴퓨터에 시선을 고정한 채로 단 한 번도 눈을 마주치지 않으며 고객에게 서비스 아닌 서비스를 제공했고, 결국 고객은 자신을 무시했다는 생각에 정식으로 서비스불만을 제기했다.

시선의 종류	
친근한 시선	눈부터 쇄골까지 가장 큰 삼각형 가족이나 연인을 바라볼 때 보는 시선이다.
사교적 시선	동료나 친구 사이에 바라보는 시선으로 눈부터 턱까지 아래쪽 삼각형이다.
공적인 시선	처음 만나거나 어색한 사이에 바라보는 시선으로 눈부터 이마까지 위쪽 삼각형으로 이성적인 눈이라고 한다.

공적인 시선 　　　　　 사교적인 시선 　　　　　 친근한 시선

상대방과 소통 & 공감을 하고 싶다면 공적인 시선보다는 사교적 시선으로 바라보는 것이 좋다.

② 끄덕임

상대방의 의견을 귀담아들으며 고개를 끄덕이는 것은 굉장히 좋은 몸짓언어이다. 다만 너무 자주 고개를 끄덕이는 것은 '이야기를 빨리 끝내주세요.'라는 표현이 되기도 한다. 너무 강한 긍정은 부정의 신호이기도 한 셈이다.

③ 코

갑자기 불안해지면 혈압이 상승하는데 코 끝의 신경조직이 팽창되어 피부가 가려워진다. 그래서 무의식 중 코를 자꾸 만지거나 긁적이게 된다. 어떤 사람은 거짓말을 하거나 불안해지면 코를 벌렁거리기도 한다. 이를 피노키오 효과라고 한다. 빌 클린턴은 르윈스키 성추문 사건 당시 줄곧 손가락으로 입이나 코 주위를 만졌다.

④ 손짓

고객이나 슬라이드, 특정한 것을 가리킬 때는 손가락이나 손등이 아닌 손바닥을 활용한다. 손바닥으로 가리킬 때는 긍정의 반응 85%, 손등은 56%, 손가락으로 하면 20%로 긍정의 반응이 줄어든다. 또한 양손의 손가락을 서로 맞대어 손 전체로 첨탑 모양을 만들어 보이면 자신감을 나타낸다. 스티브 잡스, 오바마 등 권위를 가진 사람이 많이 사용한다.

 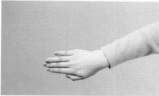 

⑤ 방향

동료들이 모여서 대화를 나누는 모습을 발견했다. 반갑게 인사하며 다가가니 화답해 준다. 당신 쪽으로 상체나 몸의 방향을 틀었다면 대화에 환영한다는 뜻이지만, 어느 누구 하나 상체나 몸의 방향을 틀지 않았다. '이 대화에 끼어서는 안 된다.'라는 무언의 신호를 보낸 것이다. 아울러 두 사람 혹은 여러 사람이 대화를 나눌 때 상체가 서로를 향하고 그 거리가 가까울수록 더 친밀하고 잘 소통하고 있다는 증거이다. 몸의 방향이 서로를 향하고 있더라도 상체가 멀리 떨어져 있으면 대화를 멈추고 싶거나 관심이 없다는 의미이다.

⑥ 다리 · 발

동료와 대화 중에 동료의 다리 방향이 자꾸 문 쪽을 향한다면 마음은 이미 문 밖을 나서고 있다. 다리는 가고자 하는 방향을 나타내기 마련이다. 또 서너 명이 함께 앉아서 회의하고 있는데 한 명이 다리를 닫아걸고 있다면 이 그룹에서 소외당하는 느낌을 받고 있다는 것이다. 누구나 치과에서 치료받은 경험이 있을 것이다. 누워서 대기 중이거나 치료 중일 때 다리가 교차되어 있는 자신을 발견한 적이 있을 것이다. 발 닫아걸기는 위축, 소외감 등을 보여준다. 물론 무의식중이나 습관상 다리를 자신의 쪽으로 닫아걸 수도 있다.

⑦ 거리

수년 전 모 회사에서 '46센티미터'라는 치약이 출시됐었다. 여기에도 비밀이 숨겨져 있다. 노스웨스턴 대학의 인류학 교수 에드워드 홀(Edward T. Hall) 박사는 사람들이 자기 주위 공간을 어떻게 이용하느냐가 관계의 친밀도에 달려 있다고 말했다. 친근한 거리, 개인적 거리, 사회적 거리, 공적인 거리로 나뉘는데 이 공간적 거리는 친밀도에 비례한다는 것이다. 친하면 상대방과의 거리가 짧아지고 무관심하거나 좋지 않은 관계의 경우는 멀어진다는 것이다. 거리공간은 남성보다는 여성이, 어른보다는 아이가, 외향적인 사람보다는 내향적인 사람이 좁다고 한다.

종류	거리	특징
친근한 거리	46cm 이하	가족, 연인처럼 아주 가까운 사이이다. 포옹, 키스하는 연인, 엄마에게 안기는 아이들이 이런 경우이다. 시각, 후각, 촉각 등이 느껴지는 거리이다.
개인적 거리	46cm~1m 20cm	손을 잡을 수 있고 대화를 나눌 수 있는 거리이다. 친구나 직장동료와의 만남, 모임, 회의 등 지인과의 사이에서 이루어지는 거리이다.
사회적 거리	1m 20cm~3m 55cm	좁은 사회적 거리와 넓은 사회적 거리로 나눈다. 1~2m 정도의 좁은 사회적 거리는 업무를 처리하는 거리로 비즈니스 공간이라고도 한다. 넓은 사회적 거리는 2~3m로 형식적이고 사업적 관계에 이용된다. 낯선 사람, 상점 주인, 집배원 등 잘 모르는 사람을 대할 때 두는 거리이다.
공적인 거리	3m 55cm 이상	가장 확장된 거리로 대중에게 강연이나 연설하는 교육장 같은 공간에서의 거리를 뜻한다. 아예 상관없이 저 멀리 지나치는 사람과의 거리를 나타내기도 한다.

5) 자세

김종서가 병조판서 시절, 회의가 열렸다. 회의가 끝나자마자 당시 영의정이었던 황희는 "여봐라, 병판대감 의자 다리 한쪽이 짧은가 하니 빨리 고쳐드려라."고 했다. 깜짝 놀란 김종서가 무릎을 꿇고 사죄했는데 이를 본 좌의정 맹사성이 물었다. "관대하신 대감께서 왜 그렇게 김종서에게는 엄하시오." 그러자 황희가 "우리는 늙었고 장차 김종서가 뒤를 이을 것이 아니오. 그러니 그를 바르게 키워야 하지 않소."라고 대답했다. 또한 오드리 헵번은 "아름다운 자세를 갖고 싶으면 혼자 걷고 있지 않음을 명심하라."라고 말했다. 이처럼 서 있거나 앉아 있는 기본자세는 그 사람의 마음가짐을 대변한다.

① 바르게 선 자세

- 턱은 살짝 잡아당기고 시선은 정면을 향한다.
- 등은 곧게 하고 가슴을 편다.
- 두 어깨는 힘을 빼되 축 늘어지지 않게 좌우 수평이 되게 한다.
- 몸의 중심을 잘 잡고 두 다리를 붙여 선다.
- 아랫배를 안으로 잡아당긴다.
- 팔은 바르게 펴고 차렷 자세를 한다.
- 양발을 남자는 45도, 여자는 30도 정도 벌린다.

② 대기 자세

- 고객이 오는 것을 기다리며 최상의 서비스를 제공하기 위한 준비 자세이다.
- 바로 선 자세에서 남자의 경우 다리를 어깨 너비만큼 11자로 벌려야 한다.
- 여자의 경우 한쪽 발의 뒤꿈치가 다른 발의 중앙 지점에 닿도록 한다.
- 모두 공수자세를 한다.

③ 앉는 자세

- 등과 등받이 사이에 주먹 한 개가 들어갈 정도의 거리를 두고 깊숙이 앉는다.
- 등을 바르게 펴고 등받이에 기대지 않는다.
- 의자에 앉을 때 의자 아래로 발이 들어가지 않게 한다.
- 시선은 정면을 향한다.

▶ 남자
- 양손은 가볍게 주먹을 쥐고 양다리 위에 오게 둔다.
- 양발은 허리너비로 벌리되 수직이 되게 하고 발끝은 11자로 만든다.

▶ 여자
- 앉을 때 치마를 정리하며 앉는다.
- 두 손을 포개어 무릎 위에 둔다.
- 무릎과 다리, 발끝을 모은다.

④ 걷는 자세

드라마 〈도깨비〉에서는 왕후가 되기 위해 머리와 어깨에 도자기를 올려두고 치마를 살포시 든 채 걷는 연습을 하는 장면이 나온다. 왕후가 되는 첫 번째 길이 걸음걸이인 이유는 걸음걸이에도 품격이 담겨 있기 때문이다.

- 다리만으로 걷는 것이 아닌, 골반 아래가 전체적으로 움직인다는 느낌으로 편안하게 걸어야 한다.
- 이때 여성은 무릎을 스치며 11자로 걷는다.
- 보폭은 체격에 맞도록 자연스럽게 한다.
- 어깨에 힘을 빼고 편안하게 팔을 늘어뜨린 상태에서 앞뒤로 흔든다.
- 고개를 숙이거나 치켜들지 않고 시선은 정면을 바라본다.

⑤ 대화하는 자세

- 상대방의 의견에 공감하거나 호감이 가면 상대 쪽으로 몸의 방향을 바꾸거나 기울인다.
- 팔짱을 끼거나 몸을 뒤로 젖히는 것은 하지 않는 것이 좋다.
- 서서 대화할 때 뒷짐을 지지 않는다.
- 다리를 꼬거나 허벅지를 문지르지 않는다.
- 머리를 자꾸 넘기거나 목을 만지지 않는다.
- 시계를 비롯한 액세서리를 만지작거리지 않는다.

⑥ 가리키는 자세

- 손가락은 가지런히 모으고 손 전체로 가리킨다. 이때 손바닥이 위로 와야 한다.
- 손등은 보이지 않게 손목은 굽지 않게 해야 한다.
- 팔꿈치를 굽히면서 방향을 가리키고 거리에 따라 팔을 가까이 또는 멀리 뻗는다.
- 오른쪽을 가리킬 경우에는 오른손을, 왼쪽을 가리킬 경우에는 왼손을 사용한다.
- 상대와 눈을 마주친 후 가리키는 방향으로 시선을 돌리고 다시 상대의 눈을 바라본다.
- 상대를 바라보지 않거나 고개만 사용하는 것, 또 손가락으로 가리키는 것은 하지 말아야 한다.

⑦ 물건을 주고받는 자세

- 아무리 가볍고 작은 물건이라도 정성스럽게 다뤄야 한다.

▶ 줄 때

• 가벼운 물건은 오른손으로 들고 왼손으로 받들어 전달한다.

• 무거운 물건은 양손으로 건넨다.

• 물건은 가슴과 허리 사이로 건넨다.

• '물건명'이나 목적(샘플, 승진축하선물 등)을 말하면서 건넨다.

• 시선 처리는 상대방의 눈 → 건네는 물건 → 상대방의 눈으로 한다.

▶ 받을 때

• 아무리 가벼운 물건이라도 양손을 사용하여 공손하게 받는다.

▶ 동시에 주고받을 때

• 가벼운 물건은 오른손으로 건네면서 왼손으로 받고 오른손으로 다시 받쳐 든다.

• 무거운 물건은 양손으로 물건을 건네고 양손으로 물건을 받는다. 이때 한 번에 두 가지 동작을 하지 않고 하나씩 주고받는다.

⑧ 좋지 않은 자세

• 서 있을 때 한쪽 다리를 짝다리한 채 팔짱을 끼고 서 있지 않는다.

• 의자에 다리를 꼬고 앉아 신발을 반만 걸치고 흔들지 않는다.

• 책상이나 탁자 위에 앉지 않는다.

• 의자에 몸을 기댄 채 흔들지 않는다.

• 담배를 피우면서 걷거나 일하지 않는다.

• 신발을 질질 끌면서 걷지 않는다.

• 여성의 경우 힐이나 샌들을 신었을 경우 실내에서 또각또각 소리 내어 걷지 않는다.

다. 고객에게 확신을 주는 간호사로서의 자세

스키나 골프 등 운동을 배울 때 무엇이 가장 중요할까? 바로 기본자세이다. 기본기가 잘 되어 있으면 기본기가 완성되지 않은 채 다음 단계로 넘어가는 것은 아무 의미가 없다. 그래서일까? 최고의 운동선수는 기본자세부터 훌륭하다. 운동뿐만이 아니라 고객과 대화를 나누는 데 있어서도 기본자세의 중요성은 다르지 않다. 턱과 시선은 정면을 바라보고 '아' 소리를 내보자. 이번에는 고개를 푹 숙이고 또 하늘을 쳐다보며 '아' 해보자. 이렇듯 짧은 소리도 고개 꺾임 정도에 따라 다르다는 것을 느낄 수 있을 것이다.

상대에게 편안하고 신뢰감을 주면서 말을 잘하는 기본자세는 '바르게'이다. 여기에서 말하는 바른 자세는 '허리를 세우고 가슴은 펴고 어깨의 힘은 뺀, 반듯한 자세'를 말한다. 턱과 시선은 정면, 고객을 바라봐야 한다. 이런 자세는 '나는 자신감이 넘치고 편안하다.'는 메시지를 전달하고 고객은 자신도 모르게 화자에 대한 신뢰감을 가지게 된다.

사람의 신체 중에서 스트레스를 받거나 긴장을 하면 가장 먼저 반응해 굳어버리는 곳이 바로 어깨이다. 특히 간호서비스 제공자의 경우 선 채로 얼굴표정과 말, 손짓을 통해 고객과 대화하는 경우가 가장 많기 때문에 어깨가 굳어지고 움츠러들 수 있다. 앉아서 대화를 나누든 서서 대화를 나누든 어깨의 힘을 빼고 상체를 열어라. 자신감과 신뢰감은 무슨 말로 해서 증명하는 것이 아니다. 고객에게 보이는 순간부터 있는 모습 그대로 메시지를 주는 메신저가 되는 것이다.

하버드 MBA 에이미 커디(Amy Cuddy) 교수는 TED 강연에서 자세를 바꾸는 것만으로도 자신감을 얻을 수 있다고 말했다. 커디 교수는 남녀 열 명을 두 그룹으로 나눈 후, 한 그룹은 어깨를 쫙 펴고 허리를 세우는 'High power 포즈'를, 다른 한 그룹은 팔짱을 끼고 몸을 웅크리는 'Low power 포즈'를 각각 2분간 취하게 했다.

실험 전후 참가자들의 소변을 분석한 결과 하이 파워 포즈(힘 있는 자세)를 취한 그룹은 자신감을 높여주는 호르몬인 테스토스테론이 평균 20% 증가하고, 스트레스를 유발하는 코르티솔 호르몬은 25% 감소했다. 반면에 로 파워 포즈(힘 없는 자세)를 취한 그룹은 테스토스테론이 10% 감소하고 코르티솔은 15% 증가했다. 그리고 이 두 그룹이 모의 면접을 본 결과 하이 파워 포즈를 취한 사람들이 면접에 통과할 확률이 20% 이상 높았다. 단 2분 동안 자세나 몸짓을 바꾸는 것만으로도 자신감이 커진다는 것을 보여준다. 평소에도 자신감을 높이고 싶다면, 까다로운 업무상황에서도 힘을 내고 싶다면, 나아가 사회적인 관계를 성공으로 이끌고 싶다면 당당한 자세로 자신감을 키우자.

4 서비스 커뮤니케이션

의사소통(Communication)은 공동 또는 공통성을 뜻하는 라틴어 'communis'에서 유래되었다. 둘 이상의 사람들 사이에서 서로 생각이나 느낌 등을 주고받으며 공통성을 만들어내는 과정을 뜻한다. 상대에게 일방적으로 메시지를 전달하는 것이 아니라 상호작용을 통해서 메시지를 만들어가야 하며 상대의 의도와 생각을 파악하는 것에서 출발한다. 의사소통을 통해 관계가 형성되고 유지되며 건강해진다. 그리고 성공적인 의사소통은 소통과 공감이 되어야 한다.

현대 비즈니스사회에서 의사소통능력은 무엇보다 중요하다. 의사소통능력이 뛰어난 사람이 조직의 시너지를 창출하는 핵심인재라고 생각하기 때문이다. 대웅제약 이종욱 회장은 "개념이 정확하면 1분 이내에 의사전달이 가능하고 직원들에게 명령을 하달할 때 생길 수 있는 혼선을 줄이는 것이 기업문화이자 경쟁력"이라고 했다. 의사소통이 부족하면 원만한 관계를 유지할 수 없다. 또한 중요한 순간이나 갈등상황이 생기면 해결하기가 더욱 어려워진다.

가. 커뮤니케이션 유형

전달 수단에 따라 언어적 의사소통과 비언어적 의사소통으로 나뉜다.

언어적 의사소통은 대화, 지시, 명령, 회의 등 구두 의사소통과 보고서, 메모, 매뉴얼, 편지 등 문서 의사소통으로 이루어져 있다. 차트나 진료기록 관련해서 간호사는 환자의 진료기록을 이해할 수 있어야 하며 환자가 말한 메시지를 다른 간호사가 이해할 수 있도록 기록하는 것이 필요하다.

비언어적 의사소통은 몸짓언어, 자세, 목소리 크기 등 신체언어와 관계에 따른 거리, 신호등이나 사이렌 등과 같은 물리적, 상징적 언어로 나뉜다.

대면에 의한 대화나 전화통화 혹은 E-mail 등을 통해 이루어지는 피드백이 존재하는 직접적인 쌍방적 의사소통(two-way)인 커뮤니케이션을 의미하는 인적 커뮤니케이션

(personal communications)이 있다. 그리고 연설, 라디오, 광고 등 고객을 대상으로 일방적(one-way)으로 이루어지는 커뮤니케이션을 비인적 커뮤니케이션이라고 한다.

방향에 따라 상향적, 수평적, 하향적 의사소통으로도 나뉜다. 보고, 품의, 제안, 건의 등은 상향적 의사소통, 협의, 조정, 연락 등은 수평적, 지시, 명령, 조언 등은 하향적 의사소통이다.

경로에 따라 공식적인 의사소통과 비공식적인 의사소통으로 나뉜다.

조직에서는 정보가 체계적으로 흐르며 상향, 하향, 수평적 의사소통이 공식적인 의사소통이다. 구성원 간의 인간적 유대나 친밀도에 따라 정보가 자연스럽게 흐르는 것을 비공식적 의사소통이라고 한다.

나. 고객 커뮤니케이션과 내부 커뮤니케이션

새로운 고객의 유인뿐만 아니라 기존 고객과의 접촉과 관계를 유지하기 위해서는 커뮤니케이션 노력이 필요하다. 치과병원이나 소아과에서 정기적인 검사 서비스 또는 예방접종 등을 알려주는 연락이나 진료 후에 진료에 대한 만족이나 기타 불편한 사항에 대해 확인하는 연락을 주는 것 등이 고객 커뮤니케이션의 대표적인 예이다.

서비스의 내용을 고객에게 올바르게 전달하기 위해서는 직접적인 외부 고객에 대한 커뮤니케이션 노력뿐만 아니라 고객을 직접 상대하고 접촉하게 되는 내부 조직구성원에 대한 커뮤니케이션 노력도 중요하다. 내부 커뮤니케이션이란 경영자로부터 종업원에게 전달되는 모든 형태의 커뮤니케이션을 말한다. 특정한 서비스 가치에 바탕을 둔 기업문화를 유지하고 육성함에 있어 핵심적인 역할을 수행하게 된다. 서비스 조직의 규모가 커서 지리적, 물리적으로 분산되어 있는 경우, 내부 커뮤니케이션을 위한 노력에 중점을 두어야 한다. 효과적인 내부 커뮤니케이션은 효율적이고 만족스러운 서비스를 실현하고 생산적이고 조화로운 근무 환경을 구축하여 고객의 신뢰와 존경, 충성심을 창출할 수 있도록 한다.

다. 의료서비스커뮤니케이션의 중요성

말콤 글래드웰은 저서 『아웃라이어』에서 소통의 부재가 낳은 대표적인 사례로 1997년 대한항공 참사를 꼽았다. 이 추락 사고는 기장의 판단이 잘못됐다는 것을 알면서도 승무원들이 이를 지적하지 못해 200명이 넘는 승객이 목숨을 잃었다. 1997년에 발생한 대한항공 801편 비행기 추락 사고는 조직 내 커뮤니케이션 부재가 빚은 참사 중 하나다. 조직 내 커뮤니케이션, 기업커뮤니케이션은 기업의 성패를 좌우할 정도의 힘을 가지고 있다.

특히 의료진과 간호사, 의료진과 외부고객, 간호사와 외부고객 등 다양한 커뮤니케이션이 존재하는 의료서비스의 경우 그 중요성은 말로 다할 수 없다. 한 예로 모 종합병원에서 입원환자가 약을 받던 중, 평소 자신이 복용하던 약이 아니어서 간호사에게 물어보았다. 제대로 확인하지 않은 간호사는 대수롭지 않다는 듯 전혀 문제가 되지 않는다고 답하였고 그로 인해 심장병 환자가 다른 약을 먹고 큰일 날 뻔한 적이 있다. 다행히 고객이 재차 물어보고 확인해서 간호사의 사과로 끝났다. 그리고 드라마나 영화에서도 호명을 잘못하거나 동명이인이어서 잘못된 진단 결과를 듣고 슬퍼하는 모습을 종종 볼 수 있다.

여기 입원에 대한 정의를 보면 다음과 같다.

"입원이라 함은 의사, 치과 의사, 또는 한의사의 자격을 가진 자에 의하여 3대 중대 질병, 5대 질병, 10대 질병 및 재해 분류표에서 정하는 질병 또는 재해로 인한 치료가 필요하다고 인정된 경우로 자택 등에서 치료가 곤란하여 의료법 제 3조의 규정에 의한 국내의 병원이나 의원 또는 이와 동등하다고 인정되는 국외의 의료 기관에 입실하여 의사의 관리 하에 치료에 전념하는 것을 말합니다."

간호사 중 어느 누구도 고객에게 입원에 대해 설명할 때 위와 같이 하지 않을 것이다. 어떻게 말해야 좋을까?

* SES법칙 – Simple Easy Smart
첫째, 간단하게 말해야 한다.
둘째, 쉽게 말해야 한다.
셋째, 명료해야 한다.

라. 간호 커뮤니케이션의 중요성

입원의 경우 고객 만족도에 있어서 간호사 요인의 영향력이 의사요인보다 더 큰 것으로 나타났다. 이는 입원환자의 경우 의사보다 간호사와의 접촉시간이 더 많아 간호서비스의 중요성이 더욱 크게 부각된 것으로 판단된다(황지인, 2001). 간호사의 적극적인 도움, 충분한 설명의 순으로 간호사 요인에 대한 만족도에 유의한 영향을 미치는 것으로 나타났다(정승원, 2004). 간호사의 친절 서비스 수준이 높아져서 환자들의 평가에 큰 차이가 없지만 입원기간 동안 가장 접촉이 많은 간호사로부터 관심과 적극적인 도움을 받고자 하는 고객의 욕구 충족 정도에는 차이가 많이 있음이 반영된 결과이다.

그래서 설명간호사가 등장했다. 고객들이 의료서비스에서 가장 원하는 것은 고객 자신(또는 가족)의 정확한 상태와 진단내용 및 치료방향, 수술결과 등에 대한 자세하고 친절한 대화이다. 그런데 아이러니하게도 고객이 의사소통을 하기 가장 힘들고 어려워하는 곳이 병원이다. 의료진들만 알 수 있는 전문적인 용어, 공감보다는 사실에 가까운 일방적인 설명을 주로 하거나 이조차도 제대로 하지 않은 곳이 많기 때문이다. 직업 특성상 의료용어를 사용해야 한다고 생각하는 경우도 많다.

이처럼 고객 또는 환자를 대상으로 한 서비스 중 가장 높은 서비스 실패의 빈도가 나타나는 영역이 바로 소통능력이다. 고객과 대화를 나눌 때 이렇게 하는 것은 서로 마음만 멀어지게 할 뿐이다. 외국어나 한자, 무엇보다 서비스제공자만이 알 수 있는 전문용어가 아닌, 누구나 들어도 쉽게 받아들일 수 있는 말을 해야 한다. 나아가 고객의 마음을 훔치려면 일목요연하면서도 감성적인 대화법이 필요하다.

특히 고객이나 환자의 병원 서비스에 대한 경험이 증가하고 사회관계망을 통한 집단 지식의 공유가 활발하여, 제공되는 서비스의 수준이 다른 서비스에 비해 어떤 수준인지 쉽게 평가할 수 있다는 점을 꼭 유념해야 한다. 경청하고 경청을 통해 요구되는 사항을 명확히 인지해 그 답을 제공하는 단순한 논리의 전개가 고품질의 강력한 서비스의 원천이다.

* 설득하는 30초의 힘!

30초 동안 상대방의 시선과 관심을 계속 유지해야 한다. 사람의 정보처리과정은 감각 기억, 단기 기억, 장기 기억으로 이어지는데, 대부분이 대화나 커뮤니케이션의 시작은 감각 기억과 단기 기억에 의존한다. 단기기억은 30초 정도 유지되고 10~30초 정도가 사람이 집중해서 정보를 처리하는 시간이라고 한다.

간호서비스의 경우 A/S(After Service)가 아니라 B/S(Before Service)이다. 고객의 요구가 있어야 해주는 수동적인 서비스가 아니라 고객이 요구하기 전에 해주는 적극적인 서비스라는 의미이다. 가려운 곳을 먼저 긁어주고 필요한 것을 먼저 챙겨주자!

+ 알파

"명사는 될 수 있으면 피하고 동사를 자주 사용한다."

안정화 등 낱말들은 머리로 이해해야 하는 성격이 강해 고객이 추상적인 개념을 들으며 구체적인 개념으로 바꾸기가 쉽지 않다. 이렇게 추상적인 단어뿐 아니라 일반적인 명사도 동사로 바꾸어 사용해야 고객의 마음을 움직일 수 있다.

예 "고객이 원하는 것을 바로 해드릴 수 있다는 것을 우린 확신하고 있습니다."
→ "고객이 원하는 건 바로 하겠습니다. 우린 확신합니다!"

"말은 생각을 반영하고 사회적 지위와 교육수준을 추론할 수 있게 하며 상대와의 친밀 정도를 나타낸다."고 루드비히 비트겐슈타인은 말했다. 고객과의 커뮤니케이션이 이루어지는 순간 오고 가는 말은 간호사와 고객의 생각으로 이루어진다. 또한 간호사의 가치, 능력, 지식 등 대화를 통해 고객이 느끼고 판단하는 부분이 많으니 신경을 써야 한다.

마. 목소리와 기본 대화매너

"아 다르고 어 다르다"는 말이 있다. 신뢰할 수 있는 정확한 정보 지식뿐 아니라 똑같은 내용이라 하더라도 분위기나 말하는 사람의 매너에 따라 고객의 반응은 나뉜다. 무엇을 말하느냐보다 어떻게 말하느냐에 더 민감하게 작용하기 때문이다. 그래서 간호서비스 제공자는 따뜻한 목소리 온도와 더불어 고객이 쉽게 받아들일 수 있는 화법, 기분 좋은 대화매너 등 서비스 커뮤니케이션에 많은 비중을 둬야 한다.

특히 감성으로 다가가야 하는 이 시대 간호서비스! 기계식 주차나 청소로봇 등 문명의 발달로 사람을 대체하는 것들이 많아지지만 감성은 대체될 수 없다. 사람을 상대하는 일은 바로 사람이 해야 하기 때문이다. 병원에서는 의료진보다 간호서비스 제공자가 고객과 가장 자주 만나는 사람이기에 사람의 마음을 파고들어 감동을 심어주려면 감성 어린 대화매너가 필요하다.

1) 목소리

배우가 똑같은 배경에서 똑같은 대사를 하더라도 목소리에 따라 청중이 받는 느낌은 확연히 달라진다. 이렇듯 목소리는 스타의 이미지와 경쟁력, 가치까지 좌우한다. 영국의 전 수상 윌리엄 글래드 스튼은 '스피치와 음성을 훈련하는 데 들인 시간과 돈은 그 어느 것보다 보상이 확실한 투자'라고 했다.

목소리는 얼굴보다 감정이 드러나기 쉬운 채널(Leaky Channel)이라서 진짜 감정이 드러나기 쉽다(김명주 & 나은영, 2005). Argyle(1972)은 목소리 어조에 기인하여 메시지 내에서 표현된 감정을 탐지한다고 하였고 말하는 사람의 개성과 감정뿐만 아니라 듣는 사람의 이해 정도나 설득에도 큰 영향을 미친다고 하였다. Sundaram & Webster(1998)는 목소리 높이나 어조, 크기 등을 통해 고객이 서비스 제공자의 자신감을 확인한다고 하였다. 또한 고객의 질문이나 불만제기와 같은 문제해결을 하는 과정에서 발음, 속도와 적절한 목소리의 높이 등을 의미하는 청각언어를 능숙하게 구사하는 정도에 따라 고객은 서비스 제공자가 적절한 능력을 갖추었다고 평가한다고 한다(이승연 외, 2013). 즉 서비스 제공자의 능력, 확신성을 평가하고 서비스 이미지를 좌우하는 중요한 요소인 것이다.

많은 내부고객과 외부고객을 만나고 대화를 나누는 간호사의 경우, 같은 말이어도 따뜻한 목소리 온도와 더불어 정확한 전달을 위한 발음 등이 중요하므로 목소리를 가꾸는 시간과 노력이 절대적으로 필요하다.

2) 목소리 제대로 알기

① 목소리는 마음의 울림이다.

'목소리란 무엇인가?'라는 질문에 '목에서 나오는 소리'라고 답하는 경우도 종종 있다. 목소리는 뇌에서 말을 생성하면 호흡이 일어나고 그 호흡을 통한 공기에 소리를 실어 보내면서 최종적으로 목과 입을 통과해 상대에게 생각과 말을 전달하는 것이다. 간호사가 목소리를 연구하는 직업은 아니니 때문에 원리를 제대로 이해하진 않아도 된다. 하지만 마냥 소리를 내보내기만 하면 될까?

"저는 적극적인 사람입니다."라고 말하는 간호사가 기어들어가는 목소리로 말을 한다면 어떤 이미지로 보일까? 소심한 사람은 목소리 크기도 작다. 성격이 밝고 적극적인 사람은 목소리 온도가 밝고 크다. 성품이 온화한 사람은 목소리도 편안하며 성격이 급한 사람은 말의 속도도 빠르다. 슬픔에 잠겨 울고 있는 사람은 목소리도 잠겨있다. 이렇듯 목소리는 단순한 소리의 울림을 넘어 자신의 마음의 울림이다. 목소리가 좋아지면 자신감도 생기고 자신감이 있으면 목소리도 당당해진다. 감성으로 다가가는 친절한 간호사라면, 그런 서비스 이미지 매너를 고객에게 주고 싶다면 마음과 마음의 울림인 목소리를 친절한 감성으로 무장해야 한다.

② 목소리와 표정은 따로 놀 수 없다.

얼굴은 '한 사람의 얼이 담긴 굴(窟)'이란 말이 있다. 정신의 줏대인 얼은 마음이나 정신이라고 볼 수 있는데 그 둘이 분리될 수 있을까? 밝은 표정을 유지하면서 상대에게 "너 미워!", "그만 나가주시죠." 등 좋지 않은 말을 기분 나쁘게 들리도록 건네보자. 또는 무표정하거나 화가 난 표정으로 상대에게 "고마워요.", "당신 덕분이에요." 등 따뜻한 말을 건네 보자. 표현하기 굉장히 힘들어하는 자신을 발견하게 될 것이다. 표정이 밝으면 좋지 않은 말을 하던 목소리가 밝아지면서 그다지 기분 나쁘지 않게 들린다. 표정이 밝지 않은 채 좋은 말을 하면 목소리도 어두워진다. 아니면 좋지 않은 말을 할 때의 목소리 분위기를 따라 표정이 어두워지거나 좋은 말을 할 때의 목소리 분위기를 따라 표정이 밝아진다. 이처럼 목소리와 표정은 따로 놀 수가 없다. 마음의 울림인 목소리와 얼이 담긴 굴인 표정은 늘 함께 표현되어야 한다. 아울러 전달하고자 하는 말의 내용과도 일치해야 한다. "증세가 악화되셨기 때문에 수술이 불가피할 것 같습니다."라는 소식을 전달할 때 환한 미소와 밝은 목소리로 고객을 만나서는 안 되기 때문이다. 서비스 제공자라면, 간호사라면 시간과 상황, 고객에 따라 적절한 목소리 연출을 할 수 있어야 한다.

3) 좋은 목소리의 요소

① 바른 자세

우리 몸 전체가 발성기관이다. 피아노 건반이 구부러져 있거나 플루트가 망가져 있으면 온전한 소리를 낼 수 없듯이 바른 자세가 좋은 소리를 낸다. 서 있을 때 소리가 더 잘 나오는 사람도 있고 앉아 있을 때 더 잘 나오는 사람도 있다. 앉아 있을 때는 의자의 하중이 우리 몸을 받쳐 주기 때문에 상대적으로 쉬운 것처럼 느껴진다. 하지만 자신의 건강하고 크며 매력적인 소리는 서 있는 자세에서 나온다. 성악가를 보라. 바른 자세로 서서 온 기량을 뽐낸다.

- 상체의 불필요한 힘을 뺀다.
- 다리를 골반 너비 정도 벌린다.
- 허리와 어깨를 곧게 편다.
- 턱은 숙이거나 올리지 않고 바르게 한다.
- 시선은 정면을 향한다.

가수들은 자신만의 목 관리 노하우를 가지고 있는데 목을 풀기 전에 우선 몸을 푼다. 발성기관 역시 근육으로 이루어져 있는 만큼 몸의 큰 근육들을 충분히 움직이며 이완하는 것부터 시작해야 목 풀기에 더욱 효과적이다.

- 먼저 목과 어깨를 풀어준다.
- 승모근을 집중적으로 풀어주면 더욱 좋다.
- 손과 발을 비롯한 온몸의 스트레칭을 해준다.

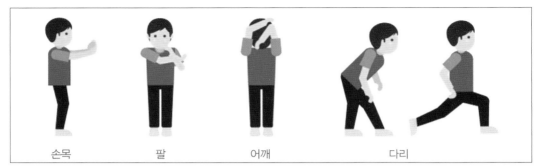

손목   팔   어깨   다리

(사진출처 : 구글이미지, https://www.google.com/search?tbm=isch&source=hp&biw=1920&bih=873&ei=n2
CKWv_xHsf38gWZspToDA&q=%EC%8A%A4%ED%8A%B8%EB%A0%88%EC%B9%AD&oq=%E
C%8A%A4%ED%8A%B8%EB%A0%88%EC%B9%AD&gs_l=img.3..0l10.1876.4382.0.4524.20.16
.4.0.0.0.177.1938.3j12.15.0....0...1ac.1j4.64.img..6.14.1330...0i10k1.0.bjRM84lMNNw#imgrc=G
KjQqf406AbfMM:&spf=1519018147914

② 호흡

호흡은 기본이다. 심지어 제대로 된 호흡은 숨쉬기 한 시간만 하더라도 걷기 30분
의 운동 효과와 맞먹는다. 오래 달리기를 한 후에 숨을 헐떡이고 있는데 누군가가
인터뷰를 요청한다면 답하기가 쉽지 않을 것이다. 숨쉬기도 벅찬데 발성이나 발음
하기는 더더욱 힘들기 때문이다. 아가의 호흡을 유심히 살펴보면 엉덩이가 들썩일
정도로 흉・복식호흡을 한다. 그런데 성인이 되어가고 스트레스 지수가 높아지면
높아질수록 호흡이 위로 올라온다.

한 손은 흉부에, 한 손은 배꼽 위에 올려두고 숨을 들이 마셔보자. 어디가 어떻게
움직이는가? 흉부만 들썩이고 복부는 가만히 있다면 흉식호흡만 하고 있는 것이
다. 흉부로만 짧게 들이마시는 숨은 날숨도 짧다. 건강상이나 발성에 그다지 좋은
발성은 아니다. 그렇다고 복식호흡만 연습하는 것이 좋을까? 배에만 공기를 채우
려고 흉부에 잔뜩 힘을 줘서 호흡과 발성이 더 힘들어지기도 하며 기타 역효과가
날 수도 있다. 흉・복식호흡이 가장 이상적이다.

편안하게 가슴과 배 전체에 깊은 호흡을 들이마시고 내쉰다는 마음으로 한다. 들
숨 시간을 3초, 4초, 5초 이렇게 길게 훈련하면서 호흡량을 늘린다. 또 5초, 4초,
3초, 2초, 1초 식으로 들숨시간을 줄이며 단위시간 안에 들이마시는 호흡량을 늘리
는 작업을 한다. 아울러 날숨을 일정하게 뱉는 연습을 해서 말을 할 때 유종의

미를 거둘 수 있도록 한다. 이와 같은 흉·복식 호흡, 심호흡은 건강이 좋아지며 목소리도 편안해지며 면접이나 PT와 같이 긴장되는 자리에서 마인드컨트롤을 해 주기도 한다.

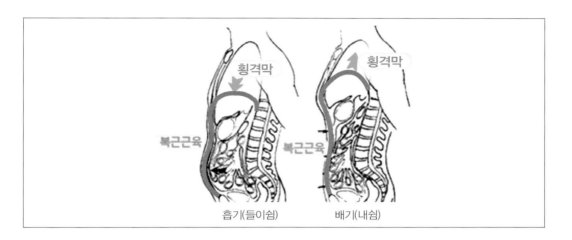

③ 발성

턱을 움직이지 않고 입을 움직이지 않은 채 "안녕하십니까."를 해보면 소리도 작고 우물우물거리는 것처럼 무슨 말인지 알아듣기가 힘들다. 발성연습을 할 때에는 입을 위아래로 크게 벌리고 미소를 지으며 목소리를 내 얼굴 앞 2~3m 정도까지 보낸 다는 생각으로 한다. 실제로 통화할 때는 전화기까지, 고객과 대화할 때는 고객까지, 1:N의 연설이나 프레젠테이션을 할 때에는 마이크, 마이크가 없는 경우에는 그 공간을 채운다는 생각으로 목소리를 보내면 된다.

④ 발성의 지름길

• 구강미소를 짓는다.
• 흉·복식호흡을 한다.
• 날숨에 목소리를 실어 보낸다.
• 입을 크게 벌리고 미소를 짓는다.
• 소리는 멀리 앞으로 보낸다.

구강미소

얼굴에 미소가 있듯이 입 안에도 미소가 있다.

침을 꼴깍 삼키며 입을 꽉 다물어본다. 목과 입이 닫힐 것이다.(코로 숨을 들이마시면 목은 열린다.) 이 상태에서 "안녕하세요."를 말하려면 둘 중 하나이다. 입이 떨어지면서 '쩝' 소리가 나거나 입이 열리고 공기가 들어가며 말하는 데까지 시간이 걸린다.

그래서 말하기 전에는 구강미소를 지으며 준비해야 한다.

다물었던 어금니와 어금니를 약간 떼어주며 편안하게 푼다. 이때 입술과 입술은 붙인 채로 살짝 미소를 짓는다. 숨을 들이마시면 목이 시원해지는 것을 느낄 수 있을 것이다. 이게 바로 구강미소이다. 입과 목 안이 편안해지면서 바로 "안녕하세요."라고 말을 할 수 있다.

저 멀리서 고객이 다가오고 있거나 눈앞의 고객이 자신에게 질문하고 있다면 미소와 함께 구강미소를 지어보자!

⑤ 발성크기 조절

전화통화를 하거나 바로 앞에 있는 사람과 이야기를 할 때, 프레젠테이션을 할 때, 아주 멀리 있는 사람을 불러야 할 때 등 상황과 목적에 따라 목소리 크기를 조절해야 한다. 바로 앞에 있는 고객과 대화한다는 생각으로 "안녕하십니까."를 해본다. 이후 1미터 정도 떨어진 고객을 향해 인사한다. 2미터 떨어진 고객을 향해서도 목소리를 멀리 보낸다.

안녕하십니까.

안녕하십니까.

안녕하십니까.

⑥ 톤

목소리에는 남성성과 여성성이 있다. 상대적으로 낮고 굵은 남성성의 공명감이 전달력과 신뢰감을 높여준다. 뉴스를 보면 앵커는 중저음의 남성성의 목소리를, 짧은 시간 방송하는 캐스터와 리포터는 고음의 여성성의 목소리를 많이 활용한다. 각각의 목소리도 좋지만 남성성과 여성성의 목소리가 함께 어우러져 울리는 목소리가 좋다.

가장 좋은 목소리는 고, 중, 저음을 다 활용하는 것이다. 배우 최송현은 아나운서 시절, MC를 할 때에는 '미' 톤으로, 뉴스를 할 때는 '도' 톤으로 말했다고 한다. 이처럼 자신의 중간 톤을 알고 살짝 높은 톤과 살짝 낮은 톤을 모두 사용할 수 있어야 한다. 자신의 목에 손을 대보자. 그리고 자신이 낼 수 있는 가장 낮은 톤의 목소리를 내보자. 이번에는 자신이 낼 수 있는 가장 높은 톤의 목소리를 내보자. 손에 느껴지는 목, 후두근육의 움직임이 어떠한가? 아마 낮은 톤일 때는 아래쪽으로, 높은 톤일 때는 위쪽으로 움직일 것이다. 이는 성대가 가장 높거나 가장 낮은 톤을 내기 위해서 즉 타고난 중간 톤이 아닌 소리를 내기 위해서 무리하게 움직이는 것이다. 높은 톤의 노래를 부를 때 목에 힘이 들어가면서 핏대가 선 경험이 누구나 있을 것이다.

가장 편안하고 자연스러운 목소리는 위나 아래로 움직이지 않고 가만히 진동만 하는 소리이다. 이 톤을 자신의 최상의 중간 톤으로 연습하고 이 중간 톤을 기준으로 살짝 위, 살짝 아래 톤을 연습하면 세 가지 이상적인 톤을 활용할 수 있다.

더불어 마스크 공명을 활용해야 한다. 아나운서 사이에는 코가 건강해야 맑은 소리가 나온다는 말이 있다. 인중을 중심으로 코와 치아, 광대 쪽으로 열린 소리가 맑고 고객에게 전달이 잘 된다. 옆의 그림과 같이 인중과 치아, 코 끝이 울리도록 "음~~" 하고 허밍을 해보자. 진동이 가장 많은 소리가 성대 근육이 위나 아래로 움직이지 않고 가운데서 진동만 하는 소리와 거의 일치한다.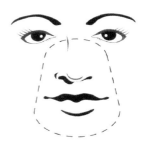

일반적으로 전화통화의 경우 약간 높고 밝은 톤으로 하는 것이 좋으며 프레젠테이션이나 회의의 경우 보통이나 약간 낮고 진지한 톤으로 하는 것이 좋다. 물론 전화나 프레젠테이션 등 모든 커뮤니케이션은 주제나 목적, 분위기에 따라 목소리 톤이나 여러 요소들이 바뀐다.

⑦ 발음

흔히 혀가 짧아서 발음이 힘들다는 사람이 있다. 하지만 연구결과를 보면 혀가 짧다고 말하는 사람 중에 3%만이 실제로 혀가 짧다고 한다. 혀가 짧은 사람은 거의 없다고 봐도 되는 정도이다. 그런데도 발음이 잘 되지 않는 이유는 무엇일까? 후두나 치아 상태 등 건강상의 이유가 있을 수도 있고 발성이 안으로 먹어 들어가는(동굴발성) 등 여러 이유가 있을 수 있다. 그중 대충대충 발음한 것에 대해 진지하게 생각해 봐야 한다. 외국어 발음은 신경써서 공부해 왔지만 우리나라 말이나 정확한 발음에 대해서는 사실 공부한 사람이 많지 않다.

- 기초 모음을 먼저 연습해야 한다. 자음만으로는 말을 할 수가 없다. 완벽한 모음 발음에 자음이 입혀졌을 때 정확한 발음이 이루어진다.
- ㅏ, ㅔ, ㅣ, ㅗ, ㅜ 등 단모음부터 연습한다.
- ㅑ, ㅕ 등의 경우에는 턱이 벌어지는지 확인해야 한다.
  입은 움직이지 않고 혀만 움직인다면 이는 잘못된 발음이다.
- ㅝ, ㅘ 같은 자주 쓰이는 이중모음도 연습한다.
  흔히 ㅘ 발음을 ㅏ 발음으로 많이 한다.(관광객, 영화, 원인과 결과)
- 가, 갸, 거, 겨 등 기초발음 연습도 중요하다.
- 하지만 기초발음만 연습한다고 해서 말을 할 때 모든 발음이 좋아지는 것은 아니다.
- 음절과 음절 사이, 단어와 단어 사이 등 여러 상황에 따라 발음이 잘 되기도 안 되기도 하기 때문이다.
- 자신이 어떤 발음이 잘 되고 안 되는지를 확인하자.
- 보고나 프레젠테이션, 통화할 때 자주 쓰는 중요한 단어가 있다면 집중해서 연습한다.
- 의료서비스, 간호서비스를 제공하는 데 있어 꼭 사용해야 하는 전문적인 용어는 발음을 정확하게 연습해 준다.
- 고객이 잘 듣지 못했다면 또박또박 분명하게 이야기해 준다.

⑧ 속도

- 일반적으로 빠른 속도보다는 여유 있는 보통의 속도가 좋다.
- 긴급한 상황, 누구나 알고 있는 내용, 중요도가 떨어지는 경우, 긴장감이 흐르는 순간에서는 빠른 속도로 해야 한다.
- 강조하거나 진지한 이야기를 할 때, 숫자나 인명, 지명 등을 말할 때는 천천히 한다.
- 똑같은 속도로 말하면 지루하여 집중을 덜 하게 되니 반드시 속도의 변화가 필요하다.
- 고객의 연령대에 맞춰서 말하는 연습도 필요하다. 노인이나 어린아이의 경우 천천히 말하는 것이 좋고 20, 30대 고객이라면 적당히 빠른 속도가 좋다.
- 고객이 듣지 못해서 재차 질문할 경우에는 더욱 천천히 말한다.

⑨ 억양

말의 높낮이를 말한다. 억양 변화 없이 단조롭게 말하면 말이 아닌 글을 읽는 느낌이 든다. 감정 없이 말하는 것과 똑같아 보인다. 또한 모든 음절의 억양을 너무 변화하거나 하면 산만해 보이고 내용에 집중이 되지 않는다. 자연스럽고 편안한 억양변화를 보여준다.

⑩ 어조

말의 가락 즉, 말에서 느낄 수 있는 화자의 태도이다. 단호하게 지시해야 할 때는 강한 어조로, 고객을 응대하거나 안내할 때는 부드러운 어조로 해야 한다. 또 연결어미와 종결어미의 어조를 달리해서 변화를 알리는 것도 좋다.

- **둥근 조** : 둥글고 부드럽게 올리거나 내리는 어조
- **직선 조** : 앞음절이나 단어와 같은 높이로 내는 어조
- **내림 조** : 앞음절이나 단어보다 낮은 높이로 내는 어조

⑪ 강조

자신이 고객에게 전달하고자 하는 메시지가 무엇인지에 따라, 분위기나 중요도에 따라 적절한 강조법을 선택해 활용해야 한다. 일반적으로 감정이나 단어 속에 담긴 느낌에 따라 높임강조와 낮춤강조는 종종 사용한다. 하지만 늦춤강조나 멈춤강조는 기억하고 노력을 해야 제대로 사용할 수 있다. 성격이 급한 우리나라 사람의 경우 중요한 말이나 전달할 내용이 많다고 생각하면 속도가 빨라지는데 이는 바람직하지 않다. 고객에게 전하는 핵심메시지에 서비스 제공자의 중심생각과 마음을 담아 다섯 가지의 강조법을 활용하는 것이 좋다.

- **높임강조** : 강조하고자 하는 메시지에서 목소리를 크고, 높게 한다.
  "네, 말씀하신 소아청소년과는 2층에 있습니다."
- **낮춤강조** : 실패나 부정적인 메시지에서는 목소리를 작고 낮게 한다.
  "의료진이 최선을 다했지만 경과는 조금 더 지켜봐야 할 것 같습니다."
- **늘림강조** : 특정 모음의 발음 시간을 길게 늘린다.
  "오래오래 사세요."
- **늦춤강조** : 숫자나 인명, 지명이나 중요한 부분은 천천히 해준다.
  "우리 병원의 고객이 지난달에 비해 무려 30%나 증가했습니다."
- **멈춤강조** : 상대가 꼭 들어야 할 메시지 앞에서 잠깐 쉬어줌으로써 환기시키고 집중도를 올리는 기법이다.
  "이번 치료에서 가장 중요한 것은 / 환자의 안정입니다!"

4) 기본 대화매너

"왜 내가 당뇨병인가요?"라는 질문에 다음과 같이 의학적인 대답을 한다면 고객은 어떻게 느낄까?

- 당신의 당뇨병은 1형 당뇨병입니다. 혈당을 내리는 역할을 하고 있는 것은 인슐린이라는 호르몬입니다. 인슐린은 췌장의 β세포에서 만들고 있으나 당신의 β세포가 손상되어 인슐린이 나오지 않고 있습니다.

이것은 고객이 원하는 답이 아닐 것이다. 고객은 지금 의학적인 대답이 아니라 마음의 문제를 들어주고 다독여주는 대화를 원하고 있을 것이다. '말이 곧 인격의 창'이라는 말이 있다. 말에서 사람의 됨됨이를 알 수 있고 이미 말하거나 행동한 어떤 것도 취소할 수 없기 때문에 커뮤니케이션은 대인관계에 있어 매우 중요한 과정이다. 적절한 커뮤니케이션은 여러 가지 문제를 해결해 주며 정보를 서로 공유할 수 있도록 해준다(Moorman, Deshpande & Zaltman, 1993). '말 한마디로 천 냥 빚을 갚을 수 있다'는 말, 어떻게 해야 간호서비스 제공자로서 매너 있게 말하는 것일까?

5) 배려

단체사진을 찍으면 누구나 사진 속에서 자신을 먼저 찾는다고 한다. 이렇듯 사람은 누구나 자신을 가장 소중하게 생각한다. 대화할 때도 마찬가지이다. 아무리 상대방을 배려하고 상대를 존중하며 대화한다고 해도 자신도 모르게 자기중심적으로 대화를 하게 된다. 배려는 여러 가지로 마음을 써서 보살피고 도와준다는 의미와 관심을 가지고 도와주거나 마음을 써서 보살펴준다는 의미이다. 마음을 써서 상대를 보살피고 도와준다는 마음으로, 관심을 가지고 도와준다는 마음으로 대화해야 한다.

배려하는 대화에서도 마음이 중요하다. 나아가 마음과 마음의 거리에 신경을 써야 한다. 화가 난 사람들을 보면 언성이 높아지고 바로 옆에 있는데도 큰 소리를 낸다. 두 사람 모두 화가 나서 마음의 거리가 멀어졌기 때문에 소리를 질러야만 서로 들을 수 있게 된 것이다. 사회생활을 하다가 의견이 맞지 않거나 충돌하는 경우에도 이 마음의 거리가 멀어지게 해서는 안 된다. 사랑하는 사람들은 마음의 거리가 가까운 만큼 평소보다 더 부드럽게 말을 하며, 말을 한다기보다 속삭임에 가깝다. 동료나 상사, 고객을 비롯해 함께하는 사람들과 마음의 거리를 짧게 유지해야 한다.

① 협동의 원리

배려하는 대화는 서로 협동하고 있다는 전제에서 출발한다.

- **양의 원칙** : 필요한 양만큼 정보를 제공한다.
  서로 다툴 때와 같이 지난 과거나 오랫동안 쌓아둔 이야기를 다 이야기하는 것은 너무 많은 양을 말하게 되므로 이 원칙을 어기는 것
- **질의 원칙** : 진실해야 한다.
  사회생활에서 남자는 자신의 능력을 과장하기 위해 거짓말을 하고 여자들은 부드러운 관계형성을 위해 거짓말을 한다는 말이 있다.
- **방법의 원칙** : 말하는 의도를 분명히 파악할 수 있도록 간단명료하게 한다.
  설득화법 등을 활용해 보면 방법의 원칙에 도움이 된다.
- **관련성의 원칙** : 적합한 말을 해야 한다. 다른 모든 원칙을 다 지켜도 관련성이 없다면 좋은 대화가 아니다.

A씨는 골프장에서 비즈니스 미팅이 있었다.
  처음 만나는 자리에서 서로 인사하고 자신을 소개하면서
  "저는 싱글입니다."라고 했는데 여자가 수줍게 웃으며
  "어쩌죠. 저는 결혼했어요."라고 답해 당황했다고 한다.

한 아버지가 아들을 훈계하면서 물었다.
  "너 도대체 몇 살이니?"(나이를 몰라서가 아니라 나이에 맞지 않은 행동을 나무람)
  "열다섯 살인데요."

회사에 지각한 신입사원에게 과장이 시계를 가리키며
  "자네 지금이 도대체 몇 시인가?" 물었더니
  "네, 지금은 9시 30분입니다."라고 대답했다.

상대방 말의 본질이 무엇인지 잘 이해하고 대화하자.

② 맥락의 원칙

사례 1.

    A : 영화 좋아하세요?

    B : 네.

    A : 무슨 영화 좋아하세요?

    B : SF요.

    A : SF영화 중에서 기억에 남는 영화는요?

    B : 글쎄요.

사례 2.

    A : 영화 좋아하세요?

    B : 아니요, 저는 영화를 별로 좋아하진 않아요.

        하지만 뮤지컬이나 연극은 자주 보는 편이에요.

        선생님은 어떤 영화 좋아하세요?

    A : 저는 로맨틱코미디를 좋아해요.

사례 1은 오고 가는 말이 없다. 처음 말을 들은 사람이 받아들이기만 하고 돌려주기를 하지 않았기 때문이다. 반면 사례 2는 영화를 좋아하지 않지만 관련성 있는, 좋아하는 다른 무언가에 대해 이야기하면서 상대는 어떤 영화를 좋아하는지 물었다. 말을 받는 사람은 받아들이기와 돌려주기라는 두 가지 작업을 해야 한다. 상대방의 말을 듣고 받아들인 후, 그 말을 받아서 새로운 정보를 담아 상대방에게 돌려줘야 하는 것이다. 그러기 위해서는 상대방의 말을 잘 듣고 배려해서 맥락을 함께 만들어가는 게 원칙이다.

6) 언어예절

① 이름

"내가 그의 이름을 불러주기 전에는 그는 다만 하나의 몸짓에 지나지 않았다. 내가 그의 이름을 불러주었을 때 그는 나에게로 와서 꽃이 되었다. 내가 그의 이름을 불러준 것처럼 나의 이 빛깔과 향기에 알맞은 누가 나의 이름을 불러다오. 그에게로 가서 나도 그의 꽃이 되고 싶다. 우리들은 모두 무엇이 되고 싶다." 김춘수의 「꽃」(현대문학, 1952)이란 시에서 보듯, 사람 사이에서 관계를 맺는 일은 서로 이름을 알고 그 이름을 부르는 것으로부터 시작된다. 이름을 모르는 사람이나 이름만 알고 있는 사람은 결코 의미 있는 존재가 될 수 없다.

우리나라는 이름보다 직위를 부르는 것을 선호하지만 간호서비스를 비롯한 서비스 커뮤니케이션에서는 고객의 이름을 부르는 것이 좋다. 실제로 한 달빛병원은 진료가 끝난 후에도 "○○어머니~ 수납하시고 처방전 받으시면 돼요~ ○○야~ 조심히 가~"라고 꼭 이름을 부른다. 의료진에게 친근함을 느끼게 되니 고객만족 및 충성도가 높아진다. 고객의 입장에서 자주 가거나 며칠 입원한 병원에서 계속 마주치는 간호사가 자신의 이름을 전혀 기억하지 못한다면? 또는 이름을 잘못 부르거나 유령처럼 아예 부르지 않는다면? 고객은 의료서비스 제공자가 자신에게 전혀 관심이 없거나 진료에 대한 성의조차 없다고 느낄 것이다.

② 이름의 사전적 정의

- 어떤 사물이나 단체를 다른 것과 구별하여 부르는 일정한 칭호
- 사람의 성 뒤에 붙여 그 사람을 다른 사람과 구별하여 부르는 명칭
- 성과 이름을 아울러 이르는 말

③ 이름을 잘 기억하는 방법

- 우선 고객의 성과 이름을 분명히 확인한다.
- 무엇보다 이름과 얼굴을 잘 연결시켜야 한다.
- 가능하면 자주 부른다.
- 헤어질 때 다시 한번 부르는 것이 좋다.

④ 직함과 이름

직함을 이름 앞에 넣어 말하면 높이는 것이 아니지만
직함을 이름 뒤에 붙이면 높이는 것이 된다.

예 총무부장 ○○○입니다.
　　○○주식회사 사장 ○○○올림
　　○○○ 사장님이십니다.(높임)

7) 호칭과 지칭

만나는 대상과 상황에 따라 알맞은 호칭과 지칭을 구사해야 하는데 사람을 직접 부르는 말을 호칭, 한 사람을 다른 사람에게 말할 때 가리키는 말을 지칭이라고 한다. 호칭은 사전에 상호 간에 협의할 수 있는 문제가 아니기 때문에 오해를 낳을 수 있는데 상대에 따라 다르다. 호칭과 지칭을 구분하지 않고 무심코 사용하기도 하는데 우리말은 같은 사람이라도 누구에게 그 사람을 말하느냐에 따라 달라지기 때문에 알아두고 사용해야 한다. 상사, 동료 등 내부고객뿐만 아니라 환자 및 보호자 등 외부고객에게 바르고 따뜻한 호칭 매너를 보인다면 전문적이면서도 인간미 넘치는 간호(의료)서비스를 제공할 수 있다.

① 가정에서의 호칭

- 타인의 부모를 높여 이르거나 돌아가신 자신의 부모를 지칭할 때, 그리고 며느리나 사위가 시부모나 처부모를 부를 때는 '-님'을 붙인다.
- 살아계신 자신의 부모를 호칭하거나 지칭할 때는 '-님'을 붙이지 않는다.
- 또한 부모의 함자를 말할 때 성(姓)에도 '자' 자를 붙여 '홍 자, 길 자, 동 자'와 같이 말하는 것은 잘못된 표현이다.

② 직장에서 호칭

▶ 상급자에 대한 호칭
- 성과 직위에 '님'을 붙인다.

- 성명을 모를 경우에는 직위에 '님'을 붙인다.
- 상급자에게 자신을 지칭할 경우에는 '저'라고 한다.
- 상급자에 대한 존칭은 호칭에만 붙이고 장소나 문서에서는 생략한다.
  - 예 사장님실 → 사장실

    사장님 지시 → 사장 지시(문서상)

▶ 상급자에 대해 더 높은 윗사람에게 말할 때

- 직책이나 직위만 사용한다.
- 국립국어원에 따르면 윗사람에게 관해서 말할 때는 듣는 사람이 누구이든지 상관하지 않고 선어말어미 '-시-'를 넣어 말하는 것이 원칙이다.
  - 예 평사원이 과장을 사장에게 말할 때

    "사장님, 김 과장님 거래처에 가셨습니다."라고 말해야 한다.
- 존칭조사 '께서'는 필수적인 요소가 아니다.
  - 예 "부장님, 과장님께서 외출하셨습니다."

    → "부장님, 과장님이 외출하셨습니다."

    "부장님께서 지시하신 일이 있습니다."

    → "부장님이 지시한 일이 있습니다."

③ 동료 또는 부하에 대한 호칭

▶ 선생

- 처음 만나는 사람이나 누구나 존경할 만한 사람, 나이 차이가 아주 많은 연장자에게는 '선생님'이라고 한다.
- 동년배나 연하, 연상의 부하에게는 '선생'이 무난하다.
- 대학 교수의 경우도 교수는 지칭이기 때문에 '선생님'이라고 불러야 한다.

④ 일반적인 호칭

▶ ~씨
- 또래이거나 나이 차이가 위아래로 10년을 넘지 않을 때 사용한다.
- 나이가 10세 이상 위로 차이가 나는 경우에는 '○○○선생님'이라고 한다.

▶ 형
- 위아래로 5세 범위 내에서만 사용한다.
- 연상의 하급자를 부를 때 사용할 수도 있다.
- 다른 사람 앞에서 3인칭으로 쓸 때에는 성과 이름을 붙여서 말한다.

▶ 당신
- 3인칭 대명사 '자기'를 아주 높여 부르는 말이다.
- 상대방을 높여 부르는 2인칭 대명사이다.(상대방을 낮춰 부르는 말은 '자네'이다.)
- "당신이나 똑바로 해요."라고 말하면 "뭐? 당신?"이라며 불화가 생길 수 있으니 좋은 대화에서 사용하는 것이 좋다.

⑤ 고객입장을 고려한 올바른 호칭

▶ 어르신
- 부모와 같이 나이가 많은 어른

▶ 여사
- 결혼한 여자
- 사회적으로 이름 있는 여자를 높여 이르는 말로 주로 성명 뒤에 붙인다.

▶ 부인
- 남의 아내를 높여 부르는 말

▶ 사모님

- 원래 스승의 아내(부인)에게 사용하던 말
- 남의 부인이나 윗사람의 부인을 높여 부르거나 이르는 말
- 부인의 존칭으로 오늘날 변해 특별한 고객에게 서비스를 제공할 경우 사용한다.

▶ 초등학생/미취학 어린이

- "○○○어린이" "○○○학생"이라고 부른다.
- "○○○고객님"으로 성인으로 준하여 부르는 경우도 있다.
- 잘 아는 사람이라면 이름을 불러 친근함을 표현할 수 있다.
- 어린 고객을 대할 때도 존중하는 언어로 대하며 처음부터 반말을 하는 것은 좋지 않다.

▶ 아들

- 타인의 아들 : 영식(令息), 영윤(令胤)

▶ 딸

- 타인의 딸 : 영애(令愛), 영양(令孃)

⑥ 지칭

누군가를 가리킬 때 쓰는 말로 할아버지, 할머니를 뜻하는 '조부모', 아버지의 사촌을 가리키는 '당숙' 등이 있다. 흔히 사람들이 '삼촌'이라는 말을 쓰는데 이는 잘못된 표현이다. 삼촌은 단순히 촌수를 나타내는 것이지 호칭도 지칭도 아니기 때문에 큰아버지, 작은아버지 등으로 불러야 한다. 이모와 고모의 경우에는 호칭과 지칭이 같다.

8) 높임말

어떤 대상이나 상대방에 대하여 높임의 태도를 표현하는 방식이나 체계를 높임법이라 한다. 영어를 비롯한 외국어에도 존재하지만 우리 국어는 특히 높임법이 발달되어

있다. 높이는 대상이 누구인가에 따라 상대 높임법, 주체 높임법, 객체 높임법으로 나눌 수 있는데 우리말은 청자 중심 언어이기 때문에 상대방을 높이거나 낮추는 '상대 높임법'이 특히 발달되어 있고 1인칭 주어나 이와 관련된 것에는 주로 낮춤말이 사용된다.

문장 종결 표현, 선어말어미 '-(으)시', 조사 '께, 께서', 특수 어휘 '계시다, 드리다'와 같은 표현을 통해서 실현되며 또한 높임법의 사용여부는 상호관계에 의해 결정되기도 하고 말하는 사람의 존대 의향 여부에 따라 결정되기 때문에 상대를 존중하고 대우하는 차원에서 높임법을 통한 매너를 보여주는 것이 좋다.

① 상대 높임법

국어 높임법 중 가장 발달한, 화자가 청자에 대하여 높이거나 낮추어 말하는 방법이다. 격식체와 비격식체로 나뉘며 종결어미에 의해 실현된다.

▶ 격식체 : 심리적인 거리감을 나타내는 의례적 용법이다.

예 해라체, 하게체, 하오체, 하십시오체

구분	종결어미	예문
해라체	-어라, -느냐, -다, -자, -마, -니, -려무나 등	유진아, 자리에 앉아라.
하게체	-게, -네, -나, -ㅁ세, -는가, -려무나 등	이 군, 자리에 앉게.
하오체	-오, -소	여러분, 자리에 앉으시오.
하십시오체	-십시오, -소서, -나이다, -ㅂ니다, -올시다 등	선생님, 자리에 앉으십시오.

▶ 비격식체 : 정감 있고 친밀감을 나타내며 격식을 덜 차리는 표현이다.

예 해체, 해요체

구분	종결어미	예문
해체(낮춤)	-어, -야, -지, -나 등	얘들아, 자리에 앉아.
해요체(높임)	-어요, -지요, -군요, -ㄹ게요, -ㄹ까요 등	모두들, 자리에 앉으세요.

▶ 하라체 : '해라체'와 구별되며 명령법에서 구호 표현에 제한적으로 쓰인다.

　　예 약속을 이행하라! 공사를 중단하라! 대책을 세우라!

② 주제 높임법

주체 높임법은 듣는 상대와의 상관관계에 영향을 받아서 높임 여부가 결정된다.

▶ 직접 높임

• 서술어의 주체가 화자보다 나이나 사회적 지위 등에서 상위자일 때, 이를 높이는 방법으로 주격 조사 '께서'와 주체 높임 선어말어미 '-(으)시', 동사, 명사에 의해 주로 실현된다.

　　예 아버지<u>가</u> 집에 <u>있습니다.</u> → 아버지<u>께서</u> 집에 <u>계십니다.</u>

▶ 간접 높임

• '-(으)시'는 높여야 할 주체가 주어와 밀접한 관련을 맺는 경우에도 쓰인다. 즉, 높임 대상인 주체의 신체 일부분, 소유물, 생각 등을 높임으로써 주어를 간접적으로 높이기도 한다.

　　예 선생님, 외투가 무거우시죠?

　　　곧 선생님의 말씀이 있으시겠습니다.

　　　할머니께서는 귀가 밝으십니다.

▶ 직접 높임이 이루어지는 경우와 이루어지지 않는 경우

• **공적**(公的)**인 경우** : 객관적인 역사 서술 등에서는 높임이 이루어지지 않음

• **사적**(私的)**인 경우** : 개별적인 혈연관계나 친분관계를 중시하여 높임이 이루어짐

　　예 충무공은 뛰어난 전략가이다.(방송, 교과서의 표현)

　　　충무공은 뛰어난 전략가이셨다.(개별적 친밀관계에서 서술)

　　　대통령이 오늘 담화를 발표하였다.(직업적인 의무를 이행한 것으로 봄)

　　　대통령께서 오늘 담화를 발표하셨다.(개별적인 친애감을 가지고 표현함)

▶ 간접 높임이 이루어지는 경우와 이루어지지 않는 경우

• 주체의 생활과 관련이 많다고 생각할 때에는 간접 높임이 이루어지나, 일반적 사실로만 생각할 때에는 간접 높임이 이루어지지 않는다.

> 예 선생님은 댁에서 버스 정류장이 머셔서 불편하시겠어요.
>
> 선생님은 댁에서 버스 정류장이 멀어서 불편하시겠어요.
>
> 선생님께서는 아직 진지를 잡수시지 않았다.(선생님이 드시는 밥)
>
> 선생님은 밥을 짓는 솜씨가 좋으시다고 한다.(일반적인 밥)

• 주체에 대해 더 많은 관심과 친밀한 감정을 표현하고자 할 때 간접 높임이 이루 어질 수 있다.

> 예 선생님 하시는 일이 잘되어야 하겠습니다.
>
> → 선생님 하시는 일이 잘되셔야 하겠습니다.
>
> 그분이 딸이 또 있으신가?
>
> → 그분이 따님이 또 있으신가?

• 간접 높임이 이루어질 필요가 없는 경우에 간접 높임이 사용되거나 간접 높임이 이루어져야 할 경우에 이루어지지 않으면 어색한 느낌을 준다.

> 예 과장님, 넥타이가 아주 멋지십니다.(×) (멋집니다.)
>
> 그분은 머리가 하얗게 세었다.(×) (세셨다.)
>
> 선생님께서도 감기가 들었다.(×) (드셨다.)

▶ 높임의 분별

• 말하는 이와 듣는 이, 주체의 상호관계를 잘 따져서 높임이 이루어져야 한다.

> 너 선생님이 빨리 오래 → 너 선생님께서 빨리 오라셔.
> ('오라셔'는 '오라고 하셔.'의 준말로, '오라고'의 주체가 선생님이므로 주체 높임 선어
> 말어미인 '-사-'를 써야 한다. '오시래'로 바꿀 경우는 '오다'의 주체─(오라고 한 것은
> '선생님'이고 선생님의 말씀을 듣고 와야 할 사람은 '너'이다.)─인 '너'를 높이는 말이
> 되므로 잘못된 표현이 된다.)
>
> ○○야, 선생님께서 오시랜다. → 선생님께서 오라고 하신다.
> ('오시랜다'는 '오시라 한다'의 준말로서 ○○를 높이는 형태이므로 적절치 못하다.)

• 높일 필요가 없는 대상을 과도하게 높이면 오히려 어색한 느낌을 준다.

> 이번 주 금요일 아침 10시에 <u>사장님실</u>에서 회의가 있습니다. → 사장실
> (직함에 '-님'을 붙이는 것은 호칭어나 지칭어에서만 가능하다.)
>
> <u>주부님들의</u> 고민을 말끔히 해결해 드립니다. → 주부들의

③ 압존법

문장의 주체가 화자보다 높더라도 청자보다 낮으면 '시'를 쓰지 않는 것이 주체
높임의 제약이다.

> 할아버지, 아버지께서 지금 오셨습니다. → 할아버지, 아버지가 지금 왔습니다.
> 아버지, 둘째 형이 오늘 서울에 도착하신대요. → 도착한대요.

압존법은 가족이나 사제지간 같은 사적인 관계에서는 적용될 수 있지만 직장에서
는 적용되지 않는다.

사장님, 이 과장 어디 갔습니까?(평사원이 말할 때)(×)
→ 사장님, 이 과장님 어디 가셨습니까?(○)
총무과장이 이 일을 했습니다.(평사원이 부장에게 말할 때)(×)
→ 총무과장님이 이 일을 하셨습니다.(○)

반면, 말하는 이가 '이 과장'이나 '총무과장'보다 윗사람이라면 위의 경우가 옳다. 왜냐하면 아랫사람이나 동료에 대해 말할 때는 듣는 사람에 상관없이 높임이 이루어지지 않기 때문이다.

④ 특수 어휘에 의한 높임법

'계시다, 잡수시다, 주무시다, 편찮으시다, 돌아가시다'로 주체 높임이 실현되기도 한다.

▶ 있다, 없다의 경우

'있다'의 주체 높임 표현은 '-(으)시'가 붙은 '있으시다'와 특수 어휘 '계시다'의 두 가지가 있는데 이 둘의 쓰임이 같지 않다. '계시다'는 화자가 주어를 직접 높일 때 사용하고 '있으시다'는 주어와 관련된 대상을 통하여 주어를 간접적으로 높일 때 사용한다. 전자를 직접 높임, 후자를 간접 높임이라 한다.

• 직접 높임의 경우 : 계시다, 안 계시다
• 간접 높임의 경우 : 있으시다, 없으시다

거기에 아버지께서 있으셨다. → 아버지께서 계셨다.
주례 선생님의 말씀이 계시겠습니다. → 주례 선생님의 말씀이 있으시겠습니다.
(주례 선생님께서 말씀하시겠습니다.)
그분은 9층에 볼일이 계시다. → 그분은 9층에 볼일이 있으시다.
그분은 두 살 된 따님이 계시다. → 그분은 두 살 된 따님이 있으시다.
궁금한 점이 계시면 전화로 문의해 주십시오. → 궁금한 점이 있으시면 전화로 문의해 주십시오.

아버지 무슨 고민 계세요? → 아버지 무슨 고민 있으세요?

다른 의견이 있으신 분은 안 계십니까?

⑤ 객체 높임법

말하는 이가 문장의 목적어나 부사어에 해당하는 대상, 즉 서술의 객체를 높이는 방법으로 현대 국어에서는 그 쓰임이 매우 한정되어 있다. 주로 동사(여쭙다, 모시다, 뵙다, 드리다)나 조사('에게' 대신 '께' 사용)에 의해 실현된다.

혜교는 그 책을 선생님에게 주었습니다.

→ 혜교는 그 책을 선생님께 드렸습니다.

동건이는 모르는 내용을 선생님에게 물어보았다.

→ 동건이는 모르는 내용을 선생님께 여쭈어보았다.

▶ 주의해야 하는 높임표현

모든 용언에 '-시-'를 넣는 것이 항상 자연스럽지는 않으므로 대체로 문장의 마지막 용언에 '-시-'를 넣는다.

예 할머니께서 신문을 읽으시고(→ 읽고) 계십니다.

• 깍듯이 존대해야 할 사람에게나 공식적인 자리에서는 '해요'체의 말을 쓰지 말아야 한다.

예 선생님, 제가 했어요. → 했습니다.

사장님, 도와주셔서 고마워요. → 고맙습니다.

밥의 높임말인 '진지'는 가정에서 주로 쓰이고 직장이나 사회에서는 일반적으로 '식사'라는 말을 더 사용한다. 그러나 사실 '식사'라는 말은 '밥 먹는 일'의 뜻을 지닌 일본말에서 온 것으로 그 자체에 높임의 의미는 없기에 '점심'이나 '저녁'을 쓰는 것이 좋다.

예 아빠, 식사하세요. → 아버지 진지 잡수세요.

부장님, 식사하셨습니까? → 부장님, 점심 잡수셨습니까?

선생님, 저녁 식사하셔야지요? → 선생님, 저녁 드셔야지요?

• '수고나 당부, 야단, 평안히'라는 말은 윗사람에게 쓰면 실례되는 말이다.

예 선생님, 수고하세요. → 선생님, 저 먼저 갑니다.

아주머니, 수고하셨습니다. → 아주머니, 고맙습니다.

(윗사람에게 '수고하세요. 수고하십시오.'처럼 명령형으로 쓰는 것은 잘못이지만 '수고하셨습니다. 수고가 많으셨습니다.'라는 말은 예의에 어긋난 표현이라 보기에 어렵다는 의견도 있다.)

제가 어머니께 당부드렸어요. → 부탁드렸어요.

그동안 평안하셨습니까? → 그동안 안녕하셨습니까?

아버지에게 야단을 맞았다. → 아버지에게 걱정(꾸지람, 꾸중)을 들었다.

• 객체나 주체를 존대하는 어휘들은 잘 가려 써야 한다. 예를 들어 '말씀'은 '말'의 존대어이면서 자신을 낮추는 겸양어이기도 하다.

예 선생님께서 말씀하셨습니다.

선생님, 제가 말씀드리겠습니다.

• 나라는 '나'에 의해 대표될 수 없는 절대적인 집단이므로 낮추어 말할 수 없다.

예 저희 나라에는 문화 유적이 많습니다.

→ 우리나라에는 문화 유적이 많습니다.

• 아직까지는 우리말보다는 한자어가 높임의 의미가 더 강하게 인식되므로 꼭 높여야 할 상대에게는 어휘에 따라 적절한 한자어의 사용이 필요하다.

예 할아버지께서는 이가 좋지 않으시다.

→ 할아버지께서는 치아가 좋지 않으시다.

선생님의 이름을 좀 알려주십시오.

→ 선생님의 존함(尊銜)을 좀 알려주십시오.

167

바. 전화매너

　예고 없이 찾아오는 전화는 고객의 얼굴이나 상황이 보이지 않는 만남이다. 전화받는 태도나 목소리에 의해 모든 첫인상이 결정되고 이때 형성된 첫인상은 회사의 이미지로 굳어버린다. 그래서 좋은 느낌의, 잘 성장한 회사인지 아닌지를 판가름하는 잣대가 되기도 한다. 자신의 인격이자 회사의 품격인 전화의 매너와 에티켓을 알아야 한다.

　전화 응대는 얼굴을 보지 않고 이루어지기에 청각요소가 무려 82%를 차지한다. 음성으로만 소통이 이루어지기 때문에 음성관리의 중요성이 매우 크다. 밝은 목소리와 정확한 발음, 알맞은 속도로 말을 해야 한다. 또한 고객의 표정이나 태도, 상황을 알지 못하기 때문에 통화하면서 고객의 심리상태나 의사를 확인해야 한다. 긍정적으로 대응해야 하며 인사나 화법, 단어 선택에 유의해야 한다. 또한 전화 응대는 시간이나 비용이 소요된다. 그렇기 때문에 되도록 간결하게 통화해야 하며 대기시간이 오래 걸리는 경우 양해를 구하고 끊은 다음, 다시 전화를 거는 것이 좋다. 문서와 달리 증거를 남기기가 쉽지 않기 때문에 자신의 이름을 알리고 고객의 성명과 소속을 확인한다. 용건은 복창하며 확인하고 반드시 메모해서 전달한다.

1) 전화 응대의 3원칙

① 신속

- 가능한 벨이 울린 후 세 번 안에 받는다.
- 빨리 받지 못했을 경우에는 "늦게 받아 죄송합니다."라고 인사한다.
- 하던 일을 멈추고 왼손으로 수화기를 잡고 오른손에는 필기구를 준비한다.
- 상대방이 대기해야 하는 상황이 오면 상황을 설명한다.
- 대기가 길어질 때는 기다릴지 나중에 다시 전화할지 물어본다.
- 약속했던 시간보다 늦어질 경우에 중간보고를 해서 기다리지 않게 한다.

② 정확

- 고객의 용건을 정확히 파악한다.

- 누가, 언제, 어디서, 무엇을, 왜, 어떻게, 얼마나 등의 5W2H를 활용한 메모습관을 가진다.
- 중요한 용건은 복창하며 확인하고 메모한다.
- 이름이나 연락처 같은 정보는 반드시 확인하여 메모한다.
- 잘 모르는 일이거나 결정이 필요한 경우에는 성급히 대답하지 말고 책임자나 동료에게 조언을 구한다.
- 담당하는 업무나 회사와 관련된 정보를 알아둔다.
- 분명한 발음과 어미처리로 고객이 알아듣기 쉽게 설명한다.
- 통화 내용이 고객에게 잘 전달되었는지 확인작업을 하도록 한다.

③ 친절

- 전화받기 전에 좋지 않은 일을 겪었더라도 포커페이스가 되어야 한다.
- 밝은 표정과 목소리로 말한다.
- 본인소개, 고객이 원하는 정보 등은 천천히 설명한다.
- 고객의 말에 공감하며 친절하게 응대한다.
- 반말이나 낮춤말, 속어 등은 사용하지 않는다.
- 전체적인 분위기나 느낌이 통화품질을 결정하므로 친절하게 응대한다.
- 고객보다 먼저 끊지 않는다.

2) 통화 시 고려사항

① 시간고려

- 이른 아침시간이나 식사시간, 밤중에 전화를 거는 것은 피해야 한다.
- 중요한 용건으로 전화를 걸 때에는 시간이나 장소에 대해 사전에 양해를 구해야 한다.

② 상황고려

- 상대의 목소리가 유독 작거나 한참을 말하지 않는다면 일단 끊는다.
  "곤란하신 상황인 것 같으니 괜찮으실 때 전화 부탁드립니다."
  - 자신에게는 상대의 말이 들리지 않아도 상대는 자신의 목소리를 듣고 있을 수 있으니 아무 말도 하지 않고 끊는 것은 피해야 한다.
- 잡음이 심할 때는 양해를 얻은 후 끊고 다시 걸어야 한다.
  "전화 상태가 좋지 않습니다.(또는 잘 들리지 않네요.) 제가 끊고 다시 걸겠습니다."

③ 내용고려

- 용건은 잘 정리해 두었다가 순서대로 잘 말한다.
- 통화 중에 전달할 내용의 확인이 필요하거나 의사결정이 필요할 경우 송화기를 손으로 막고 조용한 목소리로 의사결정권자나 의견을 나눠야 할 상사 혹은 동료와 대화를 주고받아 신속하게 결론을 내린다.
- 송화기에 주먹이 하나 들어갈 만큼 간격을 두고 정확하게 전달한다.

3) 기본자세

① 준비자세

- 메모와 필기도구를 항상 준비한다.
- 전화는 왼손으로 받는다.
- 전화가 걸려오면 미소를 짓는다.

② 말할 때

- 명랑한 표정으로 말한다.(밝은 표정은 음성으로도 드러난다.)
- 밝은 음성과 정확한 발음으로 말한다.
- 적절한 속도를 유지한다.

- 강조할 부분에는 강조해 준다.
- 알아듣기 쉽게 설명한다.
- 전문용어는 사용하지 않는다.

③ 고객을 기분 좋게 하는 언어 표현법

명령형	권유/청유형
기다리세요/잠시만요. 전화드리겠습니다. ○○○하셔야 합니다.	잠시만 기다려주시겠습니까? 다시 전화드려도 괜찮으시겠습니까? 괜찮으시다면 ○○○해 주시겠습니까?
부정형	긍정적 표현
안 됩니다.	곤란합니다만, 혹시 다른 방법이 있는지 확인해 보겠습니다.
요조체	정중한 표현
지금 안 계시거든요~ ○○에 대해 알고 계시죠? ~하실래요?	지금 자리를 비우셨습니다. 알고 계십니까? 해주시겠습니까?

④ 들을 때

- 상대의 의견을 끝까지 듣는다.
- 통화 중 상대가 말할 때 끼어들지 않는다.
- 추임새나 맞장구로 잘 듣고 있음을 알려준다.

4) 상황별 전화 응대

① 상대를 기다리게 할 때

- 반드시 사과의 뜻을 밝힌다.
- 상황과 예상 시간을 말한다.
- 상대가 기다리지 않겠다고 할 경우에는 메모를 남겨준다.

② 다른 사람에게 연결할 때

- 상대에게는 연결해 줄 사람을 알리고 연결받을 사람에게는 상대의 요청을 인계한다.

"김 과장님 연결해 드리겠습니다. 혹시 전화가 끊어지면 ○○○−○○○○으로 걸어주시면 됩니다."
"○○건은 ○○부서 ○○ 대리가 담당합니다. 연결해 드리겠습니다.
잠시만 기다려주시겠습니까?"
"김 과장님, ○○건으로 ○○에서 전화가 왔습니다. 연결해 드릴까요?"

- 연결을 확인한다.

③ 담당자가 부재중일 때

- 상황을 설명하고 통화 가능 시간을 알린다.
- 메모 여부를 묻는다.
- 메모를 남겼을 시 담당자에게 전달한다.

부재중 메모에 들어갈 사항

To. ○○○

□□□님 전화 부탁하셨습니다.

내용 : ○○ 관련
연락처 : 010-123-4567

00/00, 00시

From. ○○○

④ 전화를 끊을 때

- 대화를 나눈 내용과 더 필요한 사항을 확인한다.
- 감사의 인사를 한다.
- 전화받은 사람의 경우 상대가 끊기 전에 먼저 끊지 않는다.
- 발신자가 먼저 끊는다.
  단, 상사나 고객과의 통화일 경우 상대가 먼저 끊은 것을 확인한 뒤 끊는다.

⑤ 손님이 있을 때 걸려온 전화

- "죄송합니다. 잠시만 기다려주십시오."라고 손님에게 양해를 구한다.
- 통화가 길어질 것 같으면 연락처를 물은 후 끊는다.
  "손님이 와 계십니다. 잠시 뒤 전화를 드리겠습니다."

⑥ 잘못 걸려온 전화

- "전화를 잘못 거신 것 같습니다."라고 정중히 응대한다.

⑦ 회의 중에 걸려온 전화

- 급한 상황이 아니면 전화연결을 하지 않는 것이 좋다.
  상대에게 끝나는 예정시간을 알려주거나 메모를 받아준다.
- 사전지시가 있었을 경우에는 바꿔준다.

⑧ 전화가 도중에 끊겼을 경우

- 발신자가 다시 건다.
  상대가 고객이나 거래처일 경우는 전화를 받은 경우라도 다시 건다.
  "전화가 끊겨 죄송합니다."라고 사과 후 통화한다.

⑨ 전화 걸기

- 용건, 순서 등을 정리하고 통화준비를 한다.
  육하원칙, 필요 자료, 상대의 번호 확인 등

173

- 상대가 받으면 자신을 밝히고 상대를 확인한다.

  "안녕하십니까? ○○회사 ○○부 ○○○입니다. ○○○님이시죠?"

- 간단한 인사말을 한 후 용건을 말한다.

  "식사는 맛있게 하셨어요? 다름 아니라 ○○○건으로 전화 드렸습니다."

- 다른 사람이 받은 경우

  "아, 이 건은 ○○○ 부장님과 통화를 해야 하는군요.

  혹시 메모를 부탁드려도 되겠습니까?"

- 끝맺음 인사를 한 후 수화기를 내려놓는다.

⑩ 전화 받기

- 왼손으로 수화기를 즉시 든다.

- 인사와 함께 소속과 이름을 밝힌다.

  "안녕하십니까. ○○부의 ○○○입니다."

- 상대를 확인하고 용건을 들으며 메모한다.

  "○○○ 과장님은 지금 자리에 안 계신데요. 2시쯤 돌아오실 예정입니다.

  메모를 남겨드릴까요?"

  상대의 이름과 소속, 전화번호, 용건, 전화받은 시각 등을 메모해 전해준다.

- 통화 내용을 요약, 복창한다.

- 또 다른 용건이 있는지 확인한다.

  "혹시 더 말씀하실(추가하실) 내용이 있으신가요?"

- 끝맺음 인사를 한 후 상대방이 끊는 것을 확인하고 조용히 내려놓는다.

⑪ 피해야 할 태도

불필요하게 통화를 오래하거나 전화를 바꿔줄 때 오래 기다리게 하는 것, 사적인 질문을 하거나 대화 중 고객의 말을 중단시키는 태도는 고객에게 심한 불쾌감을 줄 수 있다. 무성의한 응대나 다른 업무를 하면서 통화하거나 문제 발생 시 다른 직원에게 책임을 전가하는 행동, 일방적으로 전화를 끊는 행위, 업무지식이 없어

여러 사람에게 전화를 돌리는 행위 등은 반드시 피해야 한다.

⑫ 고객 불만처리 전화

문의나 불만신고에 대한 고객의 전화가 걸려왔을 때 신속하고 공손하게 처리하는 것이 중요하다.

- 전화를 건 고객의 이야기를 경청한다. 전화를 건 고객의 기본적인 목적은 누군가가 자신의 말을 들어주는 것이다.
- 전화를 건 고객의 말투나 요구사항, 불만토로와 상관없이 고객을 존중하고 공손하게 대한다.
- 적절한 때 관심이나 유감, 도움을 주려는 마음가짐을 보인다. 분명하고 진실되게 말한다.
- 고객의 성함을 부르며 친근하게 다가간다.
- 고객이 요구사항을 꺼냈을 때는 세부사항에 대해 질문을 한다. 이때 꼬치꼬치 캐묻는 느낌이 아니라 당신에게 도움을 주려고 한다는 느낌을 전달한다.
- 고객이 사용한 언어를 사용하여 질문이나 문제를 정확하게 해석했는지 고객에게 확인한다.
- 해결책을 제시한다. 왜 그런 해결책을 드린 건지 설명하고 고객이 납득했는지 확인한다.
- 이름과 연락처를 알려주고 사후 조치가 필요한 경우에 대해 안내한다. 다른 사람과 통화하고 싶다고 이야기하면 관련 부서를 연결해 준다.
- 마지막으로 이번 통화에 대해 만족하는지를 확인하고 따뜻하고 친절한 말로 마무리한다.

5) 휴대전화

- 근무시간에는 휴대전화를 매너모드로 전환하거나 전원을 꺼둔다.
- 전화를 먼저 건 사람이 먼저 끊는 것이 원칙이나 상사와 통화한 경우에는 상사가 먼저 끊은 것을 확인하고 끊어야 한다.

- 문자메시지

받는 사람과 자신의 이름을 적어 보낸다.

  '○○ 과장님 안녕하십니까. ○○회사 ○○ 대리입니다.'

시간과 횟수를 가려서 보낸다.

상대에 따라 적절한 단어를 선택한다.

답신 메시지는 바로 보낸다.

사. 간호사로서 공감하는 대화매너

1) 고객을 사로잡는 대화매너

간호서비스 커뮤니케이션에 있어서 고객의 마음을 훔치는 말 한마디는 굉장히 중요하다. 건강을 회복하기 위해 병원을 찾은 고객의 경우, 간호사의 따뜻한 감성이 느껴지는 대화매너가 고객의 얼어붙은 마음을 녹일 수 있다. 지킬수록 서비스 제공자도 즐겁고 병원을 찾는 고객의 숫자도 늘어나는 대화매너를 알아보자.

모든 일이나 복잡한 일은 로봇이나 컴퓨터를 사용하면 되지만 사람을 상대하는 일은 바로 사람이 해야 한다. 기계나 컴퓨터가 대신해 줄 수 없으며 사람의 마음을 파고들어 감동을 심어주려면 바로 사람의 감성이 필요하다.

① 칭찬

▶ 칭찬의 효과

영화 〈늑대소년〉을 보면 음식을 본 소년(송중기)이 정신없이 먹기 시작하는 장면이 나온다. 이를 본 소녀(박보영)는 "기다려!"라고 단호하게 명령한다. 음식을 앞에 두고 배고픔의 본능을 참을 수 없는 소년이지만 먹는 것을 잠시 멈추고 소녀의 말이 떨어지기만을 기다린다. 소녀가 "먹어."라는 말을 한 후에야 다시 먹기 시작하는 소년에게 "아이고, 우리 철수 잘했어~~" 하고 머리를 쓰다듬어준다. 소년은 기다리는 법, 옷 입는 법, 글을 읽고 쓰는 법 등 소녀가 가르치는 것마다 빠르게 배워나간다. 그렇게 하나씩 인간세상에서 살아가는 법을 터득할 때마다 소년은 소녀에게 머리를 내민다. 쓰다듬어 달라고, 잘했다고 칭찬해 달라고… 칭찬은 고래도 춤추게 한다는 말이 있다. 칭찬은 상대의 자신감과 의욕을 불러일으키며 상대를 성장시킨다. 상대의 기분이 좋아지고 그 모습을 보는 자신도 기분이 좋아진다. 서로의 관계에 있어 분위기가 좋아지고 웃음이 늘어난다. 서로에 대한 이해와 배려가 많아지고 주위 사람에게 호감을 얻게 된다. 칭찬을 하다 보면 사람 보는 안목이 늘어나며 적극적인 인생관이 형성된다. 또한 상대는 칭찬에 보답하기 위해 더욱 노력하게 된다.

잠깐!

피그말리온 효과

그리스 신화의 피그말리온은 자신이 조각한 여인상과 사랑에 빠졌는데 그 사랑을 너무나 간절하게 원하였다. 그 모습에 사랑의 여신 아프로디테가 조각상에 생명을 불어넣어 주어 피그말리온은 그 여인을 아내로 맞이하게 되었다. 이렇듯 타인에게 긍정적인 기대를 받은 경우 그 사람의 기대에 부응하기 위해 노력한 결과 실제로 이루어지는 효과를 뜻한다.

로젠탈 효과

하버드대 심리학과 로버트 로젠탈 교수는 샌프란시스코 한 초등학교에서 무작위로 선택된 학생들의 명단을 교사에게 주며 지능지수가 높은 학생들이라고 말했다. 교사는 머리 좋은 학생들을 더욱 칭찬했고 8개월 뒤 명단 속 학생들은 다른 학생들보다 평균 점수가 높아졌다.

스티그마 효과

'스티그마'는 뜨겁게 달군 인두로 가축에게 낙인찍는 것을 말한다. 그래서 낙인효과라고 한다. 부정적인 태도나 선입견을 느끼게 되면 그에 맞게 반응한다는 것이다. 신입사원에게 일처리를 못하는 한심한 사람이라고 계속 이야기하면 그 신입사원은 자신이 정말 한심한 사람이라 믿게 되어 매번 일처리를 못하게 된다.

각인 효과

오스트리아 학자 콘라드 로렌츠(Konrad Lorenz) 실험에 의해 밝혀진 효과로 인공부화로 깨어난 새끼오리들이 처음 보는 사람이 어미인줄 알고 졸졸 따라다니게 되는데 이를 각인효과라고 한다. 서로의 행동을 따라하게 된다는 '상호 각인 효과'도 후속연구결과로 나온 바 있다. "고마워.", "미안해.", "사랑해." 등을 습관적으로 말을 하면 상대도 자신도 모르게 "고마워. 미안해. 사랑해."를 한다. 하지만 불평과 불만을 일삼으면 상대는 힘이 빠지고 그 순간 불만과 불만이 생겨난다.

▶ 칭찬의 법칙

첫째, 구체적으로 한다.

"아름다우시네요."라고 말하는 것보다 "오늘 립스틱 색상이 정말 잘 어울리시네요."라고 표현해야 한다. 두루뭉술하게 표현하면 무엇에 대한 칭찬인지 알 수가 없고 자칫 잘못하면 아부로 보이기도 한다. 상대의 행동이나 구체적인 면을 칭찬하면 상대 자체를 칭찬하는 효과도 함께 누릴 수 있다.

둘째, 즉시, 과감하게 한다.

칭찬은 바로바로 해야 한다. 미리 연습해 두었다가 표현할 수 있는 순간에 과감하게 해야 한다. 즉시 칭찬을 하지 않고 마음만 간직했다가 오랜 시간이 지난 뒤에 칭찬하면 100%의 효과를 기대할 수 없다. 또한 상대는 칭찬하는 사람의 진심을 알지 못할 것이다. 아껴둔 초콜릿은 시간이 지나면 녹기 마련이다.

셋째, 온몸으로 한다.

단순히 말로만 칭찬하면 형식적인 칭찬이라 느낀다. 이렇게 건성으로 하는 칭찬은 오히려 무관심의 표현으로 느껴진다. 상대에 대한 호감과 애정을 담아 진심으로 칭찬해야 한다. 진심을 온몸으로 표현해 보자. 눈동자가 커지고 표정이 환해지면서 따뜻한 목소리로 칭찬하면 고객의 마음이 달라진다.

넷째, 공개석상에서 한다.

고객을 칭찬할 때는 고객이 앞에 있을 때 칭찬하는 것이 효과적이다. 나아가 제3자나 회의나 회식 등 공개석상에서 칭찬하는 것이 좋다. 여러 사람들의 축하나 덕담까지 듣게 되면 자신감이 생겨 더더욱 좋은 모습을 보인다. 뿐만 아니라 함께한 사람들도 환기효과를 받아 좋은 행동을 하기 위해 노력한다.

마지막으로 제3자에게 칭찬하거나 간접칭찬을 한다.

제3자를 만났을 때도 고객에 대해 칭찬하는 것이 좋다. 제3자를 통해 칭찬을 듣게 되면 보이지 않는 곳에서도 칭찬을 한 자신의 인격이 높아진다. 또한 소문이나 남의 이야기를 인용해 간접칭찬을 한다. "벌써 소문이 다 나셨어요.", "칭찬이 자자하시던데요."라고 하면 고객은 더 객관적인 평가이자 두 명 이상에게 동시에 칭찬을 받은 효과를 누리게 된다.

② **효과적인 칭찬방법**

▶ 대담 칭찬법

대담하게 칭찬한다.

"머플러가 정말 세련되고 멋있네요. 역시 상품 고르시는 안목이 탁월하세요."

▶ 단순 칭찬법

사실 그대로, 본 대로, 느낀 대로 칭찬한다.

"머리 자르셨네요. 훨씬 젊어 보이세요."

▶ 호칭 칭찬법

호칭을 높여준다.

"사장님", "박사님"

▶ 감탄 칭찬법

감탄사와 함께 온몸으로 칭찬한다.

"우~와!", "역시!"

감사의 힘!

한 소녀가 산길을 걷다가 나비 한 마리가 거미줄에 걸려 바둥대는 것을 발견했다. 가시덤불을 헤치고 들어가 거미줄에 걸려 있던 나비를 구해주었다. 나비는 춤을 추듯 훨훨 날아갔지만 소녀의 팔과 다리는 가시에 찔려 붉은 피가 흘러내렸다. 그때 멀리 날아간 줄 알았던 나비가 천사로 변하더니 소녀에게 다가왔다. 천사는 자기를 구해준 은혜에 감사하면서 무슨 소원이든 한 가지를 들어주겠다고 했다.

"이 세상에서 가장 행복한 사람이 되게 해주세요." 그러자 천사는 소녀의 귀에 속삭이고 사라졌다.

소녀는 자라서 어른이 되고 결혼해서 엄마가 되고 할머니가 되도록 늘 행복하게 살았다. 그의 곁에는 언제나 좋은 사람들이 있었고 행복하게 살아가는 그녀를 사람들은 우러러보았다. 세월이 흘러 예쁜 소녀가 백발의 할머니가 되어 임종을 앞두게 되었다. 사람들은 평생 행복하게 살 수 있었던 비결이 무엇인지 물었다.

할머니는 웃으면서 입을 열었다. "그때 천사가 내 귀에 이렇게 속삭이는 거야. 구해줘서 고마워요. 소원을 들어드릴게요. 무슨 일을 당하든지 감사하다고 말하면 평생 행복하게 될 거예요."

"그때부터 무슨 일이든지 감사하다고 중얼거렸더니 정말 평생 행복했던 거야. 사실 천사가 내 소원을 들어준 게 아니야. 누구든지 만족할 줄 알고 매사에 감사하면 세상은 우리에게 행복을 주지."

③ 간호사로서 칭찬과 감사

의료서비스에 대한 고객의 기대와 수준이 높아지다 보니 질 좋은 간호서비스가 당연하게 여겨지고 있다. 그래서 간호사의 긍정적인 사기진작이 거의 부재하다. 잘했을 때 주어지는 보상보다는 잘하지 못했을 때 돌아오는 화살이 훨씬 크기 때문에 간호서비스를 제공하면서 많은 고충을 겪게 된다.

간호사는 팀을 이루어 일하며 동료들과 이루는 적절한 팀워크는 훌륭한 간호서비스를 만든다. 업무성과를 높이는 최고의 동기부여는 바로 동료들의 칭찬과 인정이다. 스스로 그리고 동료에 대해서 만족하면(이를 내부고객에 대한 만족이라고 한

다) 업무성과가 좋아지고 애사심이나 충성도가 높아진다. 그렇게 팀워크를 활성화시키고 조직에 시너지를 향상시킬 수 있는 것이다. 무엇보다 간호사 스스로 그리고 동료들에게 칭찬과 감사표시를 자주 듣게 되면 간호서비스를 더 잘하고 싶다는 마음이 든다. 나아가 중요한 가치를 공유하게 되면 소통 부족으로 인한 실수가 줄어들고 간호사의 안심과 만족감으로 이어진다.

2) 유머

① 유머의 효과

유머는 남을 웃기는 말이나 행동으로 '우스개', '익살', '해학'을 뜻한다. 고대 그리스 의학용어로서 체액을 뜻하는 후모르(Humor)라는 라틴어에서 유래됐는데 몸속에 흐르는 체액의 혼합비율에 따라 그 사람의 성격이나 체질이 정해진다는 것이다. 『최고경영자처럼 생각하는 법』을 쓴 데브라 벤턴(Debra Benton)은 최고경영자들의 성공 비결은 '재미있게 이야기하는 유머 감각'이라고 했다. 위대한 학자인 아인슈타인도 유머 감각이 뛰어난 인물이었다.

또한 2006년 삼성경제연구소가 세리 CEO회원들을 대상으로 설문한 결과, 631명 중 77.4%가 유머가 채용여부에 긍정적인 영향을 미친다고 대답하였다. 유머가 시너지효과를 창출한다고 생각하기 때문이었다.

히브리어로 '호프마'란 단어는 '유머'와 '영특한 지혜'를 동시에 의미한다. 지혜로운 자만이 진정한 유머를 할 수 있다.

유머의 효과

• 유머는 커뮤니케이션을 자연스럽고 매끄럽게 한다.
• 사람들을 여유 있게 리드할 수 있다.
• 정보를 즐겁게 전달할 수 있다.
• 받아들이는 사람이 쉽고 오래 기억한다.
• 어색하거나 부정적인 상황을 긍정적으로 전환하는 힘이 있다.

심리학자 빅터 프랭클은 유머를 인간만이 가지고 있는 신의 선물이자 특권이라고 했다. 사람의 얼굴 표정근육이 많은 것도 맘껏 웃으라는 게 아닐까? 미국의 한 통계에 따르면 인간이 70년을 산다고 가정할 때 하루 5분 정도 웃으면 평생 웃는 시간은 88일 정도밖에 되지 않는다. 일하는 시간이 26년, 차 타는 시간이 6년, 씻거나 누군가를 기다리는 시간이 각각 3년인 것에 비하면 웃는 시간은 꽁장히 적은 시간이다. 유머를 통해 인생의 많은 순간을 웃는 시간으로 채워보는 건 어떨까.

유머를 받아들이는 각 나라 사람들의 자세
- 프랑스인 – 유머를 다 듣기도 전에 웃어버렸다.
- 영국인 – 유머를 끝까지 다 듣고 웃었다.
- 독일인 – 유머를 듣고 다음 날 아침에 웃었다.
- 일본인 – 그 유머를 잘 듣고 따라 했다.
- 중국인 – 유머를 다 듣고도 못 들은 척했다.
- 유대인 – 유머를 듣고 더 유머러스하게 만들어 기록한다.

3) 경청

탈무드를 보면 입이 하나이고 귀가 두 개인 이유는 말하는 것의 2배를 들으라는 의미라고 한다. 우리나라에도 "말을 배우는 데는 2년, 침묵을 배우는 데는 60년이 걸린다."라는 격언도 있다. 경청(敬聽)의 청(聽)에는 귀 이(耳)와 마음 심(心)이 함께 들어 있다. 귀로 소리만 들을 것이 아니라 마음으로 마음을 들어야 한다는 뜻이다. 이때 자신의 기준대로 판단하지 말고 먼저 들어야 한다. 사실과 판단은 엄연히 다르니 마음으로 상대의 말에 집중해야 한다. 이때 다른 생각을 하거나 말을 중간에 끊지 말고 충분히 기다려야 한다. 다 들은 후에는 상대의 말을 반복함으로써 확인하는 것이 좋다. 적절한 맞장구를 쳐줘야 한다. 카네기는 경청의 태도는 우리가 다른 사람에게 나타내 보일 수 있는 최고의 찬사 가운데 하나라고 했다.

① 경청의 종류

나 중심 경청	결국 자신의 이야기로 화제가 전환된다. "고생했네. 하지만 사정이 좋지 않아서 나도 많이 애쓰고 있다네."
상대 중심 경청	상대에게 집중해서 원만한 대화가 이루어진다. "고생이 많았지? 자네의 능력은 역시 탁월하군."
가치 중심 경청	신뢰와 존경이 쌓인다. "고생이 많았네. 역시 해낼 줄 알았어. 이번에도 부탁하네. 혹시 도와줄 일이 있으면 언제든 내게 말하게."
사이비 경청	배우자 경청이라고도 한다. 가장 낮은 수준의 듣기로서 텔레비전이나 책을 보며 대충 듣거나 말을 가로막는 형태로 흔히 가까운 사이, 가족 중에서도 배우자 사이에서 가장 많이 일어난다. "알았어. 알았다니까." "잠깐만. 조용히 해." 혹은 한쪽 귀로 흘리고 있기 때문에 엉뚱한 순간에 대답하기도 한다.
선택적 경청	듣고 싶은 말만 듣는 것이다. 관심 있는 이야기를 하면 주의 깊게 듣고 화답하지만 지루하거나 무관심한 주제의 이야기를 하면 다른 생각에 빠져든다. 대화의 방향을 바꾸기도 한다.
소극적 경청	상대의 말에 귀 기울이고 있는 그대로를 받아들인다. 하지만 상대가 말하도록 두고 어떤 움직임이나 공감도 일어나지 않는다. 가끔 "아", "음"과 같은 말만 한다. 결국 대화는 더 이어지지 않는다.
적극적 경청	주의를 집중하고 공감하는 경청이다. 눈을 맞추고 고개를 끄덕이며 "아. 그렇군요. 그래서 어떻게 됐나요?"와 같이 맞장구를 치면서 듣는다. 말하는 사람은 더욱 신이 나서 마음을 열고 말할 것이다.
맥락적 경청	말의 내용만이 아니라 의도나 맥락, 감정을 충분히 파악하고 이해한다. "커피 마실래?" "음…, 커피 마시면 잠이 안 오겠지?" 이 답에는 두 가지 의도가 숨어 있다. 하나는 내일 중요한 일이 있든가 해서 잠을 자면 안 되는 상황으로 커피를 마셔서 잠을 자지 않겠다는 의도이다. 다른 하나는 잠을 자고 싶으니 이를 방해하는 커피는 마시지 않겠다는 의도이다.

② 훌륭한 경청자의 특징

미국의 경영학자 피터 드러커는 "가장 중요한 커뮤니케이션 능력은 상대방이 말하지 않는 것을 듣는 것이다."라며 맥락적인 경청을 강조했다. 또한 "말하는 것은 지식의 영역이고 듣는 것은 지혜의 영역이다."라는 말도 있다.

- 아는 것이 많고 끊임없이 발전한다.
- 상대방을 인정한다.
- 공감할 줄 알고 긍정적이다.
- 백트래킹(Backtracking)으로 상대가 말을 하면 그 말에 호응하며 반복해 준다. "주말에 영화를 봤어요." "아~ 영화를 보셨군요!"

Family기법
• Friendly 마음을 열고 우호적으로 듣기 　　　　　　→ 공감하며 상대방의 니즈와 원츠 파악 • Attention 상대에게 주목하기 　　　　　　→ 스마트폰을 만지작거린다든가 한쪽 귀에 이어폰을 끼고 있다든가 눈을 감고 　　　　　　　있다든가 하지 말 것 • ME too 동의나 공감의 표시 　　　　　　→ 고개를 끄덕거림, 눈빛이나 표정 • Interest 흥미를 보이고 긍정의 반응으로 맞장구치기 　　　　　　→ "아 ~라는 거구나.", "그래서 어떻게 됐어?" 　　　　　　　상대의 말을 반복하거나 뒤의 상황이나 결과를 궁금해한다. • Look 눈맞춤 기억하기 　　　　　　→ 클린턴 대통령은 대화할 때 눈맞춤으로 온 우주의 중심이 상대에게 있는 　　　　　　　듯한 느낌을 선사한다며 기자들이 놀랐다고 한다. • You 바로 당신! 　　　　　　→ 대화를 나누는 상대방이 중심이라는 것을 몸소 보여준다.

경청지수 진단(O, X)

1. 상대를 이미 잘 알고 있더라도 선입견을 갖지 않고 상대의 말을 잘 들으려고 한다.(O X)
2. 상대의 말이 어렵거나 관심 없는 내용일지라도 집중하며 계속 듣는다.(O X)
3. 상대의 말이 답답하거나 나의 생각과 일치하지 않더라도 중간에 자르거나 막지 않는다.(O X)
4. 상대의 한풀이성 수다에 당장 해결책을 내놓으려 하기보다는 끝까지 잘 들어주는 편이다.(O X)
5. 상대가 나에 대한 지적이나 비판을 할 때 즉시 변명하기보다는 우선 상대방의 의견을 조용히 경청하고 이야기가 끝날 때까지 참고 기다리는 편이다.(O X)
6. 상대에 대한 개인적인 감정보다는 상대방이 지금 말하는 내용에 더 집중한다.(O X)
7. 대화 시 눈 맞춤, 표정, 제스처 등을 통해 상대의 말에 경청하고 있음을 긍정적으로 표현한다.(O X)
8. 대화 시 상대가 말한 내용을 기억하기 위해 노력한다.(O X)
9. 상대의 말 이외에 신체적 반응을 통해서도 감정이나 기분상태를 눈치챌 수 있다.(O X)
10. 상대가 말한 내용에 대한 판단을 내리기 전에 우선 그 의견 자체를 진심으로 수용하고 공감하려 노력한다.(O X)

결과 분석 O표 * 10점

점수가 높을수록 경청 능력이 좋은 것이다. 내가 잘하고 있는 부분과 좀 더 신경써야 할 부분은 무엇인지 살펴보자.

출처 : 성공하는 직장인의 7가지 대화법, 정경진, 크레듀하우

③ 맞장구 잘 치는 방법

- 타이밍을 맞춰라!

  즉시, 즉각적인 반응으로 흥을 돋워주어라.

- 온몸으로 맞장구쳐라!

  눈동자가 커지고 표정이 달라지는 등 몸짓언어를 동반하라.

- 짧은 감탄사를 사용하라!

  "우와~", "저런~", "어머!" 등의 감탄사를 연발하라.

- 교묘하게 맞장구를 쳐라!

  긍정적인 말에만 맞장구를 치고 부정적인 말에는 조용하라.

- 고객의 말을 반복해 줘라!

  "이런 말씀이시죠?", "아, 그거 말씀이군요." 하면서 고객의 말을 중간중간 확인한다.

4) 갈등을 해소하는 대화법

① I-Message

- 자신을 주어로 해서 진실한 감정을 솔직하게 표현하는 의사소통기술이다.
- 아무리 잘못한 사람이라도 비난의 화살에 언짢아지는데 '나' 전달법은 상대의 반감이 사라지는 효과가 있다.
- You message는 상대에 대해 단정 짓고 평가해서 비난이나 비판이 될 확률이 높다. 그래서 상대의 반감을 산다.

You message	"너 왜 자꾸 음악을 크게 틀어놓니?" 반감(○)
I message	"음악소리가 너무 커서 업무에 집중할 수가 없어.
	오늘 마감기한이라 걱정이 돼.
	소리 좀 줄여줬으면 좋겠어." 반감(×)

- '나' 전달법의 단계는 행동 – 영향 – 감정 또는 영향 – 행동 – 감정의 순서로 이루어진다. 마지막에 바람을 말하기도 한다.
  - 행동 : 상대의 행동을 비난이 섞이지 않는 객관적인 표현으로 설명
  - 영향 : 그 행동이 주는 영향을 밝히는 것
  - 감정 : 상대의 행동에 대해 느끼는 감정표현
  - 바람 : 상대가 어떻게 해주면 좋겠다는 자신의 바람 언급

"음악소리가 너무 커서(행동) 업무에 집중할 수가 없어.(영향)
오늘 마감기한이라 걱정이 돼.(감정) 소리 좀 줄여줬으면 좋겠어.(바람)"

"오늘이 마감기한인데 집중할 수 없을 만큼(영향) 음악소리가 너무 큰 것 같아.(행동)
내가 좀 초조한데(감정) 소리 좀 줄여줄래?(바람)"

5) 피해야 하는 말

'절대로', '결코'와 같은 극단적인 말에 고객은 화가 나고 '항상', '언제나'와 같은 통상적인 말에 믿음을 갖지 못한다. 또한 고객중심 용어로 바꿔서 표현해야 한다.

고객용어로 바꾸기

기업 중심 용어	고객 중심 용어	적용
세금 징수	세금 납부	세무서
표 파는 곳	표 사는 곳	공연장
외환 매도율	(달러) 사실 때	은행
현금 자동 지급기	현금 자동 인출기	은행
지급 이자	받는 이자	은행
특별 보급 가격	특별 구입 가격	백화점
무엇을 드릴까요?	무엇을 드시겠습니까?	식당

6) 레어드 화법

상대방이 정중한 응대를 받고 있다는 느낌을 받게 하는 화법을 말한다. 명령형을 청유형이나 의뢰형으로 바꾸어 조심스럽게 물어보듯이 한다.

"잠시만요." → "잠시만 기다려주시겠습니까?"
"메모 남기세요." → "메모 남겨주시겠습니까?"
"빈칸 채우세요." → "여기 빈칸을 채워주시겠습니까?"

7) 아론슨 화법

긍정의 내용과 부정의 내용을 같이 말해야 할 경우 부정의 내용을 먼저 말한 후에 긍정의 내용을 말하는 화법이다. 대부분 듣는 사람을 생각해서 긍정의 내용을 먼저 말하고 부정의 내용을 뒤에 말하는데 이럴 경우 긍정의 내용이 부정의 내용에 묻히고 만다.

상대가 의사결정이 필요한 경우이거나 상대를 설득해야 할 때 아론슨 화법을 사용하는 것이 좋다. 업무보고를 하는 경우에도 부정적인 내용을 보고한 뒤 긍정적인 내용을 보고하면 전체적으로 업무의 긍정적인 면이 부각된다.

> "이 카메라는 최고급 사양인데 가격이 너무 비싸."
> → "가격은 너무 비싸지만 최고급 사양임에 틀림없어."
>
> "이번 시제품이 시장점유율 1위를 차지했습니다. 하지만 경기침체 등 전반적인 사항으로 순이익이 높지는 않습니다."
> → "경기침체로 순이익이 높지는 않습니다. 하지만 이번 신제품이 시장점유율 1위를 차지했습니다."

8) YES-BUT 기법

• 상대가 자신과 의견이 다를 때 감정이 상하지 않게 말하는 화법이다.
• 거절을 하거나 의견이 다를 때에도 "아니오, 안 됩니다."라고 딱 잘라 말하는 것은 좋지 않다. "네, 이유제시＋대안제시"를 하는 것이 좋다.
• 이견이더라도 먼저 공감을 하고 자신의 생각을 제시하면 상대의 마음이 너그러워진다.
• 언쟁이 생기지 않기 때문에 서로 다름을 인정하고 수용할 수 있다.

> "아닙니다. 제가 조사한 바에 따르면…"(×)

> "네. 좋은 의견 감사합니다.
> 말씀해 주신 점도 충분히 이해가 됩니다.
> 그런데 제가 더 자세히 조사해 본 결과는…"(○)

9) 쿠션 화법

부탁을 해야 하거나 부정적인 말을 해야 할 때 쿠션과 같은 완충 역할로 부드러운 말을 먼저 하는 것이다. '바쁘시겠지만, 괜찮으시다면, 번거로우시겠지만, 힘드시겠지만, 죄송하지만' 등의 쿠션어가 있다. 쿠션어의 가장 좋은 활용은 호칭 - 쿠션어 - 청유형(의뢰형)의 순서이다.

> "기다리세요." → "바쁘시겠지만 잠시만 기다려주시겠습니까?"
> "모르겠는데요." → "죄송합니다만 그 부분은 제가 아직 파악을 못했습니다."
> "뭐라고요?" → "실례지만 다시 말씀해 주시겠습니까?"

10) 갈등관리

간호서비스 문제를 해결하는 동안 간호사들 사이에서 또는 다른 부서와의 갈등에 부딪히는 경우가 있다. 사실 갈등은 어디에나 있기 마련이다. 제품이나 시스템에 대한 불만족보다 사람에 대한 갈등이 생겼을 때 가장 힘들어한다. 문제는 해결하면 되지만 갈등은 관리를 잘해야 한다.

① 갈등에 부딪힐 때 간호사가 해야 할 행동

- 고객의 말에 귀를 기울인다.
- 고객의 부정적인 말에 흔들리지 않는다.
- 고객이 지나친 말을 할 때는 대꾸하지 않는다.

- 긍정적인 태도를 유지한다.
- 고객이 잘못일 경우에도 잘못을 증명하려고 애쓰기보다는 문제해결에 집중한다.
- 최선의 해결책을 찾는 데 집중한다.
- 고객이 욕을 할 경우에는 "고객님께서 화가 나셨다는 것을 잘 알겠습니다. 그러니 화가 나신 이유와 원하시는 해결책에 대해서만 말씀해 주십시오."

② 갈등을 만들지 않는 방법

- 고개를 자주 끄덕인다. 하지만 너무 자주 끄덕이는 것은 고객에게 대화를 빨리 끝내자는 신호가 될 수 있으니 적당히 한다.
- "네~, 그렇군요."라고 맞장구친다.
- 시선을 마주친다.
- 고객의 시간을 존중한다.
- 자신의 나쁜 기분을 고객 또는 다른 사람에게 전달하지 않는다.
- 단골고객을 미소로 맞이하고 그들의 이름을 기억한다.
- 경청한다.

③ 사용해서는 안 될 용어

- 이해하지 못하시는 것 같은데요.
- 우리 병원의 방침은 그렇지 않습니다.
- 저는 그렇게 해드릴 수 없습니다.
- 다음과 같이 하셔야 합니다.

④ 사과하기

간호사 자신이나 동료 또는 병원에서 고객에게 실수한 것을 알게 됐을 때는 즉시 사과해야 한다. 무조건적인 사과나 맹목적인 사과를 해서는 안 되며 실수나 잘못한 일에 대해 진심으로 사과해야 한다.

- 적극적으로 경청한다.
- 고객의 감정을 공감하고 인정한다.
- 고객에게 마음을 쓰고 있다는 사실을 표현한다.
- 고객에 대한 관심과 배려를 보여준다.
- 문제점을 신속하게 확인한다.
- 잘못을 시인할 때는 즉시 사과한다.
- 감정적으로 대하지 않는다.
- 문제를 해결할 기회를 가질 수 있는지 물어본다.
- 어떻게 해결해 드리면 좋을지 묻는다.
- 해당 문제에 대한 잘못이 없을 때도 문제의 진단과 해결에 함께함을 말한다.
- 지속적인 방문을 요청하며 더 좋은 서비스를 약속한다.

⑤ 불만응대 시 사용하면 안 되는 화법

"병원방침이라 저도 어쩔 수 없습니다."
"이해를 잘 못하신 듯합니다."
"저한테 왜 그러세요?"
"전 그런 말 또는 제스처 한 적 없습니다."
등의 화법으로 고객의 감정을 악화시키면 안 된다.

⑥ 중요한 두 번의 질문 작업

고객이 어떤 요구사항에 대해 이야기하거나 질문을 했을 경우에는 첫 번째 확인 작업을 통해 고객의 니즈를 정확하게 파악하고 서비스를 제공하는 간호사 스스로 답변을 정리해야 한다. 정리된 답변이나 어떤 의사결정에 대한 내용을 전달하면 답변에 만족하는지, 또 다른 요구사항은 없는지 꼭 확인해야 한다.

문제 해결과정에서 그 문제에 대한 해결책을 결정하는 소요시간도 또 하나의 문제가 된다. 사실 고객의 불평이나 요구를 듣자마자 정답을 내리기는 쉽지 않다. 하지만 수초 또는 수분 동안 아무런 말을 하지 않으면 새로운 불만이 시작된다. 방송에서도 7초간 말이 없으면 방송사고라고 한다. 고객의 이야기를 잘 듣고 질문을 하면서 편안하게 대화로 이끈 후 해결책을 제시해 줘야 한다. 바로 해결책을 제시하지 못하더라도 대화가 끊겨서는 안 된다.

"죄송하지만 잠시만 기다려주시겠습니까?"
"확인하는 데 몇 분 정도의 시간이 소요될 것 같습니다. 기다려주시겠습니까?
아니면 제가 확인 후 바로 전화를 드릴까요?"

위험을 무릅쓰거나 어떤 입장을 표명하는 것을 꺼리거나 반대로 성급한 결정을 내리는 경우도 있으니 주의해야 한다.

⑦ 사후추적(Follow Up)

의사결정을 하고 문제해결을 한 후에는 이후 상황이 잘 되어가는지 확인을 해야 한다. 해결책을 제시했는데 효과가 없었다면 2차 불만을 넘어 병원을 떠날 수 있다.

⑧ 관계 회복 화법

• 잘못을 솔직하게 인정하고 사과한다.
  솔직하게 인정하고 사과하면 상대의 화도 누그러진다. 하지만 무조건 잘못했다는 저자세나 무엇이 화난지도 모른 채 잘못했다는 태도는 좋지 않다. 또 핑계를 대거나 변명하는 것도 오히려 화를 돋운다. 상대가 화난 자신의 행동이나 상황에 대해 분명하게 알고 사과해야 한다. 무엇보다 실수를 알아차린 즉시 대화를 시작한다.

"그 점을 내가 미처 확인하지 못한 것 같아. 미안해."
"제가 실수한 것 같습니다. 죄송합니다."

192

- 분노의 감정에 공감한다.

  틀에 박힌 말이나 감정이 없는 목소리 등 형식적으로 사과하면 상대는 더 기분이 나빠질 수 있다. 사과 이전에 상대가 화난 부분에 대해 충분히 공감하고 그런 모습을 보여줘야 한다. '저도 당신 입장이라면 그럴 거예요.'라는 메시지를 전달한다. 상대가 공감한 것을 알면 화가 가라앉기 시작한다.

- 분노의 에너지에 대꾸하지 않는다.

  화가 난 사람은 모욕적인 말을 할 수 있다. 이때 대꾸하기 시작하면 더 큰 싸움이 일어나 관계를 회복하기 위해서 더 많은 노력을 기울여야 한다. 또한 상대가 화를 내는 것은 당연한 상황일 수도 있으니 상대의 입장이 되어 생각해 본다.

후배가 상사나 선배에게 가장 듣고 싶은 한마디

"고맙다."

"자네라면 잘할 거야."

"어려운 거 있으면 얘기해. 도와줄게."

상사나 선배에게 가장 듣기 싫은 말

"잔말 말고 시키는 대로 해."

"그것밖에 못 하나. 이것도 일이라고 했어?"

"도대체 회사 와서 하는 일이 뭐야?"

---

11) 코로나 등 제약조건 시 대화법

코로나와 함께 우리의 삶은 비대면, 온택트, 마스크와 살아가고 있다. 물론 그렇다고 해서 서로 마주하는 일상이 사라진 것은 아니다. 병원에는 늘 내 & 외부 고객들이 방문한다. 오히려 코로나로 인한 환자가 급증하기도 했다. 달라진 것이 있다면 병원에서의 일상이다.

입원 시, 보호자도 변경 및 외출을 할 수 없을 만큼 사회적 거리두기가 생겼다. 여기에 늘 마스크를 착용하고 생활해야 하기 때문에 불편함과 답답함을 호소한다는 것이다.

대화가 잘 통하지 않는다. 가뜩이나 몸도 아픈데 숨 쉬기까지 힘드니 짜증이 나기도 한다. 이는 의사도 간호사도 마찬가지다. 그렇다면 이런 상황 속에서 간호사는 어떤 매너를, 어떻게 실천해야 할까?

- 눈으로 미소를 지으며 눈빛을 교환한다.
- 마스크로 인해 고객의 목소리가 잘 들리지 않을 수 있으니 특히 더 경청한다.
- 잘 들리지 않을 경우, "천천히 다시 말씀해주세요."라는 말을 건넨다.
- 진단, 치료 등과 같이 서비스를 언급해야 할 경우, 간단명료하게 결론부터 말한다. 이때 딱딱한 지시처럼 되지 않도록 유의할 필요가 있다. 날카로운 목소리로 결론부터 말하면 기분이 상할 수 있기 때문이다.
- 내 목소리가 '마스크를 뚫고 고객에게 나아간다'는 마음으로 목소리를 보낸다.
- 대화가 마무리되는 마지막 종결어미에서는 미소를 짓는다.
- 단 슬프거나 좋지 않은 결과에 대해서는 공감하는 표정과 목소리로 대화를 나눈다.

최근에는 마스크 의무 착용 해제 등 코로나 이전의 삶으로 돌아가는 모습도 많다. 하지만 우리는 바이러스, 전염병 등에 언제나 노출되어 있다. 사스, 메르스, 코로나 등 짧은 역사만 봐도 그렇다. 그래서 지금도 늘 마스크를 착용하는 사람도 많다. 필자의 아이들도 등교할 때마다 스스로 마스크를 착용한다. 완전히 코로나 이전의 삶으로 돌아갈 수는 없다. 간호서비스를 위한 매너 역시 마찬가지다.

- 나는 벗었더라도 상대는 착용할 수 있으니 귀를 쫑긋 세워야 한다.
- 반대로 상대는 벗었더라도 내가 착용하고 있다면 보내는 말과 목소리에 신경을 써야 한다.
- 너무 가까운 거리에서 대화를 나누지 않도록 유의한다.
- 말의 내용에 따라 표정을 짓는다.

5 성향별 서비스 매너

의료진을 비롯한 병원의 서비스제공자들은 다양한 환경 속에서 많은 고객을 만나고 대한다. 비단 의료서비스뿐 아니라 호텔, 항공사, AS센터 등 모든 서비스 업종에 종사하는 사람들 또한 수많은 고객을 만나고 여러 상황 속에 놓이게 된다. 사실 가벼운 만남에서부터 가정, 조직 등 형성되는 모든 관계가 그러하다. 각각 다른 상황에서 이루어지는 사람 간의 관계, 설사 같은 상황이라 하더라도 다른 사람과 만들어가는 관계 안에서 우리는 늘 살아간다.

이 수많은 관계 안에서 불만이나 갈등이 생길 수밖에 없다. 특히 서비스불만은 일어나지 않을 수 없다. 서비스에 불만을 갖게 되는 이유는 바로 제품, 시스템, 사람에 대한 가치의 변화이다. 여기에서 가치란 기대수준에서 지불한 가격을 뺀 나머지를 의미한다. 의료 & 간호서비스의 경우 제품에 대한 가치 변화란 의료진이나 간호사를 통해 받는 서비스 자체에 대한 문제를 의미하며 시스템에 대한 가치변화는 예약, 접수, 수납을 비롯해 대기시간, 간호사의 교대근무로 발생하는 문제 등이다.

마지막으로 사람에 대한 가치변화는 서비스를 제공한 사람에 대한 기대수준에 비해 지불한 가격이 높아지면 불만을 갖게 되고 갈등이 생기게 된다. 쉽게 말하자면 좋은 서비스를 제공해주길 바랐던 사람에게 실망함으로써 발생하는 가치변화인 것이다. 중요한 것은 제품이나 시스템에 대한 가치 변화와 달리 사람에 대한 가치 변화는 고객으로 하여금 그곳을 떠나게 만든다고 한다. 제품이나 시스템에 대한 가치 변화는 문제로 인식해서 해결하면 되는데 사람에 대한 가치 변화는 관계 속 갈등이 되어 마음이 떠나는 것이다.

정말 사람에 대한 가치변화가 생기면 모든 고객은 떠나버릴까? 떠난 고객을 다시 돌아오게 할 수는 없을까? 사람에 대한 고객의 가치가 유지하기 위해 간호서비스는 어떻게 해야 하는 것일까? 과연 사람에 대한 고객의 기대가치가 더 높아질 수는 없는 것일까? 고객만족, 고객충성, 고객감동 등 고객을 위해 노력한다면서 정작 사람의 본질을 관찰하거나 연구하는 경우는 드물다. 그러면서 "열길 물속은 알아도 한 길 사람 속은 모르지."라며 넘어가버린다. 이제 그 한 길 사람 속을 제대로 들여다보자.

가. 고객 성향별 서비스 매너

병원에서 갑자기 불이 나서 화재경보기가 울리기 시작한다면 고객의 반응은 어떨까? 우왕좌왕하거나 한 발자국도 움직이지 못하고 가만히 있거나 울기만 하는 고객이 있을 수도 있다. 이런 상황에서 간호사나 의료진은 어떤 서비스를 제공해야 하며 어떻게 고객의 안전과 건강을 책임져야 할까? 똑같은 말과 행동이 과연 통할까?

사고 중심의 고객은 순간 몸이 정지하면서 생각을 시작한다. 왜 화재가 났는지, 어디에서 불이 시작되고 자신은 어떤 방법으로 대피해야 하는지 등 생각이 정리가 되면 행동으로 옮긴다. 감정 중심의 고객은 '어떡해~', '우리 괜찮을까?' 등 마음이 먼저 동요되기 시작한다. 본능 중심의 고객은 경보음이 들리면 가장 먼저 움직인다.

넬슨 만델라는 "상대방이 이해하는 언어로 말을 하면 머리로 받아들이고 상대방이 사용하는 언어로 말을 하면 마음으로 받아들인다."고 했다. 그리고 고객은 마음이 움직여야 비로소 행동으로 옮긴다. 우리가 각 고객의 중심 성향에 맞춰 서비스 매너를 표현해야 하는 이유가 바로 이것이다.

1) 사고 중심 고객

화재경보기가 울리고 있는 시점에 사고 중심 고객은 물 위에 우아하게 떠있는 백조가 물밑에서는 계속 움직이고 있는 모습과 흡사하다. 겉으로 보기에는 평정심을 찾고 있는 것처럼 보이지만 머리로는 누구보다 많은 생각을 하고 있다. 사고 중심의 고객은 이렇게 머릿속이 정리가 되고 결론을 내리기 전에는 행동으로 옮기지 않는다. 그 누구보다 속도가 느린 유형이다. 그래서 간호사는 사고 중심의 고객의 답변과 행동을 기다려야 한다. 무엇보다 어떤 상황에 대한 사실과 이유, 근거 등 정보전달에 주의를 기울인다. 특히 위와 같이 위급하거나 특수한 상황에서는 쉽고 간단하게 하지만 명료하게 이야기해서 사고 중심의 고객이 최소한의 시간에 생각을 정리할 수 있도록 해야 한다. 사고 중심의 고객은 목소리 크기가 작고 톤도 일정한 편이라 서비스 제공자가 너무 크고 강하게 이야기하면 당황해한다. 크진 않지만 분명한 소리로 핵심만 간단히 논리적으로 설명하는 것이 좋다. 무엇보다 메시지와 메신저 즉 내용과 제공자 모두에 대해 신뢰할 수 있도록 전문적으로 표현해야 한다.

2) 감정 중심 고객

태풍의 눈처럼 감정의 동요를 별로 받지 않는 감정 중심 유형도 있다. 하지만 보통 감정 중심의 고객은 가슴에서 나오는 에너지로 세상을 바라보며 순간순간 느끼는 감정의 기복이 다른 중심 성향에 비해 큰 편이다. 사고 중심 유형과 본능 중심 유형 사이의 중간 크기 목소리를 가지고 있으며 자연스럽고 리듬감 있는 억양을 사용한다. 또한 사소한 결정을 내리는 데 우유부단하지만 큰 결정을 내릴 때는 성급한 판단을 하는 편이다. 그래서 서비스를 제공하는 간호사는 위급한 상황에서 감정 중심의 고객들의 마음을 빨리 다독이고 신속하고 정확한 내린 판단으로 안전하게 이끌어야 한다. 이때 마음의 안정을 찾을 수 있는 한마디의 말과 상냥하고 따뜻한 목소리 온도를 맞추는 것이 좋다. 논리적이고 이성적인 정보보다는 귀를 기울이고 마음을 열 수 있는 경험이나 이야기 위주로 풀어나가야 한다. 그리고 평소에도 미소를 잃지 않고 고객이 하는 말에 맞장구치면서 공감하는 모습을 보이도록 노력해야 한다.

3) 본능 중심 고객

장(臟)에서 나오는 에너지로 세상을 바라보고 해석하는 본능 중심 유형은 어떤 결정을 내리고 행동으로 옮기는 속도가 가장 빠르다. 위급한 상황이 생기면 가장 먼저 움직이는 유형의 고객이기 때문에 서비스를 제공하는 간호사는 침착하고 차분한 태도로, 하지만 분명하고 확실하게 이야기해야 한다. 상대의 행동이나 답하는 속도가 느리면 답답해하는 유형이기 때문에 신속하고 정확하게 안내해야 한다.

장은 제2의 뇌라고도 불리는데 그만큼 본능 중심 성향은 전체적인 그림을 그리는 능력이 뛰어나다. 목소리 크기도 가장 크며 톤의 변화도 다양하고 "그래서, 결론이 뭐야?" 등의 말을 많이 한다. 그래서 간호사는 본능 중심 고객을 만나고 대화를 나눌 때에는 결론부터 예의 바르게 하는 것이 좋다.

	사고 중심	감정 중심	본능 중심
목소리	작고 일정한 톤	중간크기, 리듬감 있음	크고 톤의 변화 다양
말투	사실이야? 왜? 근거는?	어머~ 그래서~	그래서? 결론이 뭐야?
대응법	핵심만 간단히 논리적으로	공감하는 분위기	결론부터, 예의바르게

고객 성향별로 추천하는 화법

1. 사고 중심형은 핵심만 간단히 논리적으로 대응하는 'PREP' 화법

Point(결론)
"○○○환자분은 저녁 9시부터 금식하셔야 합니다."

Reason(이유)
"왜냐하면 내일 오전 10시에 위내시경 검사를 하셔야 하기 때문입니다."

Example(근거 & 예시)
"금식을 하지 않으시면 위내시경 검사 중에 구토물로 인한 흡인으로 질식의 위험이 있습니다."

Point(결론)
"그러므로 ○○○환자분은 저녁 9시부터 반드시 금식하셔야 합니다."

2. 감정 중심형은 공감하는 분위기로 대응하는 'EOB' 화법

Example(이야기)
"○○○환자분보다 연세가 5살이 많으신 환자분이 계셨는데요, 같은 골절수술을 하셨습니다. 수술 전 우울해하지 않으시고 긍정적인 생각으로 주위분들에게도 희망을 주셨어요. 제가 수술 후 폐 합병증 예방을 위해 기침하는 법을 알려드렸는데 역시나 훌륭하게 기침을 잘 하시고 운동도 잘 따라 해주셔서 폐 합병증 없이 잘 완치되셔서 퇴원하셨습니다."

Outline(핵심정리)

"수술 후에는 기침과 운동을 잘 해주시면 거의 폐 합병증 없이 잘 완치하실 수 있습니다."

Benefit(이익, 시사점)

"긍정적인 생각과 믿음을 가지시고 저희가 처치, 간호하는 대로 잘 따라와 주시면 거의 합병증 없이 완치되어 퇴원하실 수 있습니다."

3. 본능 중심형은 전체적인 그림을 보여주며 고객의 이익을 알려준 뒤 상세한 부분을 설명하는 Whole-part 법칙!

Whole

"○○○환자분, 복통과 오심, 구토로 응급실을 내원하셨는데요. 증상의 원인을 알기 위해서 바로 진통제를 투여하지 않고 혈액검사와 X-ray검사를 하고 1~2시간 뒤, 담당 주치의가 결과 확인 후 진통제 투약 혹은 다른 처방을 해주실 겁니다. 불편한 점 있으시면 언제든지 말씀해 주세요."

Part

"혈액검사는 기초적인 검사를 하고 소변검사도 해야 합니다. 요의가 있으시면 바로 화장실로 가지 마시고 소변 컵과 소독볼을 받아 가셔야 합니다. 소변 보시기 전 소독볼로 닦으시고 처음에 나오는 소변 말고 중간 소변을 받으시길 바랍니다. X-ray는 가슴과 복부를 촬영합니다.(여성인 경우) 브래지어를 탈의하시고 되도록 액세서리, 시계 등은 보호자에게 보관하시길 바랍니다. 오심과 구토를 진정시키기 위해 수액과 함께 정맥주사로 투약해드릴 겁니다. 검사결과는 1~2시간 정도 소요되고 내과적, 외과적 문제인지 확인 후 담당 주치의를 연결해 구체적인 치료를 받게 해드리겠습니다."

나. 성향별로 보는 서비스 평가요소

그렇다면 성향이 다른 각각의 고객은 어떤 간호서비스를 원할까? 대부분의 남성의 경우, 병원에 가면 정확한 진단과 사실 여부 등 논리 정연한 의료진과 간호사의 설명을 들었을 때 만족한다. 이와 반대로 여성의 경우에는 아무리 훌륭한 의료진이라 할지라도 안부를 물어봐주거나 따스한 인사말을 건넬 때 만족한다. 물론 남성이어도 자신에게 관심을 기울여주길 원할 수도 있고 여성이어도 이성적인 대화를 원할 수도 있다. 남녀노소를 불문하고 들여다보자. 어떤 사람은 왕처럼 정중히 모시는 서비스를 선호하고 어떤 사람은 손을 잡으며 따뜻한 위로를 건네는 간호서비스를 원한다. 그런가 하면 상세한 설명과 전문적인 의료서비스를 기대하는 고객도 있다. 이 모든 것을 바랄 수도 있고 이 외에도 고객마다 받고자 하는 의료 & 간호서비스의 모습은 다양하다. 그렇다면 3가지 중심으로 보는 고객의 성향별로 어떤 간호서비스를 원하는지 앞에서 다루었던 서비스 평가요소에 맞추어 알아보자.

	유형성	공감성	대응성	신뢰성	확신성
사고 중심	○			○	○
감정 중심		○	○	○	
본능 중심	○		○	○	○

이성적인 사고중심의 고객과 보호자(이하 고객)는 가격 대비 서비스의 수준이 서비스 평가의 기준이 된다. 그렇기에 공감이나 대응보다는 유형성, 신뢰성, 확신성에 더 중점을 둔다. 사고 중심 성향은 관찰, 비교, 대조를 통한 판단을 하고 이해와 분석을 통해 문제를 해결한다. 그러므로 모니터나 Chart를 보여주며 중요 부분을 짚어준다든가, 객관적인 정보와 자료, 최근 이슈나 통계치를 예를 들어 충분한 설명을 해주어야 한다. 이때 차분하고 여유롭게 대응하면 더욱 좋다.

인간관계에 예민한 감정중심의 고객의 서비스 평가는 지극히 개인적이고 감정적일 수 있다. 물론 성과를 중요시하는 성향도 있지만 대부분은 친밀감, 교감 등 자신의 가치를 인정해주는 간호사의 사소하면서도 특별한 대우가 무엇보다 중요하다. 그래서 공감성과 대응성에 초점을 맞춘다. 상냥한 미소로 이름을 따스하게 불러준다든가, 오랜 기다림에 대한 공감을 한다든가, 안부를 물으며 먼저 다가가면 좋다. 아픔에 대해 같이 느끼고 고객의 니즈에 정서적으로 대응하고 있다는 것을 표현해주는 것도 좋다.

본능에 충실하고 단순한 사고를 하는 본능 중심은 깍듯이 알아서 모시는 서비스를 제공해야 한다. 고가 & 고품질의 제품과 서비스를 추구하는 자기 과시형으로서 첫인상, 말투 등 유형적인 요소부터 신뢰성, 확신성 등 여러 요소를 중요시한다. 하지만 사실 본능 중심의 고객은 고객의 요구가 무엇인지 정확하게 파악하고 이에 대한 제시할 답에 대해 분명히 이해를 해야 한다. 고객이 원하는 순간에, 바라는 내용으로, 무엇보다 바로 대응하는 것이 가장 중요하다. 즉시 답변을 드리지 못하는 경우에는 최대한 빠른 대응을 약속하고 이행해야 한다.

	사고 중심	감정 중심	본능 중심
고객성향	비교 분석형	유행 감각형	자기 과시형
서비스평가기준	가격 대비 서비스의 질	느낌, 가치 우선	고품질 서비스
대응법	정확한 정보, 여유	특별한 대우, 친근감	깍듯한 예의

사실 서비스제공자 누구나 고객의 성향에 상관없이 다섯 가지 서비스 평가요소 모두 고려한 최선의 서비스를 제공해야 한다. 하지만 단순히 이 요소들을 갖추었다고 해서 최상의 서비스라고 볼 수 없다. 획일화된 서비스를 맹목적으로 제공하는 것이 아닌 고객 감동과 간호사의 위상, 병원의 경영성과를 위해서는 고객 성향 맞춤별 서비스를 제공해야 최고의 서비스로 나아갈 수 있다. 고객의 성향별로 중점을 둬야 할 부분을 기억해라. 이때 간과하지 말아야 할 것은 의료 & 간호 서비스는 고객이 어느 중심의 성향이든지 의료 & 간호서비스에 대한 신뢰는 기본 전제임을 잊어서는 안 된다.

다. 성향별 서비스 회복과 대응성

미국의 한 설문조사에 따르면 기업들이 소비자의 목소리에 귀를 기울인다고 생각하는 고객은 5%밖에 되지 않는다고 한다. 병원은 고객의 소리에 귀를 기울이기 위한 노력을 수없이 하는데 정작 고객은 그렇게 느끼지 못하는 걸까?

어떤 고객은 나를 왕으로 모시는 병원이나 간호사를 기대한다고 한다. 응급실에 실려

온 경우 간호사까지 다 나와서 경청해주길 바라는 고객도 있고 손을 어루만져주며 정신적인 위로를 바라는 고객도 있다. "저희가 알아서 해드리겠습니다."라며 확실한 안정감을 주길 바라는 고객도 있다. 이처럼 고객 성향별로 기대하는 서비스가 각각 있다. 그렇기 때문에 각 중심 성향별로 서비스 불만족이 생기는 포인트에도 차이가 있으며 이에 따른 회복절차도 달라져야 한다.

사고 중심 고객의 경우 정식 절차형으로 고발센터나 웹사이트에 문제제기를 하는 형태로 불만을 제기한다. 본질적인 문제를 해결해야만 사고 중심 고객의 서비스 불만족을 회복할 수가 있다. 감정 중심 고객의 경우 서비스 제공자나 같은 서비스 조직의 다른 제공자에게 하소연을 하거나 자신의 기분이 풀릴 때까지 지인들에게 그 경험을 공유한다. 마음을 알아주는 공감과 진심어린 사과를 해야 서비스를 회복할 수 있다. 본능 중심 고객의 경우 서비스 불만족에 대한 분노를 표출하며 힘으로 제압하려고 한다. 현장 폭파형이 되기 전에 즉각 사과와 빠른 조치를 취해야 한다.

	사고 중심	감정 중심	본능 중심
고객특징	정식 절차형	동네방네 하소연형	현장 폭파형
불만형태	고발센터, 웹사이트 이용 문제 제기	점원을 상대로 한 하소연	분노를 표출하며 힘으로 제압
대응법	본질적인 문제해결	마음을 알아주는 공감과 사과	즉각 사과와 빠른 조치

라. 간호사의 성향별 서비스 매너

지피지기면 백전백승이라 했던가. 고객 성향을 파악하기 전에 먼저 자신의 성향을 제대로 알고 서비스 제공자로서의 성향을 철저히 분석해야 한다. 또한 머리, 가슴, 배가 따로 있어서는 살 수 없는 것처럼 전체적인 서비스를 보여주기 위해서는 따뜻한 감성으로 마음을 열고 이성적으로 판단하고 적절하게 행동해야 한다.

사고(지성)	상황에 맞아야 한다. 상대방이 필요로 하는 것이어야 한다. 논리적인 것만 생각하지 말고 감성을 꼭 고려해야 한다.
가슴(감성)	상대방에 대한 예의이자 매너이다. 자신을 위한 투자이다. 입장을 바꿔 생각하면 해답이 나온다.
행동(본능)	상대방의 마음을 편하게 해줘야 한다. 어색하지 않고 자연스럽게 표출한다. 제대로 표현해야 한다.

1) 사고 중심의 서비스 제공자

사고 중심형의 서비스 제공자는 말을 쏟아내는 경향이 있어 의미전달이 잘 되지 않는다. 글로 작성해서 보면 최고의 글이지만 처음부터 끝까지 모든 것을 다 말해야 하기 때문에 고객 입장에서는 지루하고 핵심이 무엇인지 알 수가 없다. 주관적인 생각이나 상황에 맞춰 즉각적으로 대응하기보다 객관적인 사실이나 자료를 분석한 후에 이를 근거로 자신의 입장을 밝히며 사려 깊고 신중한 말투를 사용하는 특징이 있다. 직관력과 통찰력이 있기 때문에 화가 났을 때는 날카롭게 쏘아붙이기도 하며 '그러나', '하지만'을 자주 사용하기도 한다. 두뇌회전이 빨라서 자신이 명백하다 생각하는 부분에 있어서는 설명하지 않고 건너뛰는 경향이 있다.

사고 중심형의 경우 1분이나 3분 스피치처럼 시간에 맞춰 요점을 정리하는 것을 연습해야 한다. 목소리 크기에 변화를 주고 무엇보다 속도감이 일정하기 때문에 포즈기법을 통한 강조법을 사용해야 하며 자료가 아닌 생각을 말하는 연습을 통해 자기 확신과 입장을 분명히 밝혀야 한다. 1부터 10까지 다 말해야 한다는 생각을 버리고(물론 6번의 경우에는 10가지를 알아도 7가지만 이야기한다.) 팩트 위주에서 벗어나 스토리를 보완해야 한다. 즉답이 어렵거나 신중히 대답해야 할 때에는 "잠시만 시간을 주시겠어요?"라고 고객에게 말을 하는 것이 좋다.

무언가 깊이 탐구하는 표정이거나 진중한 표정, 아니면 눈은 항상 생각하는 표정이기 때문에 고객 입장에서는 밝고 친근한 느낌은 받을 수가 없다. 그러므로 사고 중심형의 서비스 제공자는 이성보다는 감성으로 다가가기 위한 노력을 해야 한다.

2) 감정 중심의 서비스 제공자

감정 중심형의 서비스 제공자는 "힘들죠?", "무엇을 도와드릴까요?"라는 말을 자주 사용한다. 사람을 좋아하고 사람과 관계하면서 에너지를 받는 성향이기 때문에 밝은 미소로 고객을 마주하며 알맞은 크기의 목소리를 사용한다. 임기응변에 강하고 설득력이 있지만 대화 중에 제3자에 대한 이야기나 상황을 끌어들이기도 한다. 자신의 스피치를 즐기는 감정 중심형도 있지만 고객에게 맞춰 스피치를 해야 한다고 느끼는 성향이 대부분이다. 고객의 인정과 상관없이 스피치 자체를 편안하게 생각해야 한다. 개인사례도 좋지만 검증된 사례를 인용하는 부분을 연습해야 하며 어떤 이야기든 본질에서 벗어나지 않도록 해야 한다. 스피치를 할 때 감정의 표출이 강하게 나오는 경우도 있기 때문에 자신의 감정과 사고를 분리해서 스피치 해야 한다.

3) 본능 중심의 서비스 제공자

본능 중심형의 서비스 제공자는 "~해야 한다.", "된다, 안 된다."와 같은 말을 잘 한다. 목소리가 가장 크며 단도직입적으로 말을 한다. 한마디로 상황을 정리하며 상대방을 제압하려는 언사도 종종 한다. 지시나 설교를 잘하는 편이기 때문에 서비스 제공자는 고객을 위해서 하는 말이어도 고객은 잔소리라고 느낄 수 있다. 판단을 보류하고 팩트를 직시해야 하며 고객에게 칭찬을 건넬 필요가 있다. small talk나 유머, 농담을 잘 못하는 성향이기 때문에 그런 부분을 개발해야 한다. 또한 소통과 공감이 대화와 서비스, 매너에 있어서 전제조건이라는 것을 기억해야 한다. 자기주장이나 상황에 대한 합리화보다 고객의 기분을 이해하는 것이 먼저이다. 묘사적인 문장의 구성을 위해 EOB화법을 연습해야 하며 거리별 목소리 크기를 연습해야 한다.

지금까지 서비스 평가 다섯 가지 요소에 영향을 미치는 첫인상과 표정, 용모와 복장, 인사와 자세, 서비스 커뮤니케이션, 나아가 고객과 서비스 제공자인 간호사의 성향별 서비스와 커뮤니케이션에 대해서 다루어보았다. 이렇듯 어느 하나 놓칠 수 없는 간호서비스에서 기본적인 지식과 서비스 마인드는 굉장히 중요하다. 그러나 간호서비스 현장에서의 노련함은 오랜 경험과 이를 통해 공유된 선배와 동료, 자신의 노하우를 통해 나온다.

그래서 다음 장에서는 간호서비스 현장에서 실제 일어난 사례를 바탕으로 상황별 실전 매너를 알아본다. 아울러 출퇴근, 경조사 등 기본 비즈니스 매너도 함께 한다. 마지막으로 예비간호사와 이직을 준비하는 간호사를 위한 취업전략도 있으니 참고하여 더 좋은 간호서비스를 제공할 수 있기 바란다.

III

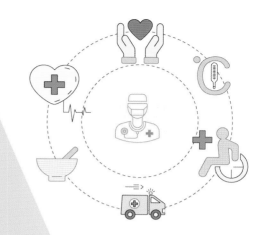

상황별 비즈니스 매너

간·호·서·비·스·를·위·한·비·즈·니·스·매·너

Ⅲ 상황별 비즈니스 매너

1 성공하는 비즈니스 매너

휴넷에서 같이 일하고 싶은 직장인에 대한 설문조사를 했다. 회사생활에서 가장 중요한 인성요소는 열정과 도전정신이 있는 사람이 3위(18.1%), 의사소통능력과 대인관계가 좋은 사람이 2위(28.1%)에 올랐다. 무려 45.8%가 '성실성'이라고 답해 1위에 올랐다. 능력이 뛰어난 사람보다 성실하고 책임감 있는 사람을 선호한다는 것을 알 수 있다(KBS뉴스, 2014.3.17.). 이 외에도 회사에 대한 충성심과 커뮤니케이션 능력, 탁월한 직무능력, 마지막으로 겸손과 감사가 직장인이 선호하는 인재의 필수요소이다.

가. 기본 비즈니스 매너

1) 출근

• 정해진 출근시간보다 20분 전까지는 도착한다. 정리정돈을 하고 하루의 계획을 확인한다.

- 거울을 보며 옷매무새와 마음가짐을 가다듬는다. 자세를 가다듬으며 미소를 짓는 순간 하루가 달라질 것이다.
- 상사나 동료를 향해 밝은 표정과 힘찬 목소리로 먼저 인사한다.
상사나 선배에게는 보통례, 동료에게는 목례를 한다. "좋은 아침입니다."
- 상대의 인사를 잘 받아준다.

2) 근무

- 업무시간과 휴식시간을 구분한다.
- 기기나 사무실용품을 소중하게 다룬다.
- 근무 중에 사적인 용건으로 전화를 사용하지 않도록 한다.
- 개인적인 휴대전화 이용도 가급적 줄인다.
- 대화할 때는 낮은 목소리로 한다.
- 신발 끄는 소리를 내지 않는다.
- 사무실 내에서 양치하며 돌아다니지 않는다.
- 문을 꽝 닫거나 발로 열지 않는다.

3) 퇴근

- 근무시간이 끝난 후에 퇴근 준비를 한다. 근무시간에 퇴근 준비를 하는 것은 회사에 대한 충성심이나 업무에 대한 책임감이 부족해 보인다.
- 퇴근시간이 되었더라도 하던 일은 마무리를 지어야 한다.
- 오늘 한 일을 점검하고 내일 할 일을 메모한다.
- 정리정돈을 하고 가장 늦게 나갈 경우에는 창문을 닫고 컴퓨터, 전등, 냉·난방기 등 전원을 꺼둔다.
- 상사나 동료가 아직 퇴근하지 않았을 때는 "먼저 가보겠습니다.", "실례하겠습니다." 등 적절한 인사말을 한다.

4) 지각

하루의 시작은 회의나 조회, 업무 지시, 협의 등으로 이루어진다. 각자 자신의 일에 돌입할 때 슬그머니 들어와 앉으면 무책임한 인상을 준다. 또한 상사의 입장에서는 다시 한번 업무지시를 내려야 하는 번거로움을 주는 것이 된다.

- 지각하게 될 경우에는 반드시 회사에 연락을 취해야 한다. 먼저 사과와 함께 이유를 밝히고 출근 예정시간을 보고한다.
- 예정되어 있는 거래처 직원의 방문이나 고객의 전화가 있을 경우에는 동료에게 메모 및 전달을 부탁한다.
- 도착하면 상사에게는 물론 동료들에게도 "늦어서 죄송합니다."라고 인사를 한 뒤 자리에 가서 앉는다.

5) 조퇴

- 근무시간 중 조퇴해야 할 경우가 가끔 생기는데 절차와 허락을 받아야 한다.
- 맡은 일은 마무리를 지어야 하며 상사의 지시대로 처리한 뒤에 간다.

6) 자리를 비울 때

- 근무 중 자리를 비울 때는 상사나 동료에게 용건과 행선지 등을 밝혀야 한다.
- 30분 이상 자리를 비울 경우에는 책상 및 주변정리를 해야 한다.
- 업무의 흐름을 방해할 수 있기 때문에 장시간 마음대로 자리를 비워서는 안 된다.
- 외근일 경우에도 목적지나 용건, 소요시간과 돌아오는 시간을 반드시 상사에게 알려야 한다.
- 상사나 동료에게 "다녀오겠습니다.", "지금 돌아왔습니다." 등 거취를 설명하는 인사를 한다.
- 외출 장소에서 용건이 길어지면 상황설명과 변경된 도착 예정시간을 전화로 보고한다.
- 외근 중 바로 퇴근해야 할 경우 회사에 전화를 걸어 상황을 보고한다.

- 다음 날 출근해서 전날 외근에 대해 자세하게 보고한다. 지시 또는 보고 후에도 보통례를 한다.

7) 식당

- 식당에서 상사나 동료와 마주쳤을 때는 자리를 양보한다.
- 식사 중 큰 소리로 떠드는 것은 삼간다.
- 식사 후 먼저 자리에서 일어나야 할 경우에는 의자를 자리를 간단히 정리하고 "맛있게 드십시오.", "실례합니다." 등의 인사말을 한다.

8) 세면장에서

- 세면장 또는 화장실에서 용무 중일 때는 인사를 하지 않는 것이 예의다.
- 용무를 마친 다음일 경우엔 목례를 한다.

9) 퇴사할 때

- 희망 퇴사일보다 최소 3~4주 전에 의사를 밝혀야 한다.
- 자신의 희망 퇴사일을 고집하지 않고 회사의 스케줄과 조율해야 한다.
- 인수인계를 정확하게 해야 한다.
- 퇴사문제로 문제가 생기더라도 상사와 다툼이 있어서는 안 된다.
- 동료들과 좋은 관계를 유지한다.

나. 조직문화를 위한 매너

1) 상사에 대해

상사는 자신의 성장 발판이자 사회생활에 있어서 현재 가장 큰 영향력을 행사하는 사람이다. 또한 업무를 책임지는 든든한 조언자이자 목표 달성을 위해 함께 뛰어야 하는 존경의 대상이기 때문에 어떠한 상황에서도 예의를 갖춰야 한다.

- 상사와 대화하는 기회를 많이 갖는다.
- 업무적인 대화를 할 때에는 반드시 바른 말, 고운 말을 사용한다.
- 상사의 조언과 충고를 겸허하게 받아들인다.
- 상사를 수행할 때는 반보 정도 뒤 왼쪽에 서고 소지품을 들어주는 것이 매너이다.
- 상사가 들어오면 의자에서 일어나거나 일어날 수 없는 경우에는 앉아서 상체를 굽혀 인사한다.

센스 있게 충고하는 법

- 충고나 주의를 줘야 할 경우에는 둘이서만 이야기할 수 있는 곳을 선택한다.
- 추궁의 질문이나 정황을 알아보지 않은 판단이나 평가를 하지 않는다.
- 칭찬과 함께 대화를 시작한다.
 "자넨 확실하게 일을 처리하는 능력이 있어.
 그런데 이번엔 실수를 조금 했더군. 신경을 더 써야 할 것 같아."
 "김 대리, 요새 자네 업무가 상당히 많지. 힘든 거 알아.
 하지만 잦은 지각은 고쳐야 할 태도인 것은 분명해."

센스 있는 충고로 존경받는 멘토, 인생선배가 되어주자!!!

---

2) 동료에 대해

- 서로를 존중하는 마음으로 대한다.
- 상대의 의견을 아껴주고 의논하고 토론하면서 협업한다.
- 대화가 필요할 경우에는 조용히 나눈다.
- 불필요한 잡담으로 다른 동료의 업무를 방해해서는 안 된다.
- 서로 험담을 하지 않고 칭찬을 자주 한다.

3) 부하직원에 대해

- 모범이 될 수 있도록 솔선수범해야 한다.
- 부하직원이어도 근무 중에는 존대하는 것이 예의이고 거친 말투는 삼간다.

- 업무지시는 명확하게 하고 결재는 신속하게 처리한다.
- 업무상 실수했을 경우에는 격려하고 처리를 도와준다.
- 사적인 지시는 삼가고 퇴근시간 임박해서 지시를 내리지 않는다.
- 부하직원의 인격을 존중한다.
- 다른 사람과 비교하지 않는다.
- 부하직원이 최대한 능력을 발휘할 수 있도록 분위기를 조성한다.

후배가 상사나 선배에게 가장 듣고 싶은 한마디

"고맙다."
"자네라면 잘할 거야."
"어려운 거 있으면 얘기해. 도와줄게."

상사나 선배에게 가장 듣기 싫은 말

"잔말 말고 시키는 대로 해."
"그것밖에 못 하나. 이것도 일이라고 했어?"
"도대체 회사 와서 하는 일이 뭐야?"

* 성공하는 비법
- 불필요한 불평을 하지 않는다.
  최악의 경우가 아니라면 되도록 불평은 삼간다.
  특히 상사에 대한 험담은 갈등을 조장하는 위험한 발언이 될 수 있다.
- 동료의 행동에 대해 상사에게 보고를 해야 하는 경우
  고객이나 거래처에 다른 동료의 험담을 하거나 잦은 업무 지연 등 문제가 생겼을 때, 여러 번 바로잡는 시도를 했지만 소용없을 때 한다.
  이때, 불평이나 비난으로 들리지 않도록 객관적인 사실만 말한다.
- 업무에 지장을 초래하는 장애물을 만날 경우 새로운 대안을 찾는다.

> "할 수 없어."　　　　　< "할 수 있어."
> "또 문제가 생겼네."　　　 "초기에 문제를 발견해서 다행이군."

- 보이지 않을 때에도 열심히, 보일 때는 더 열심히 한다. 상사나 동료 눈에 일에 몰두하고 성과를 내는 것을 비출 때 실제로 더 많은 일을 할 수 있게 된다.
- 사내 교육과정이나 외부강의를 들으며 자신의 분야에 대한 지식을 넓힌다.
- 자신의 업무성과에 대해 꼼꼼하게 메모해 두는 것이 필요하다.

4) 신입사원이 알아야 할 비즈니스 매너

- 가능한 한 일찍 출근하는 것이 좋다.
  먼저 와서 선배나 상사, 동료들을 맞으면 좋은 인상을 심어줄 수 있다.
- 신입사원은 단순 업무, 잔심부름만 할 경우가 많다. 잘할 수 있는 일을 적극적으로 찾아보거나 상사에게 도울 일은 없는지 물어본다.
- 매사 열정적이고 적극적인 태도로 임한다. 회사업무에 관심을 가지고 소소한 일부터 하나하나 열심히 배워야 한다.

5) 면접매너

- 면접시간보다 30분 전에 일찍 도착하는 것이 좋다.
- 직종이나 직무에 맞는, 깔끔한 복장을 한다.
- 면접장에 들어서면 환한 미소와 당당한 목소리로
  "안녕하십니까. ○○○입니다."라고 인사하고 자리에 앉는다.
- 면접관의 눈을 바라본다.
- 질문을 잘 듣고 신중하게 대답한다.
  질문이 끝나자마자 바로 대답하는 것보다 신뢰감이 생긴다.
- 대답은 간략하게, 핵심을 먼저 말한다.
- 제스처를 남발하지 않는다.

성공하는 비즈니스를 위한 법칙

- **369법칙**

  직장인들 사이에 '입사한 지 3개월, 6개월, 9개월마다 매년 3월, 6월, 9월이 되면 그만두고 싶은 시기가 찾아온다.'라는 말이 있다.

  그런가 하면 또 다른 좋은 369법칙도 있다. 세 번 정도 만나야 기억이 되고 여섯 번 정도 만나야 마음의 문이 열리며 아홉 번 정도 만나야 친근감이 생기기 시작한다. 누군가와 좋은 관계를 만들고 싶다면 꾸준하게 연락하고 만남을 이어가자.

- **911법칙**

  아홉 번을 잘해도 한 번을 못하면 물거품이 될 수 있다는 뜻으로 열 번째와 열한 번째를 조심해야 한다. 친해진 후에도 말과 행동을 조심해야 한다.

다. 상석

자리에도 힘이 있다. 자리 배정 시 염두에 두어야 할 관례상 서열기준은 다음과 같다.

외국인 〉 손님의 친구 〉 과거 공직자 〉 손님 (초면) 〉 가끔 초대 손님 〉 자주 오는 손님 〉 친척

가장 먼저 외국인을 상석에 배정해야 하며 손님의 친구 중 초면인 사람이 2위이다. 과거 공직에 있던 사람이 세 번째이며 처음 방문한 사람은 그 다음이다. 그 뒤로는 가끔 초대하거나 자주 오는 손님, 마지막으로 친척의 순서이다.

1) 레스토랑

레스토랑에서의 상석이란 전망이 좋은 자리를 뜻한다.

- 외부의 전경이 한눈에 내려다보이는 곳
- 쇼를 관람하는 경우라면 스테이지가 제일 잘 보이는 곳

내 상사에게 이런 자리. 아니아니 아니되오~

• 입구에서 가까운 곳
• 통로 옆, 사람들이 많이 오가는 곳
• 서비스를 제공받거나 동석자가 이동하면서 의자의 등받이가 스치는 곳

2) 회의 및 PT 시

• 앉는 자리를 미리 정해준다.
• 출입문에서 가장 먼 자리가 상석이다.

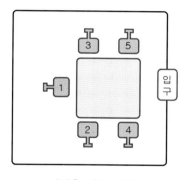

(같은 팀의 경우)

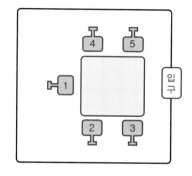

(다른 팀의 경우)

• 창문이 있을 경우 전망이 좋은 자리가 상석이다.
• 햇빛이 강한 자리는 피한다.
• 스크린이 잘 보이는 위치가 상석이다.
• 팀이 같은 경우와 다른 경우 상석의 위치가 달라진다.

3) 엘리베이터

• 아랫사람이 먼저 탄 후 문이 닫히지 않도록 열림 버튼을 누른다.
• 내릴 때에는 열림 버튼을 눌러 모두 내리게 한 후 마지막으로 내린다.

- 조작 버튼의 대각선 안쪽이 상석이다.
- 방향은 상사를 기준으로 둘러싼다.

4) 차량

- 차주가 직접 운전을 할 경우에는 운전석 옆자리에 앉는다.
- 운전자의 부인이 탈 경우에는 운전석 옆자리는 부인이 타야 한다.
- 문이 두 개인 차의 경우 운전석 옆자리가 상석이다.
- 택시와 같이 기사가 있는 경우는 운전자석의 대각선 뒷좌석이 가장 상석이다. 그다음이 운전자석 바로 뒷자리, 세 번째는 조수석, 마지막으로 뒷좌석 가운데 가 최하석이다.

(같은 팀의 경우)　　　　　　　　　　　(다른 팀의 경우)

출처 : 현대자동차 공식블로그

5) 기차, 버스, 비행기

- 기차는 창 옆과 진행 방향으로 향한 쪽이 상석이다.
- 버스는 운전자석 바로 뒷좌석 창문 쪽이 상석이다.
- 비행기는 좌석 양쪽에서 가장 먼 쪽이 상석이다.

라. 회식

1) 기본 매너

- 회식, 상사와 함께하는 술자리는 근무의 연장이라 생각한다.
- 신입사원의 경우 되도록 모든 회식자리는 참석하는 것이 좋다.
- 높은 순서대로 컵에 물을 따르고 수저와 물수건을 세팅한다.
- 고기를 구워야 하는 경우 가장 어린 사원이 고기를 굽는다.
- 상사가 먹기 전까지는 먹지 않는다.
- 특정 음식이나 한 가지 반찬만 골라 먹지 않는다.
- 술을 따를 때에는 지위가 높거나 나이가 많은 윗사람 순으로 술을 따른다. 이때 의사를 확인하고 정중하게 권한다.
- 술을 따를 때에는 오른손으로 잡고 왼손으로 받쳐 정중하게 따른다.
- 술병의 글자가 위로 가게 잡고 따른다.
- 동년배여도 경어를 사용하는 사이이면 두 손으로, 친구나 아랫사람의 경우에는 한 손(오른손)으로 따른다.
- 술을 따라준 상대가 사양하지 않으면 반드시 답잔을 따라준다.
- 연장자나 상사가 술을 권유할 때에는 두 손으로 받는다.
- 술을 마시지 못하더라도 잔을 받아 형식적으로 입에 가져가는 것이 매너이다.
- 술을 마시지 못하는 사람에게는 무리하게 술을 권하지 않는다.
- 자신의 주량과 분위기를 함께 고려하고 다음 날 업무에 지장을 주지 않도록 한다.
- 거래처 직원이나 고객, 상사 앞에서의 취중 실수는 심각한 오점을 남기게 되니 조심한다.
- 옆에 있는 사람하고만 대화하는 것은 전체 분위기를 해칠 수 있으니 조심한다.

- 신발을 벗고 들어갈 때 고객이나 상사, 동료 등 다른 사람의 신발을 밟지 않도록 주의한다.
- 술 먹은 다음 날 늦게 출근하면 안 된다. 평소와 다름없이 일찍 출근하는 모습을 보여주는 것이 좋다.

김영란법

2016년 9월 28일 시행된 법으로 언론인과 사립학교 교직원을 포함한 공직자가 직무관련성과 상관없이 100만 원을 초과하는 금품을 받으면 형사처벌을 받게 되는 법이다.

이 '부정청탁 및 금품 등 수수의 금지에 관한 법률' 덕분에 기업의 회식문화가 변하고 있다.

3만 원 이하의 메뉴가 개발되고 음주 회식이 감소하고 클라이밍을 하는 체험형 회식까지 다양한 모습으로 기존의 회식문화의 틀을 깨고 있다.

SBS방송 '미운 우리 새끼'에서 가수 김건모는 회식 자리에서 엄청난 인원을 하나하나 국수까지 챙겨주었고 계산을 했다. '판타스틱 듀오' 3연승 실패 후 마련된 회식 자리에서도 스태프들의 위로를 받고 또 계산을 자처했다.

심지어 김건모는 자신이 참여하지 않는 '미운 우리 새끼' 스튜디오 녹화팀 회식에도 참여해 스태프들의 밥을 직접 볶아주기까지 했다. 그리고는 "오늘 내가 낼게"라고 말함으로써 환호를 받았다. 하지만 김영란법의 시행으로 김건모의 분량은 편집되어 안타까움과 웃음을 동시에 줬다.

2) 음주

① 술 따르기

- 연장자, 또는 직위 순으로 따른다.
- 윗사람에게 따를 경우 "먼저 올리겠습니다."라는 말을 건넨 후 따른다.
  술병의 목 부분, 또는 가운데 부분을 오른손으로 잡고 왼손으로는 술병, 또는 오른손목 부분을 받치고 따른다.

- 자신이 마신 술잔으로 권할 경우 술잔을 티슈로 닦은 후 따른다.
- 직위가 낮아도 연장자의 경우 두 손으로 따르는 것이 매너이다.
- 무리하게 권하지 않고 먼저 음주 가능의사를 물어본 후에 따른다.

② 술 받기

- 윗사람에게 받을 때는 반드시 두 손으로 받는다.
- 비슷한 연령대나 아랫사람도 초면이거나 공적인 업무로 만났을 경우는 두 손으로 받거나 한 손은 잔을 잡고 다른 한 손은 가슴 부분에 대고 존중의 표현을 하는 것이 좋다.
- 윗사람에게 받은 술은 고개와 몸을 돌린 후에 마신다.
- 첫잔은 마시지 않더라도 상대에 대한 예의로 받는 것이 좋다.

③ 기타

- 흥이 무르익은 분위기에서 먼저 일어나게 될 경우 조용히 나온다.
  상황에 따라 다음 날이나 술자리가 끝날 무렵 안부문자를 남기는 것도 좋다.
- 자신의 주량이나 컨디션을 알고 마신다.
  심한 주사를 부리게 되는 경우 분위기를 망치거나 주변사람에게 불편을 줄 수 있다.
- 분위기에 취해 너무 큰 소리로 이야기하지 않는다.
- 술기운으로 일행이나 다른 사람의 험담, 또는 불평불만 등을 이야기하지 않는다.

마. 방문 & 접대

1) 방문

"대리님, 마침 계시네요. 근처에 볼일이 있어서 왔다가 잠시라도 말씀을 나누고 가면 좋을 듯해서 들렀습니다. 저희가 시간도 촉박하고 마음이 급해서요. 미팅도 제대로 못 하고 작업하는 것보단 시간도 단축되고 빨리 완성하면 대리님도 편하실 거고 누이 좋고 매부 좋고 좋잖아요."

갑자기 찾아온 거래처 담당자의 방문 때문에 업무에 집중하고 있던 장 대리는 심기가 불편해졌다.

① 사전준비

- 방문 시에는 반드시 사전에 약속을 정하고 가야 한다.
  연락 없이 상대를 방문하는 것은 매너에 어긋난다.
- 지위가 높은 사람과 약속할 경우에는 비서를 통해 하는 것이 일반적이다.
- 상대의 시간과 상황을 고려하여 업무에 지장이 없도록 한다.
- 방문 목적, 방문하는 장소까지 걸리는 이동시간, 미팅 소요시간을 예상해 두고 필요한 서류 등을 준비해 둔다.
- 방문할 고객이나 거래처 담당자의 이름과 연락처, 회사에 대한 정보 등을 파악한다.

② 방문시간

- 회사로 방문할 때는 출근이나 퇴근 시간대를 피한다.
- 일반적으로 방문시간은 오후 2~5시 사이가 적당하다.
- 오전에 방문하게 될 경우 10~11시 사이가 무난하다.

③ 방문매너

- 명함과 필요한 관련서류를 잘 휴대하였는지 확인한다.
- 약속시간보다 15~20분쯤 일찍 도착해서 용모와 복장을 점검한다.

- 너무 일찍 도착했을 때에는 근처에 있다가 시간에 맞춰 들어간다.
- 부득이하게 늦을 경우에는 미리 연락하여 상황과 예상 도착시간을 알린다.
- 예정된 일행 이외의 동행이 있는 경우에는 사전에 알린다.
- 회사 방문 시 안내데스크에 자신의 신분과 상대(방문 대상자), 방문 목적을 간단명료하게 밝힌다.
- 사무실이나 방에 들어갈 때에는 노크를 해야 한다.
- 앉으라는 권유가 있은 후에 앉는다.
- 회의실로 안내를 받았다면 방문 대상자가 올 때까지 출구에서 가까운 하석에서 기다리는 것이 좋다.
- 상대를 기다려야 하는 경우 서류를 미리 꺼내둔다.

④ 미팅

- 첫 대면 시 반갑게 인사를 나누고 명함을 교환한다.
- 방문 목적을 전달하고 원활한 미팅이 진행되도록 한다.
- 차나 음료를 권하면 사양하기보다는 감사의 인사를 하고 마신다.
- 내용은 반드시 메모를 하며 시계나 휴대폰은 보지 않는다.

⑤ 미팅 후

- 미팅 후에는 시간을 내준 것에 대해 감사인사를 한다.
- 목적이 달성됐을 때는 그 결과에 대한 감사인사를 충분히 한다.
- 원하는 결과를 얻지 못했을 경우에는 다음 미팅을 기약한다.

2) 접대

띵동띵동!

김 신(공 유) : 누구지?
지은탁(김고은) : 다녀왔습니다. 손님이 오셨어요. 두 분께…

> 써   니(유인나) : (다짜고짜) 둘이 같이 살아요?
> 김   신(공 유) : 아뇨. 이렇게 셋이. 그런데 무슨 일로?
> 지은탁(김고은) : (김신(공유)을 때리며) '앉으세요'가 먼저죠!
> 　　　　　　　　앉으세요. 사장님. 뭐 마실 거라도 드릴까요?"
>
> - TVN 드라마 '도깨비' 중에서

① 고객응대의 기본

- 방문객의 옷차림이나 외모에 상관없이 친절하게 응대한다.
- 자신이 회사의 얼굴이라는 마음가짐으로 정중한 모습을 보인다.
- 만약 일하던 중에 고객, 또는 손님이 방문했다면 하던 일을 잠깐 멈추고 일어나서 "안녕하십니까. 무엇을 도와드릴까요?"라고 말하며 인사한다.
- 통화를 하거나 일을 하면서 방문객을 쳐다보지 않는 등 무례한 행동은 보이지 않는다.
- 방문 목적과 대상, 선약 여부를 물어보며 안내할 준비를 한다.
- 신분을 밝히지 않는 손님의 경우는 정중히 물어본다.
- 명함을 받은 경우에는 내용을 확인한다.
- 고객이 원하는 용건은 신속하고 정확하게 처리한다.
- 고객이 기다려야 하는 상황이 생긴다면 차를 대접한다.

② 안내매너

- ■ 즉시 안내할 경우
  - 선약인 경우 준비된 장소로 안내한다.
  - 선약이 되어 있지 않은 경우, 상사의 지시에 따라 안내한다.
  - 1m쯤 앞에서 걸어가며 고객의 속도에 맞춰 보폭을 달리한다.
  - 장소에 도착하면 좌석을 안내한다.
- ■ 기다려야 하는 경우
  - 고객에게 양해를 구하고 당사자에게는 고객이 방문했음을 메모로 알린다.

- 소요시간을 확인하고 고객에게 상황을 알려준다.

- 고객이 기다리는 경우에는 상석으로 안내하고 차와 책 등을 준비한다.

- 기다리지 않고 돌아갈 경우 별도로 전달할 메모가 없는지 물어본다.

■ 음료 및 다과 서비스 매너

- 왼손에 쟁반을 들고 오른손을 이용하여 노크한다.

- 목례를 하고 들어간다.

- 쟁반은 하급자의 왼쪽 끝에 내려놓는다.

- 차를 드리는 순서는 고객 먼저, 그 다음 상사이다.

- 고객의 오른편에 서서 차는 오른쪽, 다과는 왼쪽에 놓는다.

③ 배웅

- 방문해 준 것에 대해 감사의 인사를 한다.

- 엘리베이터나 현관 앞까지 배웅하는 것이 예의이다.

- (주차권 제공 가능 시) 차량 여부 확인 후 주차권을 제공한다.

- 보관을 부탁받은 물품이 있다면 잘 챙겨두었다가 준다.

직위 · 직급 · 직책 · 직함 · 직무의 구별

- 직위 : 서열 혹은 계급을 뜻하며 직무에 따라 규정되는 사회적 혹은 행정적인 위치이다. 회장, 부회장, 사장, 부사장, 전무, 상무, 이사, 부장, 차장, 과장, 대리, 주임, 사원을 말한다.
- 직급 : 직무의 등급을 뜻하며 직위를 세부적으로 분류한 것이다. 업무의 종류나 난이도, 혹은 책임도가 비슷한 지위를 묶은 최하위의 구분이다. 공기업에서 많이 사용하며 '호봉제'가 적용된다.
- 직책 : 직무상의 책임을 뜻하며 책임이나 권한이 따른다. CEO, CFO, 본부장, 팀장 등이다. 과장이나 대리는 직위, 팀장이나 팀원은 직책에 해당한다.
- 직함 : 직위와 직책을 통틀어 일컫는 말. '○○○팀장을 맡고 있는 박○○과장'
- 직무 : 하는 일을 말한다. 영업, 회계, 인사, 마케팅, 관리, 기획 등

2 공공 매너

가. 교통 매너

1) 승용차

"우리 붕붕이. 이제 달려볼까?"
흰색 망사 장갑과 선글라스로 한껏 멋을 낸 천송이는 핸드백은 사이드미러에 걸어놓은
채 도심 속 도로를 달리기 시작한다.
"♫천송이가 랩을 한다. 쏭~쏭~쏭~~
내 이름은~~~ 천. 송. 이. 우리 언니~~~ 만. 송. 이.~~~♫"
차선을 밟고 두 개의 차선을 장악하며 신나게 달리고 있을 무렵 주변의 다른 차들은 계속
경적을 울리는데 천송이는 천진난만하게
"네~~ 안녕하세요. 천송이예요…
아~~ 오랜만에 나왔더니 이렇게 격하게 인사를 해주네"
자기 차를 가로질러 차선을 바꾸며 가는 차들을 보고 하는 천송이의 한마디
"누가 운전을 개발새발 하나보네. 하여튼 운전 못하는 것들은 끌고 나오지 말아야 해."

- 드라마 "별에서 온 그대" 중에서

"내가 이러려고 면허를 땄나. 자괴감이…", "괜찮아요? 초보라서 많이 놀랐죠?"
"거북이도 내가 답답하대.", "내 차도 내가 무섭대요."

이 문구들은 도로교통공단에서 주최한 초보운전 스티커 문구공모에 당첨된 문구들이다. 이것들만 보더라도 우리나라에서 초보운전자가 도로로 차를 몰고 나오는 것에 대해 얼마나 신경쓰는가를 짐작할 수 있다. 물론 운전에 천부적 소질이 있고 경력 좀 된다는 운전자들의 입장에서 보면 본의 아니게 다른 운전자에게 피해를 입히는 초보운전자, 또는 차를 보지 못하고 지나가는 보행자를 본다면 그 마음이 얼마나 답답하고 화가 나겠냐만 반대로 내가 초보운전자였다면, 내가 보행자였다면 어땠을까?

운전에서도 역지사지의 배려문화가 필요하다.

- 소방차, 경찰차, 응급차 등의 급박한 상황의 차량에는 길을 양보한다.

  119구급대는 총 52만 8,247건 출동해 34만 3,497명의 환자를 이송했으며 하루 평균 1,447건을 출동했다. 초로 환산하면 60초마다 한 건 꼴이다(서울소방재난본부, 2016년 통계).

  소방차와 같은 경우 골든타임 5분이 넘으면 불길은 걷잡을 수 없을 만큼 커진다. 현대판 '모세의 기적'이라 불리는 길 내주기 캠페인 활성화를 위한 운전자의 적극적인 협조가 필요하다.

- 운전 중에는 스마트폰을 보지 않는다.

  도로교통공단의 실험에 따르면 운전 중 스마트폰 사용에 대한 실험을 한 결과 시속 60㎞로 주행 중 2초간 화면 액정을 확인하는 시간을 가졌을 때 차량은 약 34m를 주행했다. 스마트폰을 사용하는 것은 눈을 감고 하는 졸음운전과 마찬가지라고 보면 된다(이데일리, 2016.12.09.).

  미국 캘리포니아주의 경우는 스마트폰을 손에 쥐고만 있어도 적발, 처벌이 가능하다. 우리나라도 한동안 스마트폰 사용 운전자를 철저하게 단속한 적이 있었다. 단속하기 때문에 자제하는 것이 아니라 내 안전을 위해, 다른 사람의 안전을 위해 스마트폰 사용은 자제하는 것이 좋다.

- 비상등으로 감사 혹은 사과의 의미를 표현한다.

  사고가 났을 경우 비상등을 켜고 이를 알리는 용도의 비상등이 있지만 끼어들기 양보를 받았거나, 무리하게 차선변경을 해서 뒤에 오는 차에게 피해를 주었을 때의 경우도 비상등을 활용한다.

- 난폭한 운전을 하지 않는다.

  한 해 난폭운전과 보복운전은 총 1만 6천여 건이 접수됐다(매일신문, 2017.01.19.).
  난폭한 운전과 보복운전은 교통사고를 일으킬 뿐 아니라 살인에 이르는 인명사고
  로 이어지기도 한다.

- 차주라도 동승자가 있을 때는 금연하는 것이 좋다.

  비흡연자들에게 좁은 차 안에서의 담배냄새는 특히 견디기가 힘들다.

  꼭 피우고 싶다면 양해를 먼저 구한 뒤 차문을 열고 최대한 짧은 시간을 활용한다.

- 사고 시 다른 차량의 진로를 방해하지 않도록 차를 가장자리로 이동한 후 신속하게
  처리한다.

- 차량의 과한 장식이나 소음은 다른 운전자의 운행에 방해가 될 수 있다.

- 물이 고여 있는 도로를 운전할 시 서행하여 보행자에게 튀는 일이 없도록 한다.

- 낯선 곳에서 길을 물을 경우 감사 인사말을 전한다.

주행 시 매너가 있다면 주차 시에도 지켜야 할 매너가 있다.

- 주차라인 및 주차지역을 잘 준수한다.

  장애인용 주차공간과 소방차 전용 주차구역에는 주정차하지 않는다.

  소화전을 비롯한 소방용수시설 주변 5m 이내, 재래시장·상가지역상습불법주차구
  간, 아파트·주택밀집지역 등 화재취약대상 및 화재경계지구 진입로 등에 불법주차
  시 승합차는 5만 원, 승용차는 4만 원의 과태료가 부과된다.

  긴급차량 출동을 고의적으로 방해하면 5년 이하의 징역 또는 3천만 원 이하 벌금이
  부과될 수 있다(도로교통법 제35조 3항 외).

- 집 앞이나 건물 등 사유지 주차장이 비어 있다고 임의로 주차하지 않는다.

  부득이하게 주차 시에는 반드시 연락처와 이용시간 등을 남긴다. 사용 후엔 감사의
  인사를 잊지 않는다.

- 이중 주차를 할 경우 핸들은 중앙에, 주차브레이크(parking brake, emergency brake)
  는 사용하지 않고 기어는 중립에 놓는다.

- 주차장에서 비상등을 켜고 주차하려는 자리에 새치기하지 않는다.
- 오른쪽 차량운전자가 문을 열 수 있는 공간의 여유를 두고 주차한다.

'운전스타일을 보면 그 사람의 인격이 보인다'는 말이 있다. 연애를 시작할까 말까 고민하는 상대가 있다면, 인사채용을 해야 하는데 지원한 사람의 인성이 궁금하다면, 아니면 사업이나 중요한 일을 함께할 파트너에 대한 평소 인격이 궁금하다면 그 사람의 차를, 그 사람이 운전하는 차를 타고 한두 시간 함께해 보는 것을 권한다. 평상시엔 아주 예의 바른 모습, 차분한 모습을 보이다가도 운전대만 잡으면 돌변하는 사람들이 있다.

급브레이크나 액셀을 자주 밟거나 계속해서 추월하는 운전자, 경적을 자주 울리며 가는 운전자, 운행 도중 상대 차량에 큰 소리나 욕을 하는 사람이라면 고려해 보는 것이 좋다.

중국에는 만만디(慢慢的)라는 문화가 있다. 일을 천천히 여유를 갖고 하는 것을 말하는 것인데 우리나라도 운전문화, 운전의식만큼은 "빨리빨리" 문화에서 여유와 배려하는 마음으로서의 "만만디" 문화를 만들어가는 건 어떨까?

2) 승하차

운전자가 해야 할 매너와 에티켓이 있다면 승하차 시에도 지켜줘야 할 사항들이 있다.

우선 승차서열을 살펴보면 기사가 있는 경우와 자가운전인 경우로 나뉜다.

서열은 편리함, 안락함, 안전함을 고려해서 기사가 있는 경우 뒷자리 오른쪽, 왼쪽, 운전자 옆자리, 뒷자리 가운데 순이다. 자가운전자와 승차할 경우 운전석 옆, 뒷자리 오른쪽, 왼쪽, 가운데 순으로 앉는다. 일행이 운전할 때 무심코 뒤에 앉았을 경우 자신을 기사로 생각한다는 오해와 불쾌함을 줄 수 있으니 유념하는 것이 좋다. 만약에 동승자가 회사 대표나 스승, 집안 웃어른 등 자신보다 한참 윗분이라면 자가운전일지라도 뒷좌석 오른쪽으로 안내하는 것이 매너이다.

- 운전자의 안전운행을 위해 너무 큰 소리로 시끄럽게 대화하지 않는다.
- 장거리 운전 시 옆자리에 앉은 사람은 운전자의 안전운행을 도와야 한다.
  졸지 않으며 운전자의 피곤을 덜어줄 정도의 간단한 담소를 나누며 간다.
- 남녀가 택시에 동승하는 경우 남성이 차 문을 먼저 열고 탑승한 뒤 여성이 뒷자리 오른쪽에 탑승할 수 있도록 배려하는 것이 좋다. 이때 가운데 좌석에는 앉지 않도록 한다.
- 여성의 경우 스커트를 착용했을 시 문이 열리는 쪽을 바라보면서 상체 먼저 차 안으로 들어간 후 다리를 모아서 들어가고 하차 시엔 그 반대(다리－상체 순)로 한다.

3) 대중교통

① 지하철 매너 및 에티켓 10계명

서울시 하루 평균 대중교통 이용량은 944만 건이 넘고 그중 지하철 이용객은 658만 명에 달한다(2022년 서울교통공사 통계기준). 배려만이 대중교통을 편리하게 이용할 수 있게 해준다.

1. 문이 닫히려고 할 때 무리하게 타지 않는다.
2. 노인, 임산부, 장애인 등 노약자에게 자리를 양보한다.
3. 선하차, 후탑승의 규칙을 지킨다.
4. 휴대전화는 진동으로, 통화할 땐 작은 소리로 한다.
5. 음악 및 영상은 볼륨을 줄이고 이어폰으로 감상한다.

6. 젖은 우산이나 젖은 옷이 다른 승객에 닿지 않게 한다.

7. 혼잡 시 백팩은 앞으로 메거나 다리 밑에 놓는다.

8. 부정승차하지 않는다.(적발 시 30배 요금 부과)

9. 냄새나는 음식은 지하철에서 내린 후에 먹는다.

10. 다리는 모으고 신문은 접어서 본다.

뉴욕 지하철 6호선의 기적

미국 뉴욕 지하철 6호선에서 일어난 일입니다.

한 흑인 여성이 여러 다발의 장미를 들고 사람들에게 팔고 있었습니다.

그런데 그 여성 앞으로 양복을 말쑥하게 차려입은 한 남성이 나타납니다.

그리고는 장미가 얼마인지 묻습니다.

한 송이에 1달러지만, 15송이를 14달러에 주겠다고 말합니다.

그런데 이 남성은 갑자기 140달러를 줄 테니 이 꽃 전부를 팔라고 이야기합니다.

그 말에 여성은 당황하고 답을 하지 못하는데, 남성은 처음 말했던 돈보다 더 많은 150달러를 내밀었습니다.

그리고는 한 가지 약속을 해달라고 합니다.

이것들을 팔지 말고 이 전철의 사람들에게 나눠달라고요.

재차 약속해 달라는 남자의 말에, 꽃을 팔던 여성은 눈물을 참지 못하고 그렇게 하겠다고 말합니다.

그리고 남성은 그냥 전철에서 내렸습니다.

어떤 말을 해야 할지 몰랐던 이 여성은 울먹이며 사람들에게 소리칩니다.

"이 꽃을 원하시는 분들이 계시면 그냥 드릴게요."

여전히 울먹이는 그녀를 주변 사람들이 응원해 줍니다. 그녀는 다시 한번 크게 외칩니다.

"공짜 장미예요!"

사람들은 그녀에게 박수를 쳐주며 응원해 줬습니다.

하루 몇 송이를 팔기도 쉽지 않았을 텐데, 이를 다 나눠줄 수 있다니 그녀는 얼마나 기뻤을까요. 그리고 이 꽃을 받는 사람들도 얼마나 행복했을까요?

한 남자가 건넨 150달러는 그 사람들뿐만 아니라 정말 많은 사람들을 행복하게 하고 있습니다. 지난 2013년 6월 유튜브에 올라온 이 영상은 3년이 지난 지금 863만 조회수를 기록하며 아직도 사람들에게 퍼져 나가고 있는 겁니다.

곳곳에서 힘들게 살아가고 있는 사람들을 만납니다. 한번쯤은 우리도, 누군가에게 작은 기적을 선물할 수 있었으면 좋겠습니다.

- SBS뉴스, 2016.07.01.

② 버스 매너 및 에티켓 10계명

1. 서 있는 승객은 반드시 손잡이를 잡는다.
2. 차 안에서 냄새나는 음식물을 섭취하지 않는다.
3. 임산부, 어린아이 동반자, 노약자에게 자리를 양보한다.
4. 휴대전화는 진동으로, 통화할 땐 작은 소리로 한다.
5. 음악 및 영상은 볼륨을 줄이고 이어폰으로 감상한다.
6. 버스를 기다릴 때 도로에 내려와서 기다리지 않는다.
7. 발을 밟거나 신체적 접촉이 있을 시 바로 사과한다.
8. 기사의 허가 없이는 앞문 승차, 뒷문 하차를 원칙으로 한다.
9. 현금으로 이용 시엔 미리 잔돈을 준비한다.
10. 애완동물 동반 시 별도의 이동가방을 이용한다.

4) 자전거

자전거에도 면허증이?

도로교통공단은 '정부 3.0 − 찾아가는 서비스 및 사각지대 해소'를 위해 타 기관과의 협업을 통해 찾아가는 교육을 시작했다. 초등학교를 직접 방문해 실시하는 어린이 자전거 교육은 어린이들의 참여를 높이고 흥미를 유발해 교육효과를 높이고 있다.

교육과정 또한 안전교육−필기시험−실기시험 순으로 체계화해 어린이들의 교육 집중도를 높였다. 3시간 동안 진행되는 이 교육은 관심도를 높이기 위해 마치 어린이들이 운전면허를 취득하는 과정처럼 자전거 면허증 취득이라는 목표를 부여했다. 자전거 운전면허증은 면허증의 기능은 없으며 교육 이수증으로만 활용이 가능하다.

신용선 도로교통공단 이사장은 "어린이 자전거 교통안전 교육을 통해 어릴 때부터 안전운전을 습관화하는 것은 성인이 되어서도 그대로 이어지기 때문에 미래 교통안전 운전자를 양성하는 기반을 조성하는 데 크게 기여하고 있다"고 밝혔다.

우리나라는 4대강 사업 이후 한강을 따라 경치를 보며 달릴 수 있는 자전거 전용도로가 생기면서 점점 더 많은 동호회가 생기고 스포츠레저 목적으로 자전거를 이용하는 사람들이 많아졌다. 그런가 하면 막히는 도로를 피해 출퇴근용으로 이용하는 사람들 또한 꾸준히 늘고 있는 추세이다.

그러나 아직까지는 몇몇의 전용도로를 제외하고는 차도에서 다니거나 인도에서 보행자와 함께 다니는 자전거 보행자 겸용도로가 대다수이므로 이용자로서의 특별한 주의와 배려가 필요하다.

- 보행자를 우선으로 보호한다.
  비교적 작은 이동수단이지만 보행자에게는 충분히 위협적인 교통수단이 될 수 있다.
- 교통신호등을 지킨다.
  자전거는 운행 시엔 차와 같은 교통수단이기 때문에 무단횡단 등의 위반을 하지 않는다.
- 도로 역주행을 삼간다.
  앞에 오는 차량을 마주 볼 수 있다는 점에서 더 안전하다고 생각하지만 오히려 사고 위험도가 높다.
- 헬멧, 장갑 등의 안전장비를 착용한다.
  특히 야간에는 어두운 시야 확보를 위해 라이트와 안전등을 반드시 켠다.
  이때 라이트는 반대방향 이용자의 눈부심 방지를 위해 아래로 한다.
  또한 야광 액세서리나 복장을 착용하는 것도 사고 방지를 위한 방법 중 하나이다.
- 백미러를 자주 보고 수신호를 잘 활용한다.
  안전을 위해 뒤에 오는 차량이나 보행자에게 가고자 하는 좌우방향을 알려주거나 먼저 가라는 표시를 하는 수신호를 활용하는 것이 안전에 도움을 줄 수 있다.
- 지나친 대열주행을 삼간다.
  자전거도로에서의 지나친 단체주행은 다른 사람들에게 위협과 불편을 초래한다.
- 지하철이나 버스 등을 이용할 때는 다른 사람에게 피해가 가지 않도록 조심한다.
  자전거 전용 칸이 있는 지하철을 이용하거나 접이식 자전거를 이용하도록 하고 되도록이면 출퇴근 시간은 피하는 것이 좋다.
- 좁은 골목에서는 주변상황을 특별히 경계한다.
  멈춰 있는 자동차라도 갑자기 문을 열고 나오는 운전자나 동승자가 있을 수 있어
  충돌사고가 날 수 있기 때문이다.
- 뒤따라오는 자전거나 보행자를 위해 급정차를 하지 않는다.
- 횡단보도를 건널 때는 반드시 자전거에서 내린 후 걸어서 건넌다.

자전거는 레저용이든 출퇴근용이든 손쉽게 이용할 수 있는 편리한 수단이지만 자동차에게도 사람에게도 안전사고에 노출되어 있는 위험할 수밖에 없는 수단이기도 하다. 안전하고 즐거운 자전거 문화를 위해 자칫 가볍게 여겨질 기본적인 매너와 에티켓은 꼭! 지키도록 하자.

오드리 헵번이 사랑한 자전거
세기의 미녀라 불리는 오드리 헵번.
오드리 헵번 하면 떠오르는 것이 무엇일까?
짧게 자른 뱅 스타일의 앞머리? 하얀 치아를 보이며 웃는 환한 미소? 봉사의 여신?
여러 가지가 있겠지만 그녀를 떠올리면 생각나는 또 한 가지가 바로 자전거이다.
'사브리나', '티파니에서의 아침을', 그리고 '마이페어레이디' 등 오드리 헵번이 출연한 영화에는 유독 자전거 타는 장면이 많이 나온다.
그녀는 평소에 자전거 타는 것을 좋아해서 하루에 30분씩은 꼭 자전거를 탔다고 한다.
촬영장에서도 그녀가 요구한 것은 편히 쉴 수 있는 분장실과 자전거 한 대.
자전거의 어떤 매력이 오드리 헵번을 사로잡았던 것일까?

5) 에스컬레이터·엘리베이터

① 에스컬레이터

우리나라는 월드컵 유치 결정 후 성숙한 시민의식을 보이고자 에스컬레이터 이용 시 한 줄 서기 운동을 대대적으로 벌였었다. 이후 서서 갈 사람은 오른쪽, 빨리 걸어서 이용할 사람은 왼쪽에서 이동하는 것이 불문율처럼 자리 잡았지만 최근에 다시 한국, 일본, 영국, 중국 등은 안전상의 문제로 한 줄 서기에서 다시 두 줄 서기 운동을 하고 있다. 그러나 한 줄 서기가 이미 오랜 세월 동안 자리 잡은 문화인지라 시민들에게 좋은 반응을 얻지 못했다.

- 다른 이용객들에게 불편을 주지 않도록 걷거나 뛰지 않으며 이용 시에 사고예방을 위해 손잡이를 잡고 모두의 편의를 위해 두 줄 서기를 하는 것이 좋다.
- 또한 공항이나 마트에서 볼 수 있는 무빙워크에서도 움직이지 않고 정지한 상태에서 이용하고 걷거나 뛰어야 할 경우 무빙워크 옆 복도를 이용하도록 한다. 특히 마트의 경우 아이들의 사고가 적지 않게 일어나고 있으니 특별한 주의가 필요하다.

② 엘리베이터

- 손윗사람(직장 상사, 웃어른)과 방문객(거래처 사람), 여성이 먼저 타고 내린다. 먼저 탄 사람은 뒤에 타는 사람을 위해 뒤쪽 양옆 가장자리로 이동하고 뒤쪽 중앙-앞쪽 가장자리-중앙 순으로 탄다.
- 이용객이 많을 경우 먼저 탄 사람이 열림 버튼을 누른 채 기다려준다.
- 버튼 쪽에 서 있는 사람은 안쪽에 있는 사람들을 위해 목적지 층을 물어보고 대신 눌러준다.
- 짐이 많을 경우 화물칸을 이용하거나 양해를 구하고 이용객의 불편이 없도록 최대한 몸 쪽으로 붙인다.
- 문이 닫히려고 할 때 무리하게 타지 않으며 아직 오지 않은 일행을 위해 버튼을 누른 채 장시간 기다리지 않는다.

6) 도보

버스나 지하철, 택시, 자전거와 같은 편리한 이동교통수단이 있다면 무엇보다 가장 많이 이용하는 이동수단은 다름 아닌 '사람의 발'이라 할 수 있다. 도보 시에도 다른 교통수단 이용만큼이나 지켜야 할 매너가 있다.

- 스마트폰을 보면서 걷지 않는다.
  도로교통공단(2016.12.)이 발표한 바에 따르면 음악을 듣거나 스마트폰을 보며 길을 걷는 보행자는 횡단보도를 건너는 평균속도가 일반보행자보다 느리고 경적소리와 같은 주변 소리에도 둔감했다. 성인남녀 20명을 대상으로 음악을 듣거나 스마트폰을 보며 횡단보도를 걷는 실험을 한 결과 55%는 자동차 경적소리를 전혀 인지하지 못했다.
  보행 중 스마트폰의 사용으로 인한 부주의는 교통사고의 주범이 된다.
- 자전거 전용도로 표시가 있는 도로로 걸어다니지 않는다.
- 다수의 일행이 통로를 막고 한 줄로 무리지어 걷지 않는다.
- 버스나 택시를 기다릴 때는 차로 쪽으로 들어가거나 내려가서 기다리지 않는다.
- 공공장소에서 특히, 보행 시 담배를 피우지 않는다.
  현재 우리나라는 버스정류장 반경 10m 이내를 금연구역으로 지정한 곳들이 있다. 서울의 경우 금연구역이 버스정류장과 어린이집 주변, 도시공원 등으로 점점 확대되는 추세이다.

길빵은 무서워~

금연구역이 늘고 단속도 강화됐지만 하루아침에 담배를 끊을 수 없는 흡연자들이 규제를 피해 길거리와 아파트 등 곳곳에서 담배연기를 뿜는 탓에 비흡연자들의 간접흡연 피해는 여전한 실정이다.

소위 '길빵'이라 불리는 길거리 흡연이 간접흡연의 대표적 피해사례다. 길을 걸을 때 앞에서 담배를 피우면 아이·임산부 가릴 것 없이 뒤따르는 사람들 모두에게 연기가 갈 뿐 아니라, 쉽게 피할 수도 없는 탓에 비흡연자들이 고통을 호소하고 있다.

#1.
임신 8개월째인 임산부 조모씨(30)는 최근 출근하던 길에 봉변을 당했다. 지하철역으로 가는 좁은 길목에서 앞에서 가던 남자가 담배를 꺼내 불을 붙인 것이다. 조씨는 "뱃속 아기한테 안 좋을까봐 약도 안 먹으며 조심하는데 느닷없이 담배냄새를 맡으니 기분이 확 상했다"고 말했다.
또한 주부 유모씨(35)는 "임신 초기부터 출산할 때까지 길거리를 다닐 때마다 흡연자가 뿜는 담배연기 때문에 노이로제가 걸릴 지경이었다. 결국 마스크를 쓰고 다녔다"며 "아이를 데리고 다니는 지금도 걱정하는 건 마찬가지"라고 말했다.

#2.
직장인 김모씨(35)도 "상쾌한 공기를 마시면서 산책하다가 길빵을 당하면 앞에 가는 사람의 뒤통수를 때리고 싶을 정도로 짜증이 확 난다"고 말했다.

#3.
2014년 대구에서는 길거리 간접흡연으로 인한 폭행사건까지 발생했다. 김모씨(40)는 한 커피숍 앞에서 서모씨(41)가 뿜은 담배연기가 자신에게 온다며 얼굴을 때리고 머리채를 잡아 흔들다 경찰에 불구속 입건됐다.

길거리 흡연 외에도 아파트 창문 밖에서 담배를 피워 위층이나 아래층으로 담배연기가 올라가거나, 복도에서 담배를 피워 연기가 다른 집에 들어가는 등 간접흡연 피해사례도 잇따르고 있다.

- 머니투데이, 2016.03.26. 재정리

나. 경조사

살아가면서 우리는 주변 지인들의 생일, 결혼, 출산, 입학, 졸업식, 취업, 승진, 대회 입상 등의 경사스러운 소식을 듣게 된다. 그런가 하면 사고를 당했다거나 병을 앓고 있는 관계로 병원 신세를 지고 있다는 소식, 또는 부고(訃告) 등과 같은 안타까운 소식을 들을 때도 있다. 이 모든 일에는 진심으로 축하와 위로의 인사를 전하는 것이 인지상정 (人之常情)이다. 경사와 조사 모두 당사자를 직접 만나서 안부를 묻는 것이 예의이나 특히 안타까운 일에는 반드시 직접 가서 슬픔을 함께 나눠야 하는 것이 우리나라의 정서이자 오래된 문화라 할 수 있다.

1) 조문 및 병문안

① 부고를 받을 시

- 가능한 한 빠른 시일 내에 방문한다.

  부득이한 경우 문자나 전화로 사유와 함께 위로의 말을 전한다.

  평소 친한 사이라도 이모티콘이나 가벼워 보이는 말은 삼간다.

- 유족에게 많은 말을 걸지 않는다.

- 지나친 음주를 하지 않는다.

- 큰 소리로 이야기하거나 지인을 볼 경우 큰 소리로 부르지 않는다.

- 부의금(조의금)은 상주에게 직접 전달하지 않고 문상을 마친 후 부의함에 넣는다.

  들어가기 전에 방명록 접수와 함께 접수부에 전달하는 경우도 있다.

② 조문순서

- 상주에게 인사한다.

  인사는 조용히 목례만 한다.

- 영정 앞에 분향한다.

  향을 끌 때는 입으로 불지 않고 손가락으로 지그시 눌러 끄거나 손으로 부채질
  해서 끈다.

- 영정에 절을 한다.(2회)

  기독교와 같은 종교를 가진 조문객은 기도를 한다.

- 상제와 맞절한다.

  기독교와 같은 종교를 가진 조문객은 상제와 서로 목례를 한다.

  * 상주는 유가족 중 장자, 상제는 유족 모두를 뜻함

- 조의금을 전달한다.

장례식에 어울리는 복장은?

엉뚱하기로 소문난 팝 아티스트 N양이 모 연예인의 장례식에 몸에 딱 붙는 흰색 진바지에 오렌지색의 깊게 파인 브이넥셔츠를 입고 가서 화제가 된 적이 있다. 급하게 가게 되는 경우라도 복장은 꼭 지켜야 할 에티켓이다.

• 남성의 복장은 검정색 정장에 검정색 넥타이, 흰색 셔츠를 입는다.
  만약 검정색 정장이 준비가 안 됐다면 감색이나 회색도 가능하다.
• 여성의 복장은 검정색 계열로 입고 짧은 치마와 짙은 화장은 피한다.
• 화려한 색상이나 무늬양말, 또는 맨발은 피한다.

③ 병문안

• 가능한 한 빨리 찾아가서 안부를 묻는다.
  단, 큰 수술을 한 경우는 2~3일의 회복기를 거친 후에 방문하는 것이 좋다.
• 문병시간은 오전 10~11시나 오후 3시 전후로 가는 것이 적당하다.
  그 외 의사 회진시간이나 식사시간 및 치료시간은 피하고 병원에서 지정된 시간 및 금지시간이 있는지 미리 확인하는 것이 헛걸음을 줄일 수 있는 방법이다.
• 환자, 또는 가족에게 희망시간을 확인하는 것이 좋다.
  잇따른 문안객들의 방문으로 환자가 쉬지 못하고 피곤해할 수 있다.
• 병실을 들어갈 때는 손을 꼭 씻고 들어간다.
  환자는 병균에 특히 약하기 때문에 감염의 위험이 있을 수 있다.
• 환자가 좋아할 만한 선물을 챙긴다.
  병문안엔 다과, 음료 등 중복되는 선물이 많기 때문에 가까운 사이라면 따로 필요한 것이 있는지 물어보는 것도 방법 중 하나다.
• 복장은 어두운색 계열의 옷보다는 밝은색을 입는 것이 좋다.
  단, 너무 화려한 색상의 옷은 피한다.
  어두운 복장은 장례식을 연상시키게 되므로 환자를 더 우울하게 할 수 있다.

- 병실에는 장시간 머무르지 않고 큰 소리로 떠들지 않는다.

  환자들은 예민하다. 특히 다인실인 경우 다른 환자에게 불편을 초래할 수 있다. 오래 머물게 되는 경우 환자의 거동이 가능하다면 휴게실이나 병원 내 카페를 이용한다.

- 향기가 너무 지나친 꽃, 쉽게 시드는 꽃은 피한다.
- 너무 걱정하는 말보다는 가급적 즐겁고 희망적인 말을 전한다.

  아무리 생각해서 해주는 말이라도 환자에겐 오히려 근심이 될 수 있다.

병문안 조문 시 어떤 인사를 해야 할까?

병문안 시	조문 시
• 좀 어떠세요? • 소식 듣고 많이 걱정했습니다. • 이만하길 다행입니다. • 좀 나아지셨다고 하니 감사한 일이네요. • 전보다 얼굴이 좋아 보이시네요. 곧 완쾌하실 것 같은데요. • 주변에도 비슷한 병명(부상)을 갖고 있는 지인이 있었는데 곧 회복됐습니다.	• 뭐라 드릴 말씀이 없습니다. • 삼가 조의를 표합니다. • 상심이 크시지요. • 무언의 위로—목례, 위로의 포옹
삼가야 할 인사	
• 얼굴이 말이 아니에요. 많이 야위셨습니다. • 이렇게 다치시고(이런 병에 다 걸리시고) 정말 어떻게 하면 좋아요? • 안녕하세요, 안녕히 계세요.	• 어떻게 돌아가셨나요? 자세히 좀 얘기해 보세요. • (오랜 투병 후) 그렇게 고생하시더니 잘 가셨네요. • (오랜 투병 후) 이제 좀 한시름 놓으시겠습니다.(편해지시겠습니다.) • 고생하세요. 수고가 많으십니다.

2) 경사

① 결혼식 매너

> 뇌섹남으로 활약하는 연기자 K씨가 친한 동생의 결혼식에서 참석했었다. 식이 한참 진행
> 된 후에 들어왔음에도 불구하고 마치 "나 연예인이야~~"를 티내는 듯이 라이더재킷에 청
> 바지를 입고 나타난 것이다. 아무리 유명브랜드에 비싼 옷이라 할지라도 결혼식에 맞는
> 옷이 있는 것이다. 최소한의 격식을 갖춘 복장을 하고 참석하는 것이 예의이다.

- 결혼식엔 반드시 정장을 입는다.
- 흰색의 옷은 피한다.
  이날은 특히 신부가 빛나야 하는 날이므로 같은 색의 흰색을 입는 것은 신부를 배
  려하지 않는 행동이라 할 수 있다.
- 결혼식장에서 신랑 신부의 과거 연애이야기 험담을 하지 않는다.
  주변에 가족이나 친지가 앉아 있을 수도 있다.
- 정시보다 일찍 도착해서 혼주(婚主)나 신랑 신부를 직접 만나 축하인사를 건넨다.
- 본식에 참석하지 않은 채 식사만 하는 것은 실례가 된다.
- 가까운 사이라면 직접 필요한 목록을 물어본 후 선물해 주는 것도 좋은 방법이다.

② 각 주년별 결혼기념일의 의미와 선물

결혼 후 특정한 주년(週年)마다 부부의 건재함을 축하하는 날로 경사 중에 대표 기념
일이라 할 수 있다.

19세기 중엽의 영국 문헌에 의하면, 결혼 후 5년째는 나무(木), 15년째는 동(銅), 25년
째는 은(銀), 50년째는 금(金), 그리고 60년째는 다이아몬드로 의미를 부여해서 5회로 기
념했으나 미국에서는 75년째를 다이아몬드 결혼기념일로 정하여 기념하고 있다.

미국은 결혼기념일에 파티를 여는데 1~5년째까지는 매년, 그 이후는 5년마다 베푼
다. 그 밖의 경우는 하고 싶은 가정에 따라서 소소한 축하모임을 갖기도 한다.

우리나라는 해로한 부부가 혼인한 지 60년째에 회혼례(回婚禮)를 올리는데 주로 자손

들이 그 부모를 위해 베푼다.

　　결혼기념일에는 보통은 남자가 여자에게 선물하는 것이 풍습이었으나 요즘은 서로에게 선물을 주거나 가족이나 친척, 또는 지인들이 축하의 선물을 해주기도 한다.

주년	이름	선물	의미
1	지혼식 (祗婚式)	그림이나 책 등의 종이로 된 선물	종이에 먹물이 마르지 않은 상태
2	고혼식 (藁婚式)	밀짚, 무명으로 된 상품	지푸라기 구멍으로 의사소통이 이루어지는 상태처럼 서로 다름을 알아가는 시기
3	과혼식 (菓婚式)	사탕이나 과자	둘 사이에 열매가 맺히듯 달콤한 사이
4	혁혼식 (革婚式)	가죽으로 된 제품	생가죽을 맞대고 산 날이 꽤 되니 마음도 맞을 때가 됨
5	목혼식 (木婚式)	나무로 만들어진 장식품	나무토막같이 무감각해질 수 있는 시기 거름을 주고 물을 주듯 가꿔야 함
7	화혼식 (花婚式)	꽃다발, 또는 꽃으로 만든 상품	물을 주고 꽃이 피기 시작하니 시들지 않게 하기 위해 노력함
10	석혼식 (錫婚式)	주석, 알루미늄 제품	결혼 때 산 놋그릇에 녹이 났으니 녹이 슬 부부 사이도 갈고 닦아 새롭게 함
12	마혼식 (麻婚式)	비단, 마, 삼베 제품	씨실과 날실을 짜서 엮듯 정성들여 가정을 만들어 감
15	동혼식 (銅婚式)	수정으로 만든 제품	희로애락을 함께하며 영롱한 보석을 만드는 시기
20	도혼식 (陶婚式)	도기로 된 제품	한번 금이 간 건 없어지지 않으니 서로 상처나지 않게 조심함
25	은혼식 (銀婚式)	은제품	백년해로 중 4분의 1을 산 의미있는 시기 은쟁반에 얼굴을 비치면 서로의 풍파와 세월의 흔적이 보임
30	진주혼식 (眞珠婚式)	진주로 만든 보석제품	조갯살 속의 상처가 진주로 승화하듯 그동안의 상처는 흔적조차 없고 아름답게 보일 시기
35	산호혼식 (珊瑚婚式)	산호, 비취	해변의 휴양지에서 자유롭게 누릴 수 있는 시기
40	홍옥혼식 (紅玉婚式)	루비제품	따뜻한 햇살과 바람을 맞은 빨간 사과처럼 아직도 열정을 발산하기 충분함
45	녹옥혼식 (綠玉婚式)	사파이어제품	초록으로 무성한 잎을 드리는 여름날 고목처럼 부부가 많은 사람에게 생기를 전해주는 시기

50	금혼식 (金婚式)	금제품	반백년을 함께 한 금과 같이 귀한 사이
55	취옥혼식 (翠玉婚式)	에메랄드	항상 푸르른 봄날의 기운처럼 영원히 건강하고 행복한 날을 갖는 시기
60	회혼식 (回婚式)	다이아몬드	가장 귀한 보석과 같이 존경과 찬사를 받기에 부족함이 없음
75	금강혼식 (金剛婚式)		시간이 지나도 변하지 않는 보석처럼 둘의 사랑도 영원함

③ 출산, 돌잔치

■ 출산

• 병원이나 산후조리원은 가까운 사이가 아니라면 직접 방문은 자제한다.
  방문 시에는 산모의 상태를 먼저 확인한다.

• 출산 후 2~3일 정도까지는 전화보다는 문자로 축하인사를 남긴다.
  전화는 충분한 수면을 필요로 하는 산모에게 방해가 될 수 있다.

• 출산 직후에는 산모를 위한 꽃바구니, 과일이나 디저트 등의 선물이 적당하다.

• 자택 방문은 1개월 정도 경과 후에 하는 것이 좋다.
  * 우리나라는 삼칠일이라 해서 한 달 정도의 회복기간을 갖는 전통이 있다.

• 여성의 경우 긴 머리는 묶어주고 손톱은 깔끔하게 정리한다.
  아이를 직접 보게 될 경우 청결과 안전을 생각하기 위함이다.

• 방문시간은 30분에서 1시간을 넘기지 않는다.

■ 돌잔치

• 돌잡이 이벤트나 사회자의 진행 시 자리를 비우지 않는다.
  함께 축하해 주는 자리이므로 음식을 뜨러 가거나 지인들과의 인사 등으로
  자리를 이동하는 것은 예의가 아니다.

• 선물은 필요한 품목 있는지 물어본 후에 사주는 것이 좋다.

• 아이에게는 후에 기념이 될 만한 축하카드나 방명록에 글을, 부모에게는 그동
  안의 수고를 인정해 주는 인사를 함께 전하는 것이 좋다.

④ 각 상황별 인사문구

상황	인사문구
환갑, 고희 등	회갑(고희)을 진심으로 축하드립니다. 항상 건강하시기를 기도드립니다. 회갑(고희)을 경축드립니다. 만수무강하세요. 회갑(고희)을 진심으로 축하드리며 건강하시고 복된 날 보내시길 바랍니다. 회갑(고희)을 축하드립니다. 백년해로하시기를 기원합니다.
개업	개업을 축하하며 번영을 기원합니다. 개업을 진심으로 축하합니다. 개업 축하드립니다. 뜻하신 일 모두 성취하시기 바랍니다. 축하드립니다. 대박나세요. 개업 축하합니다. 사업의 무궁한 발전을 기원합니다. 개업 축하드립니다. 앞으로 하시는 모든 일 잘되시길 기도합니다.
승진/영전	승진을 축하드립니다. 앞날의 더 큰 영광을 기원합니다. 승진을 축하드리며 앞으로 더 승승장구하시기를 진심으로 기도합니다. 그동안의 열정과 노력으로 승진하신 것을 축하드립니다. 이번을 계기로 더욱더 발전하시기를 기원합니다. 영전 축하드립니다. 높으신 뜻 새롭게 펼치시길 기원합니다. 영전 축하드립니다. 계획하신 모든 일이 모두 이루어지시길 기원합니다. * 승진(昇進): 어떤 조직에서 직급이나 직위가 오를 때 쓰는 말 　영전(榮轉): 전보다 더 좋은 자리나 직위로 옮길 때 쓰는 말
취임/퇴임	취임을 축하드립니다. 앞으로 더 큰 뜻을 펼치시기 바랍니다. 취임을 축하드리며 앞으로 더 무궁한 발전을 기원합니다. 영예로운 정년퇴임이 새 인생의 출발점이 되시기를 기도합니다. 명예로운 정년퇴임을 축하드립니다. 그간의 노력에 감사드립니다.
답례 인사	고맙습니다.(감사합니다) 모두 염려해 주신 덕분입니다. 이렇게 마음 써주셔서 고맙습니다. 이렇게 신경 써주셔서 감사합니다. 베풀어주신 축하와 성의에 감사드립니다. 바쁘신데 찾아주셔서 감사합니다.

인사문구는 보통 꽃다발이나 화환을 보낼 때 쓰인다.

받는 이에게 더 특별하게 기억에 남고 싶다면 위의 문구를 참고로 진심과 개성이 담긴 나만의 인사카드를 선물상자에 넣어주는 센스를 발휘해 보는 것도 좋은 방법이 될 것이다.

3 간호서비스 실전 매너

가. 상황별 간호업무

☐ 병원에서는 많은 상황들이 발생한다.

간호사의 중요한 역할 중 하나가 바로 다양한 상황들에서 벌어지는 문제를 현명하게 해결하는 것이다. 간호서비스는 건강에 문제가 있는 고객에게 제공되기에 불만이 발생하는 원인은 대부분 '기분'에서 발생한다. 간호사의 언행과 표정이 불만을 야기한다. 그래서 불만이 발생하면 해결하기가 두렵고 어렵다. 간호사가 소통능력 및 문제해결능력을 잘 갖추지 못하였기 때문이다. 그러므로 간호사는 단순 간호지식이 가득찬 머리뿐만 아니라 가슴에는 소통 및 문제해결능력을 갖추어 따뜻한 전문 간호사가 되어야 한다.

우리가 품어야 하는 고객은 가장 중요한 건강을 회복하기 위한 환자와 보호자이기에 기타 다른 고객보다도 시간을 더 재촉하고 심리적인 불만은 더 크다.

간호사는 불만이 발생하면 신속하게 본질과 현상을 파악하여 창의적인 생각과 고객의 입장을 최대한 배려하고 공감하며 불만을 해결해야 한다.

☐ 간호사는 늘 고객의 소리에 귀 기울이고 표정에 주목해야 한다.

병원의 불만사례를 보면 대부분 이해(공감)와 배려 부족, 설명미흡, 불친절한 응대, 직원 간의 의사소통 결여 등이다. 고객이 불만을 갖게 되는 가장 큰 이유는 자신의 소리를 듣지 않고 관심을 갖고 있지 않다고 생각하기 때문이다.

우리들은 늘 관심 있게 듣고 관찰하고 있는데 왜 고객은 불만을 갖는 걸까?

이것이 간호사와 고객 입장의 gap이다. gap을 줄이기 위해서 간호사 입장을 변명이나 해명하는 태도가 아닌 고객의 감정과 일치시키고 신뢰감, 자신감 있는 태도로 불만을 해결해야 한다.

- 즉각적인 관심의 첫 단추는 반응이다.

  신속하고 정중한 태도로 반응을 보인다.

  "그러셨군요", "예, 바로 확인해 드리겠습니다."
- 경청과 공감이다. 고객이 가진 불만을 다 들어주는 것만으로도 고객의 화는 어느 정도 가라앉게 된다. 말을 끊지 않고 잘 들어준 다음 적절한 공감의 표현을 한다. "정말 불편하셨겠어요.", "마음이 언짢으셨겠어요." 등으로 고객의 불만을 응대한다.
- 수용과 사과로 고객의 마음을 열어준다. 간호사가 해명부터 하려고 하면 고객은 뒤돌아선다. 사과의 말은 완전한 문장으로 "정말 죄송합니다.", "번거롭게 해드려 죄송합니다." 등으로 한다.
- 사과가 끝났다면 정확한 정보나 대안을 제시한다. 더불어 감사의 인사를 잊지 않고 고객과의 약속을 철저히 이행한다.
- 문제해결을 위해서 간호사는 최선을 다해야 한다. 고객에게 무엇을 해줘야 할 것인지 알려주고 혼자 해결하기 힘든 상황이면 상사나 동료에게 도움을 청해야 한다. 고객의 불만해결을 위해 무엇을 할 것인지 알려주면서 최선을 다하는 모습을 보여준다.

□ 의사소통은 언어적인 기술 이상으로 비언어적인 간호사의 표정, 자세, 움직임, 음성의 크기와 속도 등도 매우 중요하다. 대화와 표현이 일치된다면 환자에게 잘 전달되어 라포 형성이 잘 되고 신뢰감을 줄 수 있다. 환자에게 신체를 가까이하고 눈 맞춤을 유지하는 것은 경청하고 있음을 표현하는 것이다.

- 환자의 표정, 음성의 크기, 속도, 신체 각도 등을 맞추어 응대하면 환자는 이해받고 있다는 느낌을 갖게 된다. 존중하는 태도로 섬세하고 편안하게 맞추려 노력해야 한다. 인위적인 모습으로 보인다면 동정받는 기분이 들 수 있으므로 주의해야 한다.

- 경청과 비언어적 신뢰감 태도, 눈 맞춤을 통한 관심표현은 환자로 하여금 존중받는 느낌을 준다. 동시에 간호사에게 협력하여 적극적이고 순응적인 태도를 보인다.

- 환자는 이름 불리기를 원한다. 간호사가 이름을 부르면 자신을 기억하고 있다고 생각한다. 이름을 반복해서 부르면 간호사는 환자를 다시 마주할 때, 쉽게 기억할 수 있다. 환자의 이름을 부르는 것은 긍정적인 관계를 형성한다. 서로 좋은 감정을 느끼고 다시 병원을 찾게 된다.

☐ 칭찬은 환자에게 긍정적인 피드백이 된다. 간호사는 환자들을 칭찬하며, 자존감을 높여주는 지지자가 되어야 한다. 환자의 긍정적인 행동, 표정, 실천에 가감 없이 칭찬하면 자존감이 올라간다. 하지만 환자들에게 진심이 담기지 않은 무성의한 칭찬은 오히려 관계에 독이 되니 삼간다.

☐ 간호사는 환자에게 상황마다 표정과 시선을 다르게 표현하여 진심을 전달하고 신뢰감을 주어야 한다.

표정관리

첫 응대 시	• 미소 띤 얼굴로 편하게 인사한다. • 중환자, 응급환자, 수술환자 등 위중한 상황에서는 상황에 적합한 표정으로 공감한다. • 무표정한 표정은 절대 금물이다.
환자를 응대할 때	• 상황이 좋지 않을 때는 전문 간호사다운 표정으로 신뢰감을 준다. • 매번 똑같은 무미건조한 표정은 지양한다. • 딴 생각을 하는 표정은 절대 금물이다.
환자가 질문할 때	• 집중 경청하는 표정으로 대한다. • 답을 미리 안다는 표정은 금물이다. • 질문이 이상하다는 표정으로 인상을 찌푸리거나 고개를 갸우뚱하면 안 된다.
환자가 퇴원할 때	• 환한 표정과 미소로 마지막까지 진심 어린 자세로 대한다.

시선관리

첫 응대 시	• 부드럽고 따뜻한 시선으로 바라본다.
환자를 응대할 때	• 시선을 자연스럽게 움직인다. • 환자의 눈높이를 맞추어 설명한다. 어린이, 노인환자를 대할 시 쭈그리고 앉거나 신체를 숙여 눈높이를 맞추면 친근해진다. • 시선을 돌릴 때는 갑자기 돌리지 말고 천천히 부드럽게 돌린다.
환자가 질문할 때	• 질문이 끝날 때까지 눈을 바라본다. • 대답할 때에는 시선을 거두고 생각을 정리하고 다시 시선을 맞추어 설명한다.
환자가 퇴원할 때	• 부드럽고 따듯한 시선으로 진심을 담아 당부의 말을 하며 인사한다.

• 표정 사진 : 공감〈슬픔, 우울, 기쁨, 행복, 안심〉

　설명, 설득 〈단호, 정확, 신뢰〉

• 시선 사진 : 눈의 다양함

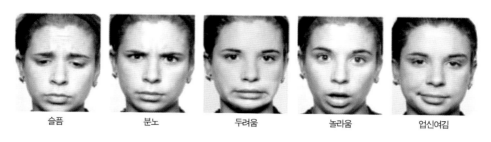

| 슬픔 | 분노 | 두려움 | 놀라움 | 업신여김 |

☐ 환자를 불편하게 하는 태도를 알아보자.

행동	환자가 느끼는 불만 태도
무관심	나와는 상관이 없고 의미 없는 행동으로 책임감과 신뢰감을 주지 못하는 태도이다.
차가움	환자를 귀찮은 존재로 느끼며 차갑고 불친절하게 대하는 태도이다.
거만함	환자가 모른다고 무시하고 철없이 투정을 부린다는 생각으로 무시하는 태도이다.
무시함	환자의 불만과 호소를 못 들은 척, 의미 없는 행동으로 보고 간호사 자신의 입장에서 판단하는 태도이다.
경직함	진심이 없고 의례적인 태도로 일관하는 것이다.
책임회피	자신의 직무만을 강조하고 피하는 태도이다.
병원규정	병원규정만을 먼저 내세우며 환자에게 강요하는 태도이다.

☐ 환자의 불만에 현명하게 대처하는 방법을 정리해 보았다.

인정	안심하고 이야기할 수 있도록 편안한 표정과 자세로 대한다.
경청	불만의 원인과 해결의 실마리를 찾기 위해 끼어들지 않고 집중하여 경청한다.
공감	환자의 생각에 공감을 표현한다.
진심으로 사과	환자의 불편함에 대해 진심으로 사과한다.
요구 파악	질문을 통하여 구체적인 정보를 얻어 해결방법을 찾아낸다.
빠르게 처리	환자의 불만을 즉시 처리하고, 늦어지면 중간에 피드백을 하여 처리과정을 이야기해 드린다.
피드백	환자에게 처리 결과를 이야기해 드리고, 추후 다시 불만이 발생하지 않도록 조직원들과 공유한다.

나. 외래

☐ 외래 진료 흐름에 따라 진료시작 전 업무는 예약환자 명단 확인, 환자확인, 환자정보 점검, 진료절차 안내 등이다. 진료 시작 후 업무는 간호사정(V/S, 통증사정, 검사유무 확인), 진료실 안내 및 진료보조(사생활 보호), 처방 및 검사 설명, 안내, 추후 예약 및 수납이다.

1) 외래 응대

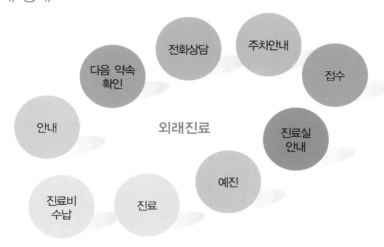

2) 외래 응대 실패사례

☐ 외래를 방문하는 환자들의 불만요인은 긴 대기시간, 무관심한 태도, 설명 불충분, 미흡한 예약관리 등이다.

① 긴 대기시간

- 대기시간은 객관적으로 측정가능한 시간과 고객이 느끼는 대기시간으로 나누어 볼 수 있어서 측정이 불가능하다.
  그러나 일반적으로 고객이 느끼는 대기시간을 중요하게 생각하므로 고객의 입장에서 대기시간을 같이 느끼며 관리해야 한다.

※ 실패 Nurse Talk

환　자 : "내가 30분이나 기다리고 있는데, 아직도 안 부르니 답답해 죽을 지경이에요!"

간호사 : "환자분보다 더 먼저 오셔서 기다리시는 분도 계시는데요. 오늘은 좀 기다리셔야 해요!"

환　자 : "아니, 그럼 무작정 기다리라고? 그게 말이 돼요?"

※ Nurse Talk 나라면?

표 정	
시 선	
대 화	

- 고객에게 예약현황과 진료상황을 정확히 파악하여 진료 시까지 필요한 대기시간을 설명하고 불만을 표시하기 전에 양해를 구한다.
- 예상보다 대기시간이 길어지면 중간에 진행경과를 설명하고 불편사항이 없는지 수시로 관찰하며 관심을 갖고 있음을 표시한다.

※ 매너 듬뿍 Nurse Talk

(1) "환자분, 기다리시게 해서 죄송합니다. 지금 먼저 진료 중이신 분이 0분 정도 계셔서 진료시간이 00분 정도 더 소요될 듯합니다. 양해 부탁드리면서, 준비되는 대로 바로 진료 보실 수 있도록 최선을 다하겠습니다."

(2) "환자분, 죄송합니다. 바로 앞에 분 진료가 예상시간보다 지연되고 있습니다. 앞으로 00분 더 기다리셔야 할 것 같은데 괜찮으시겠습니까?
네, 너그럽게 이해해 주셔서 감사합니다. 혹시 필요하신 사항 있으시면 언제든지 말씀해 주십시오."

② 무관심한 태도

- 고객이 보이는 곳에서 잡담을 하거나 거슬리는 행동 등은 불쾌감을 준다. 늘 고객을 향한 눈길과 손길, 그리고 전문적이면서 따뜻한 전문적 입길로 존중과 관심받고 있음을 느끼게 해야 한다.

※ 실패 Nurse Talk

환 자 : "오늘 심한 감기 때문에 ○○병원에 들러 내원 치료를 했습니다.

감기치료 하나에 네 시간 동안 진료받고 검사받고 없는 두통도 생기는 듯했습니다. ○○○ 교수님 담당하셨던 간호사분 정말 시끄럽게 볼펜을 달깍거리면서 돌아다니시더군요. 시끄럽다고 내색했더니 들었는지 볼펜은 여전히 달깍거리면서 옆에 있는 간호사분들한테 신경쓰이게 일부러 개인적인 얘기를 하고 눈도 안 마주치고 환자는 쳐다보지도 않으면서 자기 일만 하는 그 간호사분 때문에 기분만 상했습니다. 친절하게 해도 환자들의 신경이 날카로워지는 병원에서 불친절의 극치였습니다."

※ Nurse Talk 나라면?	
표 정	
시 선	
대 화	

※ 매너 듬뿍 Nurse Talk

(1) 고객에게 불쾌감을 주는 볼펜 달깍거리는 행동과 잡담을 즉시 중단하고, 죄송한 표정으로 단정한 자세를 취한다.

(2) 고객이 보이는 곳 앞에서 개인적인 잡담은 절대 하지 않는다.

(3) 간호사는 고객을 향해서 바라보고 관찰하며 응대해야 한다.

③ 설명 불충분

- 고객은 적합한 검사와 치료를 받고 있는지, 얼마나 호전되었는지, 걱정되는 부분을 알기 쉽게 충분히 설명 듣기를 원한다.
- 고가의 검사비용에 대한 두려움, 왜 시간이 오래 걸리는지, 투약에 대한 궁금증 등 전문적이고 합리적인 설명을 고객의 입장에서 시간이 걸린다 하더라도 인내심을 갖고 충분히 해야 한다.

※ 실패 Nurse Talk

환자 신경외과 SAH로 OP하고 외래 통원을 하는 60대 남자
간호사 신경외과 외래 간호사

환 자 : "머리 아프다고 이야기만 하면 CT를 찍자고 하니 돈 무서워서 말을 못하겠어요."
간호사 : "환자분은 뇌출혈로 수술하셨으니까 당연한 거예요."
환 자 : "돈도 못 버는데, 맨날 자식들한테 미안해서 그러죠."
간호사 : "에이, 자식들도 이해하실 거예요. 그리고 CT 비용 얼마 안 해요. 걱정하지 마세요!"

※ Nurse Talk 나라면?

표 정	
시 선	
대 화	

※ 매너 듬뿍 Nurse Talk

환자 신경외과 SAH로 OP하고 외래 통원을 하는 60대 남자
간호사 신경외과 외래 간호사

환 자 : "머리 아프다고 이야기만 하면 CT를 찍자고 하니 돈 무서워서 말을 못 하겠어요."
간호사 : "부담스러운 환자분 마음 이해합니다. 뇌출혈로 수술하신 지가 얼마 안 되어서 두
통이 있으시다고 하니 크게 염려되고요, 현재 혈압도 150/90으로 약간 높아서 CT
촬영을 하시는 것이 좋습니다. 교수님도 충분히 생각하고 판단하셔서 촬영하자고
하시는 거니 마음 불편하더라도 촬영하시는 게 어떠실까요?"
환 자 : "돈도 못 버는데, 맨날 자식들한테 미안해서 그러죠."
간호사 : "맞습니다. 그 마음 충분히 이해합니다. 자제분들을 위해서라도 빨리 건강 찾으셔
야죠. 이렇게 불편하거나 궁금하신 점 있으시면 언제든지 말씀 주십시오. 정성껏
대답해 드리겠습니다."

④ 미흡한 예약관리

• 예약은 고객의 대기시간을 줄여주어 편의를 도모하며 특정한 시간에 환자가 몰
리는 현상을 줄여줌으로써 고객이 신속하게 진료를 받을 수 있도록 한다.
• 온라인 예약과 오프라인 예약으로 나뉜다. 온라인 예약은 전화, 인터넷, 모바일
등이 있으며 오프라인 예약은 고객이 직접 방문하여 예약하는 것을 말한다.
• 병원 예약시스템과 내부직원들의 꼼꼼한 의사소통으로 일간, 주간, 월간 예약상
황을 공유하여 고객이 예약으로 인한 불편함이 없도록 한다.

※ 실패 Nurse Talk

환 자 : "이전에 인터넷 예약접수를 하고 진료일에 진료비 계산 후 접수증을 받았습니다.
A과에 가서 접수증을 내니까 당일접수라고 해서 아니라고 하니까 A과 직원이 접수
처에 전화 걸더니 왜 잘못 접수했냐고 타이르고 끊었습니다.
그래서 원래대로 잘 해줄 줄 알았더니 저한테 왜 오늘 없는 의사를 예약했는지 물어
보고 당일접수니까 기다리라고 했습니다. 다시 아니라고 하니까 당일접수하셨다고

주장하는데 인터넷 접수인 걸 확인했으면서도 왜 당일접수라고 저한테 주장하는지 이해할 수 없었습니다.

잘못된 걸 이해했음에도 원래대로 안 해주려고 하는 게 불친절했습니다."

※ Nurse Talk 나라면?	
표 정	
시 선	
대 화	

※ 매너 듬뿍 Nurse Talk

(1) 우선 정중하게 고객에게 사과한다.

(2) 인터넷 예약접수가 잘못된 이유를 공감하며 충분히 설명한다.

(3) 인터넷 예약접수를 한 담당의사가 당일 진료가 없어서 당일 진료를 기다려야 한다는 상황을 친절히 설명한다.

(4) 대기시간이 지연되는 이유를 중간에 설명한다.

다. 병동

☐ 병동의 일상 업무는 물품인계, 업무인계, 투약, 검사예약 및 검사준비와 시행, 병실 관리, 수술환자 준비 및 상태관찰, 퇴원환자 준비, V/S I/O 체크, 우선순위 문제해결, 간호기록 등이다.

1) 병동 응대

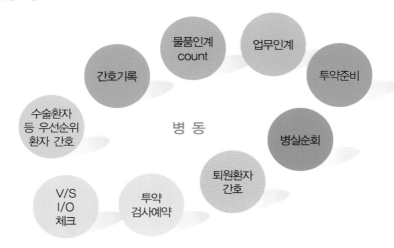

2) 병동 응대 실패사례

☐ 병동 업무는 고객과의 접점이 많다. 투약, 검사, 통증관리, 환자상태 관찰, 식이 등 시행하면서 전문적인 설명을 하지 않거나 즉각적인 반응을 하지 않는다면 강한 불만을 표시한다. 고객의 특성은 아래와 같다.

- 기억해 주길 바란다.
- 존중받길 원한다.
- 친절하길 바란다.
- 칭찬받길 원한다.

- 자신이 1순위로 대접받기를 원한다.
- 가족처럼 대해주길 바란다.

□ 위와 같은 고객의 특성을 항상 명심하고 사명감을 가지고 업무에 임한다면, 고객과
   간호사의 감정이 일치되어 서로 만족하는 훌륭한 간호서비스가 될 것이다.

① 이해(공감), 배려 부족

※ 실패 Nurse Talk

환　자 : "이제야 겨우 잠이 들었는데, 혈압, 체온 잰다고 오면 다시 잠들기 너무 힘들어요.
　　　　잘 때는 안 하면 안 돼요?"

간호사 : "안 돼요. ○○○분은 혈압과 체온이 높아서 2시간마다 체크하셔야 해요."

환　자 : "잠도 자야 병이 낫죠!"

간호사 : "다 ○○○분을 위해서 하는 거예요! 다른 환자분들은 아무 말씀 없으신데… 불편
　　　　해도 좀 참으세요."

※ Nurse Talk 나라면?	
표 정	
시 선	
대 화	

> ### ※ 매너 듬뿍 Nurse Talk
>
> 환　자 : "이제 겨우 잠들었는데, 혈압, 체온 잰다고 오면 다시 잠들기 너무 힘들어요. 잘 때는 안 하면 안 돼요?"
>
> 간호사 : "네. 겨우 잠드셨는데, 너무 죄송합니다. 저라도 힘들 것 같아요.
> 그럼 제가 주치의 선생님한테 물어보고 조정해 보겠습니다.
> 불편하신 점 말씀해 주셔서 감사합니다."

② 응대 미흡

> ### ※ 실패 Nurse Talk
>
> 환　자 : "수액이 다 들어가서 빼달라고 몇 번을 이야기해야 빼줘요?"
>
> 간호사 : "(무표정으로) 네, 빼드릴게요. 저도 오늘 너무 바빠서 그래요."
>
> 환　자 : "오늘만 그런 게 아니니까 이야기하죠!"
>
> 간호사 : "전 오늘만 그랬어요. 무슨 말씀이세요?"

※ Nurse Talk 나라면?	
표 정	
시 선	
대 화	

※ 매너 듬뿍 Nurse Talk

환　자 : "수액이 다 들어가서 빼달라고 몇 번을 이야기해야 빼줘요?"

간호사 : "(죄송한 표정으로) 죄송합니다. 이야기하실 때마다 마음이 불편하셨을 텐데요. 아무리 바빠도 바로 빼드려야 했는데 그러질 못해서 진심으로 죄송합니다. 이런 일 없도록 노력하겠습니다."

③ 불친절한 설명과 응대 미흡

※ 실패 Nurse Talk

환　자 : "배가 너무 고파요. 검사 언제 해요? 예정시간보다 1시간이나 지났어요!"

간호사 : "배고프신 거는 이해하는데요. 검사하려면 금식은 기본이니까, 조금만 더 참으세요."

보호자 : "입장 바꿔보세요. 옆에서 보는 사람도 힘들어요!"

간호사 : "보호자분도 같이 이러시면 안 돼요. 금식은 유지하시도록 도와주셔야 되는데 같이 짜증내시면 환자분이 더 힘드세요!"

※ Nurse Talk 나라면?	
표 정	
시 선	
대 화	

※ 매너 듬뿍 Nurse Talk

환　자 : "배가 너무 고파요. 검사 언제 해요? 예정시간보다 1시간이나 지났어요!"

간호사 : "(공감하며) ○○○분 많이 힘드시죠? 충분히 배고프시죠. 검사시간이 왜 늦어지는
지 알아보고 있습니다. 먼저 검사하시는 분이 예정시간보다 길어지시는 것 같습니
다. 기다리시게 해서 너무 죄송합니다. 되도록 빨리 검사하실 수 있게 신경쓰고
있으니, 이해 부탁드립니다."

보호자 : "입장 바꿔보세요. 옆에서 보는 사람도 힘들어요!"

간호사 : "맞습니다. 옆에서 보시는 보호자분도 안타까우신 마음 이해합니다.
죄송합니다. 검사 끝나는 대로 바로 검사실 보내드리겠습니다."

---

④ 이해(공감) 부족과 응대 미흡

※ 실패 Nurse Talk

환　자 : "의사 선생님 말투가 원래 저러세요? 환자가 물어보는 말에 싸가지 없게 성의 없게
대답하시고, 회진도 대충 하시는 거 같아서 기분 나빠요!"

간호사 : "그분 친절한 분은 아니에요. 환자분이 참으세요. 저희한테도 그러는 분이니까요.
환자분한테만 그러는 거 아니에요."

환　자 : "난 환자라고요. 환자 없이 의사가 존재합니까? 태도를 바꿔야지, 나보고 참으라고요?!
그게 말이 돼요?"

간호사 : "환자분, 왜 저한테 화를 내세요? 그러면 환자분이 직접 주치의 선생님한테 말씀하세요!"

※ Nurse Talk 나라면?	
표 정	
시 선	
대 화	

260

※ 매너 듬뿍 Nurse Talk

환 자 : "의사 선생님 말투가 원래 저러세요? 환자가 물어보는 말에 싸가지 없게 성의 없게
　　　대답하시고, 회진도 대충 하시는 거 같아서 기분 나빠요!"

간호사 : "○○○분 많이 마음 불편하셨겠네요. 주치의 선생님이 잘못하셨네요.
　　　하지만 ○○○분이 생각하시는 그런 분은 아닙니다. 정도 많으시고
　　　늘 공부하시는 성실한 분이세요. 제가 슬쩍 말씀드리겠습니다.
　　　노여움 풀어주세요. 불편하게 해드려 죄송합니다."

⑤ 응대 미흡

※ 실패 Nurse Talk

환 자 : "갑자기 배가 아파요. 핫팩 좀 주세요. 그럼 나아질 듯해요."

간호사 : "(무성의하게) 조금만 기다려주세요. 가져다드릴게요."

※ Nurse Talk 나라면?	
표 정	
시 선	
대 화	

261

> ## ※ 매너 듬뿍 Nurse Talk
> 환　자 : "갑자기 배가 아파요. 핫팩 좀 주세요. 그럼 나아질 듯해요."
> 간호사 : "(걱정하며) 배가 아프세요? 언제부터 어떤 양상으로 배가 아프세요?
> 　　　　○○○분, 우선 주치의 선생님한테 이야기하고 핫팩을 드릴지 아님 다른 검사나
> 　　　　투약을 할지 결정해야 할 듯합니다. 주치의 선생님한테 말씀 드리고 처치해 드리
> 　　　　겠습니다."

라. 중환자실

□ 중환자실은 면회시간 응대가 가장 중요하다. 환자의 처치와 간호를 보지 못하는
불안감과 상태악화에 대한 두려움을 가지고 있는 보호자에게 친절하고 따듯하게
응대해야 한다.

1) 중환자실 응대

- 응급실을 통해 입원한 경우
- 입실, 전실 시 응대
- 면회시간 응대

2) 중환자실 표준응대 가이드

□ 환자를 면회하는 보호자에게 중환자실 입원기간, 환자상태의 변화 등에 대해 친절
히 충분하게 설명해야 한다. 환자의 위생, 청결, 안위 등도 세심하게 간호하여 보
호자를 맞이해야 한다. 또한 보호자는 아래와 같은 바람을 가지고 있음을 기억하
고 응대하여 만족도를 높이는 면회시간을 만들어보기 바란다.

- 가족처럼 돌봐주길 바란다.
- 하루라도 빨리 일반병실로 전실하길 바란다.

- 환자가 편안하게 치료받기를 바란다.
- 환자가 고통받지 않기를 바란다.
- 환자가 깨끗하길 바란다.
- 환자의 상태, 처치, 간호 등 충분한 설명을 해주길 바란다.

입실 시 응대

안녕하십니까?

저는 담당 간호사 ○○○입니다.
여기는 ○○중환자실입니다.
○○중환자실에 입원하신 것에 대해 많이 걱정되시죠?
앞으로 ○○○님의 상태가 호전될 때까지 중환자실에서 치료를 받게 되십니다.
그럼 지금부터 중환자실 입원 안내해 드리겠습니다.
(보호자 안내문 설명)
더 궁금한 사항 있으십니까?
○○○님이 집중치료 잘 받으시도록 최선을 다하겠습니다.

면회시간 대면 응대

[담당 간호사 소개]

안녕하십니까? 저는 담당 간호사 ○○○입니다.
오늘은 어제보다 추운데, 오시느라 고생하셨습니다.

[첫인사]
인사말을 한다.
"많이 걱정되시죠?" "오시느라 고생하셨습니다." 등

[일반적인 환자 상태 설명]
"밤에 잘 주무셨습니다.", "오늘 혈압, 산소 수치는 정상입니다.",
"식사량이 점점 늘고 계십니다." 등

[특별한 환자 상태 설명]

환자의 특별한 문제에 접근하여 정보 제공

- 보호자가 자세한 설명 듣기를 원할 경우 주치의를 연결한다.

 "잠시만 기다려주십시오. 주치의 선생님 연결해 드리겠습니다."

[추가 질문 유무 확인]

"더 궁금한 사항은 없으십니까?"

[끝인사]

"안녕히 가십시오. 다음 면회시간에 뵙겠습니다. 조심히 돌아가십시오."

전실 시 응대

목적 : 환자의 간병으로 몸과 마음이 지친 보호자의 정서적 지지를 돕기 위함이다.

"환자분이 빨리 회복되셨으면 좋겠습니다."
"안녕히 가십시오."
"환절기에 건강 유의하십시오."
"힘내십시오."

3) 중환자실 응대 실패사례

① 설명 부족과 응대 미흡

※ 실패 Nurse Talk

보호자 : "환자를 왜 묶어둔 거죠?"

간호사 : "환자분이 너무 심하게 움직이셔서 낙상의 위험이 있어서 억제대를 한 거예요. 걱
         정 마세요. 수시로 보고 있습니다."

※ Nurse Talk 나라면?	
표 정	
시 선	
대 화	

※ 매너 듬뿍 Nurse Talk

보호자 : "환자를 왜 묶어둔 거죠?"

간호사 : "보호자분, ○○○분이 억제대를 하고 계셔서 많이 속상하시죠?

현재 의식이 불분명하시고 인공호흡기와 소변줄을 빼시거나 낙상의 위험이 있어서 ○○○분을 보호하기 위해 억제대를 적용하였습니다.

저희가 억제대로 인해 압박받는 부위는 2~3시간마다 수시로 점검하고 관리하면서 손상받지 않도록 하겠습니다.

일시적으로 적용하는 것이니 호전되면 바로 억제대를 제거해 드리겠습니다."

② 응대 미흡

※ 실패 Nurse Talk

보호자 : "대변을 봤는데 왜 안 치워주나요?"

간호사 : "(무표정으로) 네~ 지금 바로 치워드리겠습니다."

※ Nurse Talk 나라면?	
표 정	
시 선	
대 화	

※ 매너 듬뿍 Nurse Talk

보호자 : "대변을 봤는데 왜 안 치워주나요?"

간호사 : "죄송합니다. 지금 바로 치워드리겠습니다. ○○○분이 많이 힘드셨겠네요. 방금 제가 ○○○님의 자리를 확인하였을 때는 안 보셨는데 방금 대변을 보신 것 같습니다. 바로 정리해 드리겠습니다."

③ 설명 부족과 응대 미흡

※ 실패 Nurse Talk

보호자 : "우리 아버지 상태는 어떠신가요?"

간호사 : "특이할 만한 변화는 없이 그대로이십니다."

266

	※ Nurse Talk 나라면?
표 정	
시 선	
대 화	

※ 매너 듬뿍 Nurse Talk

보호자 : "우리 아버지 상태는 어떠신가요?"

간호사 : "아직까지는 원하시는 만큼 호전되지 않으셨지만, 혈압과 맥박은 정상이시고, 저희가 반응을 주면 반응도 하십니다. 산소포화도도 정상이니 ○○○분에게 긍정적인 말씀 많이 해주십시오."

상태 변화 없다는 말은 절대 금기

④ 배려 부족과 응대 미흡

※ 실패 Nurse Talk

환　자 : (간성혼수로 인해 의식이 불분명하고 괴성을 지른다.)

간호사 : "(짜증을 내며) 환자분, 자꾸 이렇게 소리 지르면 안 돼요. 여기 다른 환자분들도 계시니까, 조용히 좀 하세요. 그리고 이렇게 움직이시면 묶을 거예요!"

	※ Nurse Talk 나라면?
표 정	
시 선	
대 화	

※ **매너 듬뿍 Nurse Talk**

환　자 : (간성혼수로 인해 의식이 불분명하고 괴성을 지른다.)

간호사 : "(상냥하게) ○○○분, 많이 힘드시죠? 무엇을 도와드릴까요? 소리 지르시면 더 힘드실 텐데요. 그리고 침상에서 많이 움직이시면 떨어지실 수 있어 걱정이 많이 됩니다."

• 환자와의 관계를 돈독하게 하는 매너

태 도	표 현
질 문	• 환자의 생각, 상황에 관심을 가지고 질문한다. • 관심이 없는 듯한 지루한 질문은 지양한다. • 늘 관심 있게 집중하고 있다는 표현을 한다.
칭 찬	• 환자의 장점을 칭찬한다. • 상황과 감정을 잘 파악하고 칭찬한다. • 노력하는 모습, 잘 순응하는 모습을 칭찬한다.
격 려	• 용기와 희망을 준다.
감 사	• 환자의 존재와 관심에 진심을 담아 감사의 마음을 전한다.
위 로	• 환자의 슬픔과 불안을 내 일인 것처럼 위로하며 공감한다.

축 하	• 환자가 호전된 모습을 보이거나 회복하였을 때, 누구보다 제일 크게 기뻐하며 축하한다.
사 과	• 환자에게 잘못한 일에 대해 깊이 사과한다. • 더 나은 간호서비스를 제공하지 못함도 사과한다.
용 서	• 환자의 실수, 잘못에 대해 무조건 용서한다.
축 복	• 환자에게 늘 건강과 행복을 기원하며 축복의 말을 한다.
애 정	• 사랑한다고 말한다. • 간호의 기회를 주셔서 행복하다고 말한다.

☐ 외래, 병동, 중환자실로 나누어 상황별 매너를 알아보았다. 의사소통 스킬은 표정과 시선이 말의 내용과 일치될 때 환자와의 관계가 강화된다.

간호사라는 사명감을 가지고 마음과 행동이 일치되어 진심으로 공감하고 소통해야 진정한 돌봄을 행하는 것이다.

기계적인 처치 및 행위로만 환자를 대한다면 '간호사'가 아닌 '유사 간호인'이라고 해도 과언은 아니다.

☐ 친절 간호사를 위한 행동지침을 공유하고 행동하자.

– 미소와 함께 환자에게 공감하고 있음을 표현한다.
– 환자의 이름을 부르며 대화한다.
– 환자가 말할 시에는 끝까지 경청하며, 정보를 얻는다.
– 환자의 말을 정확히 확인하면서, 원하는 것이 무엇인지 파악한다.
– 환자에게 일방적이거나 강압적인 말은 하지 않는다.
– 환자에게 현명한 해결책과 꼭 지켜야 할 사항을 설득력 있게 말한다.
– 처음부터 끝까지 상황에 맞는 표정과 자세로 소통한다.
– 필요시에는 언제나 찾아주길 바란다고 말한다.

4 취업과 면접 전략

가. 취업준비

☐ 자신의 특성 이해 및 역량 파악

간호 현장에서 보다 전문적이고 효율적인 간호업무를 수행하기 위해서는 교재 내용에서도 다루었듯이 에니어그램 또는 MBTI와 같은 성격유형검사 등을 통해 자신의 특성을 이해하여 대인관계 형성 시 서비스 실패를 줄이기 위해 자신만의 적절한 응대 및 대처법을 체득해둘 필요가 있다. 아울러 자신이 보유하고 있는 간호사로서의 역량을 파악하여 보완해야 할 점과 강화해야 할 점에 대한 체계적인 계획을 세워 재학 중에 노력을 기울여야 한다.

개인의 특성 이해 및 역량 파악을 위한 검사는 여러 가지 방법이 있는데 '워크넷(www.work.go.kr)'을 통해 심리검사 및 직무관련 역량검사 등을 누구나 손쉽게 할수 있다.

☐ 취업 희망 병원의 비전 및 인재상, 채용기준 이해하기

취업 희망 병원에 입사하기 위해서는 병원이 요구하는 조건을 충족해야 하는데 이를 위해 자신의 인성적인 면과 역량이 병원의 비전에 따른 인재상과 부합하여야 하고 병원에서 요구하는 채용기준을 만족해야 한다. 병원의 비전 및 인재상은 각 병원의 홈페이지를 통해 확인할 수 있는데 신문 기사나 방송 등에서 해당 병원에 대해 다루어진 내용들이 있는지 검색하여 참고하는 것이 좋다. 채용기준은 채용공고에 제시된 항목과 세부 내용을 정확히 이해해야 한다.

이러한 전반적인 내용을 아래 표처럼 종합적으로 정리하여 자기소개서 작성 및 면접준비 등에 활용하면 좋은데, 필요에 따라 항목을 추가하여 작성한다.

병원명	
비전 및 인재상	
모집인원	
모집기준	
모집절차	
평가방법	
특이사항	

☐ 취업계획 세우기

본격적인 취업 활동에 들어가기 전에 취업 예상일을 정하고 그 기간 안에 지원 자격 기준을 맞추고 이력서와 자기소개서 작성 요령, 면접 요령 등 취업에 필요한 것들을 익히기 위한 구체적인 계획을 수립하여 실천한다. 이는 계획단계에서 지원 하고자 하는 병원에의 취업 가능성을 스스로 검토하여 도전 여부를 결정하는 판단 자료가 될 수 있다.

이러한 노력은 자신의 적성이나 능력을 돌아보지 않고 주위의 권고나 세간의 평판 만을 기준으로 무턱대고 지원하거나, 스펙 쌓기를 위해 직무와 전혀 관계없는 자 격증을 취득하느라 시간을 소비하는 등의 실수를 방지할 수 있다.

〈취업계획서〉

입사 희망 병원			비 고
입사 예정일			
지원동기 및 희망 부서			
개인역량	보유역량		전공, 자격증, 외국어 등
	필요역량		
자기 특성 이해	성격 장점		강화 계획
	성격 단점		보완 계획
	자신의 강점		
	삶의 목표		

☐ 입사 지원서 준비

입사 지원서는 지원자의 첫인상을 좌우하는 중요한 요소로 취업 희망 병원에 자신을 홍보할 수 있는 중요한 수단이 된다.

병원은 입사 지원서를 기반으로 지원자의 성격이나 이미지, 직무 수행 능력, 서류 작성 능력, 부서와의 적합성, 기타 업무 역량 등을 고려하여 면접 대상자 선발 여부를 판단하게 되므로 서류심사자의 마음에 들게 작성해야 한다. 입사 지원서에는 크게 이력서와 자기소개서가 있다.

나. 이력서

□ 이력서 작성

자신의 능력과 경험 등을 체계적으로 정리하는 이력서는 병원에서 제공하는 양식이 있을 경우 반드시 기본양식에 따라 작성해야 한다. 이때 아래와 같은 사항을 소홀히 하면 첫인상에 부정적으로 작용할 수 있으므로 주의해야 한다.

- 병원 지정 양식일 경우 임의대로 형식을 수정하면 안 된다.
- 전체 기입 내용의 글자체와 표의 좌우 또는 가운데 정렬 등을 필요에 따라 통일시켜야 한다.
- 사진은 최근 3개월 이내에 촬영한 용모단정한 사진(부착 또는 파일작업)이어야 한다.
- 학력, 경력, 자격증 취득 등은 최근 순으로 기입한다.
- 주소는 도로명 주소로 기입하는 것을 권장하고, 병원으로부터의 연락을 받기 위한 이메일은 담당자가 착각을 일으킬 여지가 있는 이모티콘이나 특수문자 표기 사용을 자제한다.
- 이메일로 지원서류를 접수할 때에는 이력서와 자기소개서는 하나의 파일로 묶어서 전송하고 담당자가 이메일 수신을 확인했는지 알 수 있도록 설정한다.

다. 자기소개서

□ 채용 병원에서 자기소개서를 중요시하는 이유

1) 병원은 진정한 간호사를 원한다.

아무리 객관적으로 인정할 만한 뛰어난 스펙을 가지고 있다 하더라도 병원에 입사하고자 하는 명확한 지원동기 및 간호사가 되고자 하는 이유, 향후 발전계획이 없다면 입사 후 정신적, 체력적으로 빨리 지치고 부정적 감정상태가 환자에게 전달되어 불만을 자주 일으켜 결국 퇴사를 결정하게 된다. 그러므로 병원은 지원자의 지원동기가 확실하고 사명감과 환자를 사랑하는 마음가짐, 조직 생활에 적합한 인재인지 알아보기 위해 자기소개서를 요구한다.

2) 문서 작성과 자신의 논리를 전개해 나가는 능력을 본다.

업무의 진행이나 의사전달이 주로 컴퓨터 기록으로 이루어지므로 오피스 프로그램을 다루는 능력과 문서를 작성하는 능력이 요구된다. 자기소개서에서 일정한 소재로 문장을 전개시켜 논리적으로 연관성 있게 작성하고 상황을 분석하고 대처할 수 있는지 해결 능력을 보고자 하는 것이다.

3) 성장과정을 통해 형성된 인생관과 성격, 습관 등을 파악한다.

병원마다 요구하는 자기소개서 작성 항목이 비슷하다 하더라도 지원자마다 각기 다른 개성과 성향을 엿볼 수 있다. 같은 상황을 바라보는 시각이나 파악하는 성향 등이 다르게 나타나기 때문에 경험 많은 인사담당자들은 지원자의 성격을 짐작할 수 있다.

또한 자기소개는 지원자가 기술한 스토리텔링을 통해 소중히 생각하는 것, 내세우고 싶은 것, 특화하고 싶은 것 등이 담겨 있어 지원자가 중요하게 생각하는 부분이라 생각하고 판단한다. 특히 병원은 지원자의 가족, 학교, 대인관계 등을 유심히 검토하므로 신중하게 잘 기술하여야 한다.

4) 자기소개서는 면접의 중요한 자료가 된다.

면접관은 입사 지원서를 통해 지원자의 자질과 능력을 평가할 수 있는 질문을 찾는데, 이때 자기소개서는 지원자에 대한 구체적인 정보와 과장이나 거짓 없이 정확하게 표현되었는지를 판단할 수 있는 기본 자료가 되므로 지원자로서는 결코 가볍게 볼 수 없는 중요한 지원서류이다. 병원 인사담당자는 매년 수천 통의 자기소개서를 읽으므로 그 글이 제대로 성실하고 진실되게 작성되었는지 금방 선별할 수 있음을 명심하자. 같은 경험과 능력이라도 지원자가 어떻게 작성하느냐에 따라 다르게 평가된다는 점을 인식하여 작성하는 데 각별히 주의해야 한다.

□ 자기소개서 작성 전 준비

1) '왜 간호사가 되고 싶은지' 스스로에게 진지하게 물어보자.

- 자기 특성과 역량 탐색 단계에서 자기 이해를 바탕으로 왜 간호사가 되고 싶은
  지도 깊이 생각한 후 자기소개서 작성을 시작하라.
- 이러한 자기 이해 과정이 없는 상태에서는 입사 동기나 각오 및 계획 등이 구체
  적으로 기술되지 않으므로 진정성과 절실한 의지가 전해지기 힘들다.

2) 구체적인 직무내용을 파악해 보자.

- 인사담당자는 지원자가 본인이 하고 싶은 직무를 얼마나 알고 있는지, 정신력과
  체력이 뒷받침되어 있는지 확인하려고 한다.
- 본격적인 자기소개서 작성 전인 취업준비 단계에서 간호사의 주요 직무와 필요
  역량에 따른 자신의 성향 이해 및 보유역량 탐구를 하게 하는 이유이다.

3) 내가 내세울 수 있는 직무역량을 보여줄 수 있는 경험을 어필하자.

- 병원에서 요구하는 역량 중에서 의미 있는 직무역량을 선정하여 '내가 보유한
  직무역량과 경험'을 우선순위대로 작성해 보자.
- 내가 보유한 직무역량들이 실제 사례에서 어떻게 발휘되었고 실제 경험을 통해
  배운 점과 느낀 점이 무엇인지 명확히 제시하여 내가 보유한 역량들이 업무
  현장에서 충분히 활용될 수 있음을 합리적으로 증명하고 설득하는 것이 필요
  하다.
- 나의 사례를 임팩트 있게 나타낼 수 있는 소제목(타이틀)을 만들어 강하게 전달
  해서 기억될 수 있도록 하자.

4) 지원동기는 뭐라고 써야 하나?

- 지원동기에는 지원한 병원의 현재 모습 및 향후 발전 가능성에 대해 단순히 경
  영이념 및 비전 등을 기술하여 의미 없이 표현하는 경우가 많으나 인사담당자를

설득하고 싶다면 내가 많은 병원 중에 왜 이 병원에 입사하고 싶은지 이유를 명확히 표현해야 한다.

- 병원이 왜 다른 지원자가 아닌 나를 선택해야 하는지를 어필할 수 있는 '특장점 3가지'를 정리하고, 인사담당자가 이해할 수 있도록 차별화된 이유와 근거를 미리 정리해두자.

⟨나만의 의미 있는 경험 정리 예시⟩

질 문	의미 있는 경험	깨달은 점
학창시절 가장 힘들었던 경험	고등학교 시절 말레이시아 유학, 의사소통 문제로 성적 하락	잠시 좌절했지만 친근함으로 친구들에게 도움을 요청하고 꾸준한 영어공부로 성적이 2배 상승하여 '할 수 있다'라는 자신감을 갖게 됨
성격의 장점	누구하고나 잘 어울리는 친근한 성격	유독 정신과 실습이 힘들어 환자의 특성을 잘 파악하고 대처하기 위해 스터디를 만들어 공부하여 좋은 성적을 거둠
성격의 단점	거절을 잘 못하는 우유부단한 성격	현재 중요한 것, 시급한 것 등 우선순위를 정리하고 기준을 삼아 행동함
인생에서 가장 기뻤던 일	아르바이트를 하여 서유럽 배낭여행을 다녀온 일	노동의 가치를 알게 됨 버는 것도 중요하지만 의미 있게 쓰는 것도 중요하다는 것을 알게 됨 넓은 시야에서 생각하게 된 계기
인생에서 가장 힘들었던 일	어머니의 유방암 진단	어머니에 대한 사랑과 소중함을 깨닫고 가족들이 더 튼튼한 결속력을 갖게 됨
인정받는 간호사가 되기 위해 노력한 내용	실습에 대한 두려움 극복하기	실습을 나가기 전 환자, 질병, 업무 등 특성에 대해 선행학습을 하여 적극적으로 실습에 임함 친구 혹은 선배에게 조언을 구함

〈나만의 의미 있는 경험 정리 연습〉

질 문	의미 있는 경험	깨달은 점
인생의 가치관		
성장과정 중 나에게 큰 영향을 준 사람		
인생에서 가장 슬펐던 일		
인생에서 가장 집중한 일		
성격의 장점		
성격의 단점		
인생에서 가장 기뻤던 일		
실습 시 가장 인상에 남았던 환자		
간호사를 선택한 이유		
인정받는 간호사가 되기 위한 노력		

☐ 자기소개서 작성요령

1) 자신만의 스토리텔링으로 이미지를 차별화해야 한다.

- 차별화된 경험을 스토리텔링하여 '일할 준비가 된 사람'으로 이미지를 형성하자.

2) 성장과정

- 성품, 인성, 신념, 가치관 또는 직업의 동기를 기술한다.
- 가족관계에 대한 에피소드를 통해 형성된 가치관이나 성격을 표현한다.
  (부모님의 영향, 선생님의 교육, 친구들과의 관계, 존경하는 인물, 좌우명 등)
- 유년시절 호기심과 문제의식을 통해 진로나 직업선택의 계기를 표현한다.
- '자상하신 아버지와 어머니 사이에서 몇 째로 태어나...'와 같은 식상한 표현은 지양한다.

3) 성격의 장단점

- 본인의 가장 큰 장점을 두괄식으로 제시한다.
- 장점으로 얻을 수 있었던 성공사례를 구체적으로 서술한다.
- 여러 가지 장점을 많이 어필하기보다는 한두 가지의 장점을 어필한다.
- 단점은 단점이라고 생각했던 계기와 사례를 함께 제시하고 극복하기 위해 어떤 실천과 노력을 하고 있는지 구체적으로 표현한다.
- 특히 조직문화에 잘 적응할 수 있는 성격의 소유자, 대인관계 및 협동심 수준, 창의성 수준 등에 관한 사항은 반드시 포함시킨다.

4) 대학생활 및 사회생활

- 경험을 통해 직무역량을 가지고 있음을 표현한다.
- 전공 동아리, 교내 외 활동, 수상경력, 여행, 아르바이트 경험을 통해 지원업무에 필요한 커뮤니케이션, 문제해결능력, 대인관계, 설득력, 리더십 등과 연결하여 적합한 인재임을 보여준다.
- 특히 직무와 관련된 자격증 및 인턴십, 아르바이트 경험, 연수 이수, 장기간 해외 체류를 통한 다문화 체험 등과 관련한 사항은 반드시 포함시킨다.

5) 지원동기 및 입사 후 포부

- 병원의 이념, 비전 등이 나의 비전과 동일하다고 표현한다.
- 지원동기는 병원의 특징과 연결짓고 나의 역량을 표현한다.
- 입사 후 포부는 직무적 포부와 실천계획(3년, 5년, 10년)을 구체적으로 기술한다.
- 특히 병원의 경영철학과 자신의 비전 일치성, 병원 발전에 기여할 수 있는 수준, 명확한 지원동기와 목표수준, 지원하는 병원에 대한 관심과 열정 등에 관한 사항은 반드시 포함시킨다.

□ 깐깐 체크포인트

1) 다시 체크 주의사항

- 당연한 말과 진부한 표현 사용을 자제하라.
- 문장은 자연스럽게, 오탈자가 없는지 꼼꼼히 확인하라.
- 인터넷 용어, 줄임말 등과 같은 은어 사용을 삼가라.
- 어떤 병원에 제출해도 상관없을 것 같은 내용으로 채워진 '묻지 마 지원'은 금물이다.

2) 다시 체크 강조사항

- **구체적으로 수치화하여 신뢰감을 주어 설득하자.**

  병원에서는 이 사람이 어떤 상황에서 어떤 자세와 방법으로 문제해결을 시도해서 어떤 성과를 냈는지 궁금해한다. 이런 이야기를 할 때 '열심히', '열정적으로', '최선을 다해서', '좋은 결과', '뛰어난 성과' 등의 표현으로 모호하게 작성하는 것보다는 수치화된 데이터로 표현해 주는 것이 좋다. 그냥 열심히 했다는 것보다는 '매일 10시간씩' 했다는 것, 뛰어난 성과보다는 '150% 증가'라는 표현이 좀 더 쉽게 그림이 그려지고 객관적으로 느껴진다.

- **병원의 관점에서 생각해 보자.**

  '꼭 뽑아 달라', '열심히 하겠다', '적극적으로 배우겠다' 등으로 자신을 뽑아달라고 호소하기도 하고 최선을 다하겠다는 막연한 포부를 내세우기도 한다. 그러나 병원의 입장에서는 '이 병원을 위해 어떻게 간호할 수 있는지, 현재는 실력이 부족하지만 어떤 마음가짐과 생각, 계획으로 병원 발전에 이바지할 것인지'를 표현하는 것을 높이 평가한다.

- **두괄식으로 기술하자.**

  인사담당자들은 많은 자기소개서를 읽어야 하고 자기소개서 외에도 업무가 꽤 많다. 따라서 대략적으로 읽더라도 이 지원자가 자기소개서에서 무슨 말을 하고 있는지 쉽게 와닿을 수 있어야 한다. 그러기 위해서는 핵심 내용을 글의 앞에 두는 두괄식으로 작성하는 것이 좋다.

- **자신만의 이야기로 차별화하라.**

  참 비슷비슷한 자기소개서들이 많다. 어디서 본 듯한, 방금 읽었는데도 기억조차 나지 않는 자기소개서보다는 다른 사람과 '차별화'된 자신만의 이야기가 중요하다. 단번에 찾아내긴 어려우니 평소에 꾸준히 자신만의 이야깃거리를 찾아내야 한다.

- **추상적 내용은 금물, 구체적으로 작성하자.**

  ① 최선을 다하여 준비하였습니다.

   ▶ 한 달 동안 밤을 새워 프로젝트를 준비하였습니다.

  ② 어학연수를 갔다 왔습니다.

   ▶ 2023년 9월부터 4개월 동안 미국(일본, 호주)에 있는 **대학(병원)으로 국비지원 글로벌 현장학습을 다녀왔습니다.

  ③ 다양한 국가 출신의 많은 친구들을 사귀었습니다.

   ▶ 5개 국가에서 온 교내 외국인 유학생 친구들을 사귀었습니다. 현재도 7명의 친구들과 연락하며 친하게 지내고 있습니다.

④ 수차례의 봉사활동을 하였습니다.

▶ 2022년 적십자 봉사활동 등을 포함하여 총 23번의 봉사활동을 하였습니다.

⑤ 전공 공부에 최선을 다했습니다.

▶ 2학년 1학기 때부터는 매일 평균 2시간 이상씩 전공 공부를 했습니다.

⑥ 헬스를 자주 하고 있습니다.

▶ 2년 전부터 주 3회 헬스를 하며 체력을 관리하고 있습니다.

⑦ 남양주에 있는 한 ○○마트 매장에서 아르바이트를 했습니다.

▶ 2023년 1월부터 **동에 있는 ○○마트 식음료 매장에서 판매 아르바이트를 6개월 동안 하면서 고객과 소통하는 경험을 쌓았습니다.

⑧ 단점을 극복하기 위해 많은 노력을 기울이고 있고 상당히 극복하였습니다.

▶ 체력이 약하다는 단점을 극복하기 위해 5개월 전부터 운동을 시작하였고 현재는 며칠 밤을 새워 공부해도 끄떡없을 정도로 극복하였습니다.

⑨ 그 결과 성적이 상당히 올랐습니다.

▶ 그 결과 성적이 지난 학기에 비해 25% 올랐습니다.

⑩ 여러 가지 아르바이트를 하였습니다.

▶ 1학년 2학기 ○○마트 판매 아르바이트를 시작하여 총 7가지의 아르바이트를 하였습니다.

⑪ 여러 가지 자격증을 취득하였습니다.

▶ 2023년 7월 건강관리사, 웃음치료사 1급 자격증 등 총 3개의 자격증을 취득하였습니다. 특히 건강관리사 자격증을 취득한 후 건강관리의 중요성과 삶의 질에 대해 진지하게 생각하게 되었습니다.

⑫ 고객들마다 진심 어린 인사로 맞이하였습니다.

▶ "색상이랑 잘 어울리세요. 웃는 인상이 참 인상적이세요!" 등 고객님의 특성에 따른 진심 어린 인사로 맞이하였습니다.

핵심정리

- 자신만의 스토리텔링으로 승부하자.

- 직무 관련 경험을 기술하자.

- '나'를 표현하는 키워드로 표현하자.

- 팀워크가 중요한 사람이라는 것을 어필하자.

- PREP(강조-이유-예시-강조) 구조로 작성해 보자.

- 문장은 무조건 단문으로, 설명식 긴 문장은 지양하자.

라. 주요 병원별 자기소개서 항목

☐ 가천의과대학교 길병원

- 성장 과정 및 가정환경
- 성격의 장단점
- 생활관, 취미, 특기
- 재학 중 관심 영역, 동아리활동, 주요 사회경험
- 지원동기
- 입사 후 각오 및 향후 계획

☐ 가톨릭대학교 서울성모병원

- 성장 과정
- 성격 및 특기사항
- 생활신조
- 지원동기 및 장래 계획
- 역량 및 업적

☐ 건국대학교병원

- 성장 과정
- 본인의 장단점
- 지원동기
- 입사 후 포부
- 대내외 주요 활동(학교, 사회, 실무경력 등 활동)
- 건국대학교 병원의 현재와 미래의 생각

☐ 경희의료원

- 성장 과정
- 성격 및 생활신조
- 세부(동아리, 연수, 봉사 등 활동)
- 지원동기 및 포부
- 바람직한 간호사란?

☐ 고려대학교 의료원

- 지원동기 및 역량 발휘 계획
- 간호사가 되기 위한 노력 및 성과
- 구성원들과의 팀워크 및 협력 방안

☐ 단국대학교병원

- 성장 과정
- 성격 및 교우관계
- 지원동기
- 희망 업무 및 입사 후 포부
- 특기

☐ 삼성서울병원

- 지원 이유와 향후 계획
- 직무 수행과 관련된 경력 사항 및 여러 가지 활동
- 타인과 협력하여 목표 달성 경험

☐ 서울대학교병원

- 지원동기, 입사 후 실천 목표
- 지원 분야와 관련된 경험 및 경력
- 지원 분야 경험과 경력으로 병원 입사 후 직무 수행 계획
- 타인과 정서적 스트레스 경험 및 관리법
- 업무수행 중 예상치 못한 문제나 어려움의 원인 파악 후 극복 경험

☐ 서울아산병원

- 성장 과정, 지원동기, 입사 후 포부 및 지원하는 업무, 자신의 장점 및 특기사항
- 본원의 핵심가치 중 본인이 가장 부합한다고 생각하는 항목을 선택하여 경험이 나 사례 기술

☐ 연세대학교 의료원

- 성장 과정, 자기 신조
- 지원동기

- 입사 후 포부
- 업무수행 능력
- 팀워크 협력
- 열정 몰입성
- 의미 있는 경험(동아리, 봉사활동)

☐ 이화여자대학교의료원

- 성장 과정
- 성격의 장단점
- 생활신조
- 지원동기 및 포부
- 취미, 특기

☐ 중앙대학교병원

- 본인의 성격
- 성장 과정
- 팀워크 협력
- 직무 관련하여 자기개발 중인 것
- 지원분야 중 가장 관심 있는 분야
- 아르바이트 실습경험 경력 기산 세부적 기술
- 학교에서 가장 열정적으로 참여한 일, 역할
- 전공과목 중 좋아하거나 자신 있는 과목
- 간호사로서 중요하다고 생각하는 덕목

☐ 한양대학교병원

- 지원한 본인만의 동기
- 지원할 직무를 잘 수행할 수 있다는 생각과 경험 구체적 서술

- 살면서 이룬 가장 큰 성과와 이유를 구체적으로 기술
- 이상적인 직장 조건

□ 한림대학교의료원

- 성장 과정, 장단점, 생활신조
- 지원동기, 입사 후 계획
- 성격 및 특이사항
- 자신의 역량 및 업적

□ 인하대학교병원

- 성장배경
- 성격
- 자기평가
- 입사 동기
- 입사 후 포부

□ 전남대학교병원

- 입사 후 목표 및 기여 방안
- 직무 수행 계획
- 지원분야의 직무역량 및 전문성 기술

□ 차병원

- 성장 과정
- 가치관 성격
- 지원동기 및 입사 후 각오
- 업무상 강점

□ 국립중앙의료원

- 지원동기
- 직무 선택 이유와 필요한 역량을 갖추기 위한 노력
- 본원 인재상 중 자신이 잘 부합하는 한 가지와 관련 경험 기술

□ 국립암센터

- 어떤 일에 주도적 아이디어 기획 및 제안이 성공적으로 수행 경험
- 학교나 직장에서 문제 발생 시 창조적 논리적 사고로 해결해본 경험
- 학교나 직장에서 필요한 능력을 관리하고 개발해본 경험
- 학교나 직장에서 업무수행 중 구성원과 문제없이 원만하게 해결해본 경험
- 국립암센터 지원동기 및 입사 후 실천하고자 하는 차별화된 목표
- 국립암센터 업무 중 직장생활을 위한 태도와 매너, 올바른 직업관이 중요한 이유

마. 주요 병원 비전 및 간호부 비전

□ 서울대학교병원

1) 병원 비전

서울대학교병원은 세계 최고 수준의 교육, 연구, 진료를 통하여 인류가 건강하고 행복한 삶을 누릴 수 있도록 한다.

① 최상의 진료로 가장 신뢰받는 병원

세계적 첨단진료영역을 지속적으로 확보함으로써 국민과 의료전문가들이 믿고 선택하는 병원이 된다.

② 생명의 미래를 여는 병원

건강한 생명의 연장에 필요한 연구를 통하여 세계적 성과를 창출함으로써 의학 연구의 지평을 넓힌다.

③ 세계 의료의 리더를 양성하는 병원

다양한 경험과 창조적 교육을 바탕으로 의료발전을 주도할 세계적인 리더를 배출한다.

④ 의료선진화를 추구하는 정책협력병원

대한민국 의료시스템의 발전 방향을 제시하고 정책협력을 통하여 의료선진화를 견인한다.

2) 간호부 비전

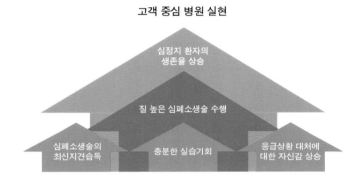

□ 세브란스병원

1) 병원 비전

하나님의 사랑으로 인류를 질병으로부터 자유롭게 한다.

① 연세의료원은 첨단진료, 전문화, 의료기관 간 유기적 관계구축을 통하여 양질의 진료를 제공하고 고객을 섬김으로써 가장 신뢰 받는 의료기관이 된다.

② 개혁정신과 협동정신으로 새로운 연구영역을 창출하여 의학기술을 선도하는 연구기관이 되며, 다양하고 인격적인 교육으로 가장 배우고 싶어 하는 교육기관이 된다.

③ 알렌, 에비슨, 세브란스의 정신을 이어받아 의료 소외지역에 의료와 복음을 전파하여 사랑을 실천하는 의료 선교기관이 된다.

2) 간호부 비전

전문성과 정직한 진료로
신뢰받는 병원

끊임없이 연구하는
혁신적인 병원

지역주민의 건강을 책임지는
건강지킴이 병원

직원과 환자 모두가 지속적으로
소통하는 병원

• 간호부 핵심 가치

☑ 사랑
환자의 심신을 치유하는
자비로운 사랑정신

☑ 열정
건강한 사회를 위한
도전과 열정정신

☑ 봉사
행복한 삶, 건강한 삶에
기여하는 봉사정신

☐ 서울아산병원

1) 병원 비전

　① 누구에게나 가장 신뢰 받는 병원이 된다.

　② 최적의 의료를 제공하는 병원이 된다.

　③ 건실한 경영으로 성장, 발전하는 병원이 된다.

　④ 창의적 연구와 충실한 교육이 이루어지는 병원이 된다.

　⑤ 직원 모두가 행복하고 긍지를 느끼는 병원이 된다.

• 핵심가치 - 나눔과 배려, 정직과 신뢰, 미래 지향, 공동체 중심 사고, 사실 및 성과 중시

2) 간호부 비전

전문간호를 수행하는 실력있는 간호부	**함께 일하고 싶은** 신뢰받는 간호부
자긍심을 가지고 즐겁게 일하는 간호부	**혁신적인 간호경영으로** 미래를 선도하는 간호부

• 간호부 핵심가치

탁월성	소통과 협력	정 직	환자 안전	창의성
간호의 전문성과 탁월성을 높이기 위해 최선을 다한다.	간호대상자 및 타 의료진과 원활한 의사소통을 하며 협력한다.	윤리적 사고를 바탕으로 정직과 성실을 실천한다.	모든 간호과정은 환자의 안전을 목적으로 한다.	통찰과 공감을 통한 창의적인 간호, 즉 예술적 간호를 수행한다.

☐ 국립중앙의료원

1) 병원 비전과 핵심 가치

사람 지역 미래를 잇는 국립중앙의료원
- 국민 모두의 건강을 함께 꿈꾸고, 내일의 변화를 위해 한발 앞서 움직입니다.

① 국가가 책임지는 필수의료 부문을 총괄하는 국가중앙병원
② 지역과 계층을 넘어 의료불평등을 해소하는 공공보건의료 체계의 중추
③ 사람 중심 의료서비스 혁신을 이끌어 가는 보건의료문화 혁신센터
④ 전국의 공공병원에 모범과 기준을 제시하는 국가 표준 공공병원

2) 간호부 비전

바. 면접

　면접은 지원자의 성품을 포함한 조직에의 융화 가능성, 전문지식과 역량의 정도 등을 측정하는 구술시험으로 면접관은 지원자의 전체 능력을 확인할 수 있고, 지원자는 자신의 재능을 최대한 보여줄 수 있는 기회의 장이다.

　면접의 종류에는 개인면접, 집단면접, 집단 토론 면접, 다차원 면접, 프리젠테이션 면접 등이 있다.

☐ 면접 스피치에 필요한 것은 표현력과 조리 있게 말하는 것이다. 자신을 어필하는 중요한 내용을 면접관이 머리에 그림을 그리면서 이해하고 납득할 수 있도록 말해야 기억될 수 있다. 더불어 자신의 경험과 역량을 과장하지 않고 진심을 담아 자신 있게 전달해야 한다.

☐ 스피치 즉 언어적 메시지보다 먼저 면접관에게 보여지는 비언어적인 메시지도 매우 중요하다. 앞서 본 '메라비언의 법칙'에서도 말했듯이 시각적인 요소가 55%(표정 등 35%, 태도 20%)를 차지한다고 배웠듯이 표정, 태도, 시선처리 같은 비언어적인 표현을 평소에 미리 연습하고 준비해야 한다.

- 긍정적인 이미지를 형성하는 태도

  자신감이 돋보임, 상냥하고 밝은 성격, 환한 미소, 돋보이는 인사성, 진심이 담긴 답변, 간호사의 전문 역량, 인간에 대한 관심 등

- 부정적인 이미지를 형성하는 태도

  자신감 결여(위축), 불안한 시선, 무표정, 의미 없는 긴 답변, 산만한 자세, 과장만 가득한 답변, 예의 없는 인사, 작은 목소리, 부정확한 발음 등

☐ **면접 시 답변할 때는 겸손을 담아 당당하고 명확하게 전달해야 한다.**

면접관에게 보여지는 태도는 겸손하고 질문에 답변할 때는 당당하고 알아들을 수 있도록 명확하게 해야 한다. 자신감 없이 작은 소리로 웅얼웅얼하면서 답변을 흐리면 안 된다. 또한 답변을 할 때는 면접관에게 두루두루 부드럽게 눈맞춤을 하며 신뢰감을 주어야 한다.

☐ **답변할 때 PREP화법을 구사하면 효과적이다.**

면접에서는 문어체가 아닌 구어체를 사용해야 한다. 짧고 명료하게 핵심을 담아 전달해야 한다. 사례를 뒷받침하는 근거를 이야기할 때 '왜냐하면'을 사용하면 면접관에게 타당한 이유가 있다는 믿음을 준다.

Point 핵심강조 → 포인트	**Reason** 왜냐하면 → 이유
Example 사례, 경험 → 이야기	**Point** 다시 핵심강조 → 포인트

☐ **인성면접**

- 1분 자기소개

  내가 어떤 사람인지를 어필하기 위하여 실무역량과 강점을 바탕으로 자기소개를 한다. 자신을 인상 깊은 단어와 별명, 사물 등으로 표현하여 어필하기도 한다. 특기가 외국어라면 센스 있게 외국어 버전으로 자기소개를 준비해 두면 좋다. 그리고 내용 중에 부정적 단어 사용, 구구절절 늘어놓기, 쓸데없는 미사여구 사용, 병원에 대한 과도한 칭찬 등은 금물임을 명심하자.

- 1분 자기소개를 해보세요.
- 부모님이 바라보는 자신의 이미지를 이야기해 보세요.
- 친구들이 바라보는 자신의 이미지를 이야기해 보세요.
- 자신을 한 단어로 표현한다면?
- 자신을 사물로 표현한다면?
- 자신을 색상으로 표현한다면?
- 성장과정 중에 가장 기억에 남는 일이 있다면?

• 성격의 장단점

자신이 병원의 일원으로 일하기에 합당한 사람인지, 조직생활에 문제가 있는 사람은 아닌지 등을 확인하기 위해 빈번하게 질문한다. 자신이 간호사로서 갖추고 있는 성격과 장점을 갖추고 있음을 사례와 경험을 통하여 구체적으로 이야기한다. 특히 단점은 극복해 나가는 과정과 노력을 반드시 같이 준비하여 답변하도록 한다.

- 성격의 장단점을 이야기해 보세요.
- 타인이 바라보는 자신의 성격의 장단점을 이야기해 보세요.
- 부모님이 바라보는 자신의 성격의 장단점을 이야기해 보세요.
- 장점으로 자기소개를 해보세요.
- 자신이 왜 간호사가 되어야 하는지 이유를 이야기해 보세요.
- 간호사로서 자신이 부족한 점을 무엇이라고 생각하나요? 보완하기 위해 어떤 노력을 해야 할까요?

• 의미 있는 경험

의미 있는 경험을 물어보는 이유는 간호사로서 업무를 행하는 자세와 태도 등을 알아보고자 함이다. 성취, 좌절, 열정, 리더십 등의 역량을 드러내기 좋은 질문이다. 성공과 실패사례 경험을 통하여 깨달은 점, 노력하여 얻은 성취감 등을 이야기하여 어려운 상황도 잘 극복할 수 있다는 자신감을 보여주어야 한다.

- 살아오면서 가장 기뻤던 일은 무엇입니까?
- 인생을 살면서 가장 기억에 남는 일은 무엇입니까?
- 인생을 살면서 가장 행복했던 일은 무엇입니까?
- 최근에 화를 낸 적이 있나요?
- 부모님께 가장 자랑스러웠던 일은 무엇입니까?
- 아르바이트를 했나요? 했다면 가장 기억에 남거나 힘들었던 일은 무엇입니까?
- 팀별 활동 시에 가장 힘들었던 경험이 있나요?
- 위기를 극복한 경험에 대해 말해보세요.
- 자신이 가장 자랑스러워하는 큰 성과는 무엇입니까?
- 혼자 여행 가본 적이 있나요?

- 병원 실습

  실습 경험을 통해 간호 수행능력을 알기 위함이다. 실습을 통하여 미래 간호업무를 경험해 볼 수 있다. 그 과정에서 경험한 사례를 구체적으로 의미있게 잘 전달하여야 한다. 자신이 갖춘 역량을 드러낼 수 있는 기회이므로 자신감을 가지고 답변하도록 하자.

- 실습 시 가장 기억에 남는 일은 무엇입니까?
- 실습 시 가장 인상에 남았던 간호사가 있다면 이야기해 보세요.
- 실습 시 가장 힘들었던 경험과 극복하기 위한 노력에 대해 말해보세요.
- 실습 시 혼난 적이 있습니까?
- 실습을 통해 느낀 점을 이야기해 보세요.
- 실습 시 환자와 친해지기 위한 노력에 대해 이야기해 보세요.
- 실습하면서 가장 기억에 남는 병원과 부서가 있다면?
- 실습 시 자신이 가장 잘할 수 있었던 핵심기술이 있다면?

- 직업관

  '간호사'라는 직업에 대한 이해와 사명감을 갖추려고 노력하는 사람인지를 알아보기 위하여 질문한다. 많은 직업 중에 왜 간호사를 선택했는지, 왜 내가 해야만

하는지, 간호사를 선택한 계기와 이유는 무엇인지 등을 구체적인 사례와 열정을 담아 이야기하는 것이 중요하다.

> – 자신이 간호사가 되어야 하는 이유 3가지를 말해보세요.
> – 간호사의 경쟁력은 무엇이라고 생각하는지 말해보세요.
> – 간호사가 갖추어야 할 덕목 3가지를 말해보세요.
> – 간호사가 하지 말아야 할 것 3가지를 말해보세요.
> – 간호사가 되고 싶었던 계기를 이야기해 보세요.
> – 신입 간호사가 가장 힘들어하는 것은 무엇일까요?
> – 간호사 '태움' 문화에 대해 알고 있나요? 자신의 의견을 말해보세요.
> – 환자를 간호하면서 가장 중요한 것은 무엇이라고 생각하는지 말해보세요.
> – 의사나 선배 간호사의 부당한 행동을 목격했을 때, 어떻게 대처해야 하는지 이야기해 보세요.
> – 간호사로서 최종 꿈(목표)은 무엇입니까?
> – 10년 후 자신이 어떤 간호사가 되어 있을지 말해보세요.
> – 환자에게 친절한 간호사, 동료와 사이좋은 간호사, 실력이 뛰어난 간호사 중에서 자신은 어떤 간호사가 되고 싶나요?

☐ 성공적인 면접 흐름 체크

구 분	내 용	비 고
대기상황	1) 자신의 면접 순서를 확인하고 면접장 입실 전 필요한 용무를 미리 마친다.	불가피하게 자리를 뜰 경우 반드시 관계자에게 그 사유를 밝히고 양해를 구하자.
	2) 용모복장의 단정함을 최종 체크하고 바른 자세로 차분하게 대기한다.	대기 상황도 면접의 연장선
입실상황	3) 자신의 이름이 불러지면 자신 있게 대답한 후 바른 자세를 유지하며 면접장으로 이동한다.	
	4) 문 앞에서 두세 번 노크 후 입실한다.	
	5) 입실 직후 눈이 마주친 면접관을 향해 가볍게 눈인사를 한다.	

	6) 면접관을 향해 바르게 선 후 정중하게 인사한다.	
	7) 면접관이 앉으라고 지시하면 '네'라고 대답한 후 자리에 앉는다.	면접 내내 바른자세 유지는 필수
질의답변 상황	8) 질문의 요지를 정확히 파악하고, 결론을 먼저 말한 후 부연설명을 한다.	
	9) 마지막까지 최선을 다해 답한 후 면접이 끝나면 자리에서 일어나서 정중하게 인사한다.	
퇴실상황	10) 두 걸음 정도 뒷걸음질 후 방향을 틀어 문쪽으로 이동한다.	
	11) 문을 닫을 때 등을 보이지 않도록 한 자세에서 면접관에게 가볍게 인사 후 문을 닫는다.	

□ 직무면접 연습

〈기본간호〉 예상 질문

1	질문	• 투약의 5R을 설명해 보세요.
	답변	• 투약 시 반드시 확인해야 하는 5R은 정확한 대상자(right patient), 정확한 약물(right drug), 정확한 용량(right dose), 정확한 시간(right time), 정확한 경로(right route)입니다. • 2R을 더하자면 정확한 기록과 정확한 교육이 있습니다.
2	질문	• 항생제 투여 전 skin test를 하는 이유를 말해보세요.
	답변	• 알레르기 반응을 확인하기 위해서입니다. • 미약한 알레르기 반응은 투여를 중지하면 호전될 수 있지만 아나필락틱 쇼크와 치명적인 부작용이 있다면 생명에 위험이 되기 때문입니다.
3	질문	• 수혈 시 가장 중요한 것은 무엇인지 말해보세요.
	답변	• 혈액백의 정보가 환자의 정보와 일치하는지 확인해야 합니다. • 환자에게 ABO와 RH를 확인하고 검사결과와 일치하는지 반드시 확인합니다. 수혈백에 명시된 환자 이름, 등록번호, 혈액형이 일치하는지 보고 2인이 교차 확인합니다.
4	질문	• 수혈 부작용이 발생한다면?
	답변	• 즉시 수혈을 중단합니다. • V/S를 체크하면서 N/S가 연결된 IV set로 바꾸고 의사에게 보고합니다. • 용혈검사를 하거나 혈액백을 혈액은행에 의뢰합니다. • V/S가 안정될 때까지 환자를 관찰하며 I/O를 체크합니다.

5	질문	• 낙상을 예방하기 위한 방법에 대해 이야기해 보세요.
	답변	• 낙상 위험 사정 도구를 통해 고위험 환자를 분류하고 침상이나 환자 팔목에 팔찌를 이용하여 낙상위험이 있다는 것을 보여줍니다. • 환자와 보호자에게 호출기 사용법을 교육하고 수시로 라운딩하며 관찰합니다. • 취침 전 화장실을 다녀오도록 하며, 밤에 화장실을 갈 경우에는 시야를 확보하는 보조등을 켜도록 합니다. • 바닥에 물기가 없도록 하고 교육합니다. • 보행 시 보조기구가 필요한 환자는 보조기구를 사용하거나 보호자의 도움을 받아 이동하도록 합니다. • 소아의 경우 침상 사이드 레일을 높이고 난간 커버를 덧대고 보호자가 항상 함께 있어야 함을 교육합니다.
6	질문	• 욕창을 예방하기 위한 간호에 대해 말해보세요.
	답변	• 피부상태를 자주 사정합니다. • 뼈가 돌출된 부위, 압력이 가해지는 부위는 패드, 드레싱을 하여 피부를 보호합니다. • 2시간마다 체위변경을 합니다. • 소변이나 대변을 빨리 닦아주어 건조하고 청결한 상태를 유지합니다.
7	질문	• L−tube를 통한 영양공급 시 주의해야 할 점은 무엇인가요?
	답변	• 흡인예방을 위하여 반좌위나 좌위를 취해줍니다. • 제대로 삽입되었는지 확인하고 위 잔류량을 확인한 다음 중력에 의해 천천히 주입합니다. • 영양액 주입 후 물 30~60cc를 주입하여 튜브를 세척합니다. • 30분~1시간 정도 상체를 올린 좌위를 유지하여 역류와 흡인을 예방합니다.
8	질문	• 유치도뇨의 목적에 대해 말해보세요.
	답변	• 장시간 배뇨가 어렵거나, 시간당 소변량을 관찰해야 하는 환자, 수술환자, 방광을 세척하거나 약물을 주입해야 하는 상황에 유치도뇨를 합니다.
9	질문	• 관장용액이 빨리 주입되지 않아야 합니다. 그 이유에 대해 설명해 보세요.
	답변	• 관장용액을 빨리 주입하면 장이 급속히 팽창하고 과한 압력으로 용액이 빨리 배출되고 원하는 배변이 되지 않습니다. 또한 점막이 손상될 수 있습니다.
10	질문	• Suction(흡인)에 대해 설명해 보세요.
	답변	• 무균법을 정확하게 실시합니다. • 흡인 전과 후에 Ambu−bagging를 합니다. • 환자의 성별과 연령별로 압력을 지키며 흡인합니다. • 카테터의 삽입에서 제거까지 10초 이내가 넘지 않도록 합니다. • 흡인 후에는 V/S를 체크하고 객담과 호흡 양상을 관찰합니다.

11	질문	• 상완에 혈압을 재면 안 되는 이유는?
	답변	• AV fistula가 있는 투석환자와 유방절제술을 받은 쪽의 팔에서는 혈압을 측정하면 안 됩니다.
12	질문	• 억제대를 사용할 때 무엇을 확인해야 합니까?
	답변	• 순환장애나 피부 손상 등을 확인하기 위해 억제 부위를 자주 확인합니다.
13	질문	• 격리와 역격리에 대해 설명해 보세요.
	답변	• 격리란 전염성 병원체계에 감염된 환자로부터 입원한 다른 환자나 보호자, 직원들의 감염을 막기 위해 보호하는 것입니다. • 역격리는 면역력이 떨어진 환자를 외부로부터 보호하기 위해 보호하는 것을 말합니다.
14	질문	• 내과적, 외과적 손 씻기에 대해 말해보세요.
	답변	• 내과적 손 씻기는 손의 먼지나 일시균을 제거할 목적으로 흐르는 물에 손이 팔꿈치보다 아래로 향하게 하여 손을 적신 후 비누를 사용하여 손바닥, 손등, 손가락 끝, 손가락 사이, 손목 등을 씻는 것입니다. • 외과적 손 씻기는 일시균과 상주균을 완전 제거할 목적으로 손끝을 팔꿈치보다 높게 하여 소독제 비누를 솔로 사용하여 손톱 끝, 손가락, 손바닥, 손등, 팔목, 전완, 팔꿈치 순으로 씻습니다.
15	질문	• 매슬로의 욕구 5단계에 대해 말해보세요.
	답변	• 1단계는 생리적 욕구로 공기, 수분, 영양, 배설, 휴식 등 기본적으로 해결되어야 하는 욕구입니다. • 2단계는 안전과 안정의 욕구로 해롭고 위험한 것으로부터 자유롭고자 하는 욕구입니다. • 3단계는 사랑과 소속감의 욕구로 타인과 의미 있는 관계를 유지하고자 하는 욕구입니다. • 4단계는 자아존중의 욕구로 타인뿐만 아니라 스스로 가치 있다고 인정받고 싶은 욕구입니다. • 5단계는 자아실현의 욕구로 잠재력과 능력을 실현하고 싶은 욕구입니다.

〈성인간호〉 예상 질문

1	질문	• 객혈과 토혈의 차이점을 말해보세요.
	답변	• 객혈은 폐나 기도로부터의 출혈이 원인이 되어 기침과 동시에 배출되는 것이고, 토혈은 상부 위장관인 식도나 위가 원인이 되어 출혈하는 것입니다. 토혈은 구토와 동시에 일어납니다.
2	질문	• Chest-tube(흉관배액관)를 삽입하고 있는 환자를 간호할 때 주의할 점은 무엇인가요?
	답변	• bottle이 침상보다 항상 낮게 있어야 하며 배액관이 꼬이거나 눌리지 않도록 합니다. • 호흡 시에 일어나는 파동을 주의 깊게 보고, 배액관이 막히면 관을 손으로 훑어줍니다.
3	질문	• Chest-tube(흉관배액관)가 빠졌을 경우 우선으로 해야 할 것은 무엇인가요?
	답변	• 빠진 삽입부위를 바셀린 거즈로 막고, 즉시 의사에게 알립니다. • 환자를 안정시키며 V/S를 체크합니다.
4	질문	• COPD(만성 폐쇄성 폐질환) 환자가 호흡곤란을 호소할 때 간호에 대해 말해보세요.
	답변	• 반좌위를 취합니다. • 입 오므리기 호흡법을 격려합니다. • 낮은 농도의 산소를 공급합니다. • 의사의 처방에 따라 기관지 확장제, 거담제를 투약합니다. • 환자의 안정을 지지합니다.
5	질문	• 기관절개 환자의 간호에 대해 말해보세요.
	답변	• 적당한 가습을 유지하고, 흡인을 통해 가스교환이 될 수 있도록 합니다. • 기도 내 조직 손상을 막기 위해 커프 압력을 적절하게 유지합니다. • 고정 끈이 너무 조이지 않도록 합니다.
6	질문	• CVP(Central Venous Pressure)를 측정하는 이유는?
	답변	• CVP는 우심방으로 귀환하는 정맥혈액량을 평가하여 순환혈액량의 상승과 감소를 알 수 있습니다. • 순환혈액량이 많을 때는 CVP가 상승하고, 적을 때에는 CVP가 감소합니다. • 정상수치는 0~8mmHg이며, 5~15cmH₂O입니다.
7	질문	• 심근경색과 협심증의 차이점을 말해보세요.
	답변	• 심근경색은 관상동맥의 폐쇄로 인하여 심근이 괴사하는 상태이고 협심증은 관상동맥의 협착으로 심근의 허혈이 되는 상태입니다. • 협심증은 휴식이나 NTG투여로 통증이 완화되지만, 심근경색은 Morphine(마약성 진통제)을 투여해야 합니다. • 협심증은 좌측 견갑골, 팔, 턱, 목으로 방사통이 있고, 심근경색증은 양쪽 가슴과 팔까지 더 넓은 부위에 방사통이 있습니다.

8	질문	• GCS(Glasgow Coma Scale) 사정 방법 및 영역은?
	답변	• 눈뜨기, 언어, 운동 반응 세 가지 영역을 사정하는 것입니다. 눈뜨기는 스스로 눈을 뜨는지, 소리, 통증에 눈을 뜨는지, 전혀 반응이 없는지를 사정하고 언어반응에 자극을 하는지, 이상한 대화나 언어를 구사하는지, 이해불가한 소리 등을 사정합니다. • 운동반응은 지시에 따라 맞는 행동을 하는지, 통증 부위를 정확히 아는지, 통증을 피하려고 하는지, 이상한 굴곡이나 신전이 있는지, 전혀 반응이 없는지를 꼼꼼히 사정합니다.
9	질문	• 바빈스키 증후에 대해 말해보세요.
	답변	• 발바닥을 발꿈치의 중간점에서 발바닥의 외측을 따라 위로 움직인 후 발가락을 건드리지 않고 가로질러 내측으로 자극하는 검사법입니다. • 정상은 족저 굴곡이 보이고, 비정상일 경우 배 측으로 굴곡되어 다른 발가락들은 부챗살 모양처럼 펴집니다. • 양성반응은 운동신경계에 변화가 있음을 의미합니다.
10	질문	• Seizure(간질)환자 간호에 대해 설명해 보세요.
	답변	• 기도를 확보하고 산소를 공급합니다. • 흡인을 예방하기 위하여 측위를 취합니다. • 주변의 위험한 물건을 치우고 침대는 낮게 유지하고 낙상을 예방합니다. • 보호자에게 항경련제에 대해 설명하고 의사의 처방에 따라 투약합니다.
11	질문	• 위 절제술 환자에게 L-tube를 삽입하는 이유는?
	답변	• 연동운동이 정상이 아니므로 가스와 액체의 배액을 통한 감압을 위해서입니다. • 수술부위에 압력이 가해지는 것을 예방할 수 있고, 배액을 통해 출혈 여부를 관찰할 수 있습니다.
12	질문	• LC(Liver Cirrhosis, 간경화)의 합병증은?
	답변	• 문맥성 고혈압, 복수, 간성 뇌질환입니다.
13	질문	• LC 환자에게 관장을 하는 이유에 대해 설명해 보세요.
	답변	• Lactulose(락툴로오즈) 관장을 합니다. • 관장을 해주는 이유는 장내 산도를 감소시켜 박테리아 성장을 억제하며 암모니아가 요소로 남는 것을 배설하도록 합니다.
14	질문	• 복수천자(Paracentesis) 시 주의해야 할 점은?
	답변	• 많은 양을 배액하면 Shock에 빠질 수 있으므로, 한 번에 1~2L 이상을 넘지 않도록 배액합니다. • 알부민을 보충해 줍니다. 알부민 농도가 떨어지면 수분이 혈관 내에서 머무르지 못하고 빠져나가므로 보충해 줍니다.

15	질문	• T-tube를 삽입하는 목적에 대해 설명해 보세요.
	답변	• 담낭절제술과 같은 담도계 수술 후 총담관에 삽입합니다. • 담즙배출을 돕고 개방을 유지하여 총담관의 부종을 가라앉게 하고 정상적으로 답즙이 십이지장으로 배액되게 합니다. • T-tube를 가지고 있는 환자는 배액양상과 주변의 피부상태를 관찰하고, T-tube 배약관이 총담관보다 아래로 위치하도록 합니다.

〈상황면접 예상 질문〉

1	질문	• 복통을 호소하는 환자가 핫팩을 달라고 한다면, 어떻게 대처하시겠습니까?
	답변	• 복통의 원인을 파악하는 것이 우선입니다. • 환자에게 통증양상과 부위, 간격 등을 확인합니다. • 주치의에게 알리고 환자에게 신속한 처치와 간호를 하도록 합니다.
2	질문	• 병실 순회 시 치매 환자분이 사라졌습니다. 어떻게 대처할지 이야기해보세요.
	답변	• 즉각적으로 안전요원에게 환자에 대한 도움을 청합니다. • 주치의, 간호 관리자, 보호자에게 알립니다. • 병원 내 방송을 이용하여 최대한 빨리 찾도록 합니다.
3	질문	• 중환자실에 면회시간이 아닌 다른 시간에 보호자가 멀리서 왔다며 면회를 요청합니다. 어떻게 대처할지 이야기해 보세요.
	답변	• 주치의나 간호 관리자에게 환자의 상태를 보고하고 면회가 가능한지 의견을 나눈 후 면회 여부를 결정합니다. • 보호자에게 면회규정을 다시 교육하고 재발이 없도록 합니다. • 환자의 상태가 가능하다면, 전화나 영상 면회로 대처하기도 합니다.
4	질문	• 아침에 정규 채혈을 했는데 오후에 추가 채혈을 해야 합니다. 대상자는 아동이어서 보호자가 불만을 호소하며 거부합니다. 어떻게 할지 이야기해 보세요.
	답변	• 주치의에게 지금 채혈을 해야 하는지 재차 확인합니다. • 바로 채혈을 해야 한다면 보호자에게 충분히 자세히 설명하고 채혈합니다.
5	질문	• 환자가 불안을 표현하지 않는다면 어떻게 확인합니까?
	답변	• 예민함, 무력함, 피곤함, 절망감 등을 보일 수 있고 혈압, 맥박과 호흡이 증가할 수 있습니다. • 땀을 많이 흘리고 빈번하게 소변을 볼 수 있습니다.
6	질문	• 두 명의 환자에게 처방된 약물을 바꾸어 투약했을 때, 어떻게 대처할지 이야기해 보세요.
	답변	• 바뀐 약이 투여된 환자의 상태와 V/S를 주의 깊게 확인하고 의사와 간호 관리자에게 즉각적으로 보고합니다.

7	**질문**	• 갑자기 응급 수혈해야 하는 상황입니다. 혈액을 받아와 수혈하려고 하지만, 동료 간호사들이 모두 바빠 도와달라고 말하기 힘든 상황일 때, 어떻게 할지 말해보세요.
	답변	• 수혈은 큰 부작용을 야기할 수 있으므로 응급상황이라 할지라도 동료 간호사와 Cosign해야 합니다. • 동료 간호사들이 모두 바쁘다면 의료인 누구와도 이중 확인해야 하기에, 수간호사 선생님이나 의사에게 도움을 청해 꼭 원칙을 지켜야 합니다.
8	**질문**	• 동료 간호사가 이중 확인 약물을 확인하지 않고 간호 수행하러 가면 어떻게 할지 이야기해 보세요.
	답변	• 동료 간호사에게 이중 확인을 했는지 확인 후, 돕겠다고 하면서 같이 이중 확인을 합니다.
9	**질문**	• AST를 하지 않고 항생제를 투약하였습니다. 어떻게 할지 이야기해 보세요.
	답변	• 알레르기 반응이 있는지 주의 깊게 관찰합니다. • 호흡곤란, 오심, 구토, 두통, 빈맥 등 알레르기 반응을 환자와 보호자에게 교육하고 이상이 있으며 바로 알리도록 합니다. • 의사나 간호 관리자에게 보고합니다.
10	**질문**	• 환자가 종교적인 이유로 수혈을 거부할 때, 어떻게 대처할지 이야기해보세요.
	답변	• 주치의에게 알리고 대체할 수 있는 약물이 있는지 알아봅니다. • 수혈을 받지 않으면 발생되는 현상과 결과를 환자와 보호자에게 충분히 설명합니다. • 간호사 윤리강령에 따라 환자의 개별적 요구와 자기결정권을 존중해 줍니다. • 또한, 의료법에 의한 환자의 권리와 의무에 따라 환자에게는 진료받을 권리, 알 권리, 자기결정권, 가치관이나 신념이 존중받을 권리가 있기에 존중하여 결정합니다.

- 간호서비스, 박주희 & 장신욱, 군자출판사
- 간호사 면접, 주선희 & 한연수, 홍지문
- 간호사 자소서, 태원준, 홍지문
- 고객서비스입문, 박혜정, 백산출판사
- 고객서비스 전략, 폴 R. 팀, 멘토르
- 당뇨커뮤니케이션, 이시이 히토시, GTI코리아
- 방송 연설 후보자의 비언어적 커뮤니케이션이 고 · 저 관여 시청자에게 미치는 영향, 김명주 & 나은영, 한국방송학보, 2005
- 생산운영관리, 안영진 외, 박영사
- 서비스매너, 장순자, 백산출판사
- 서비스 품질경영, 유영목, 양서각
- 성공하는 직장인의 7가지 대화법, 정경진, 크레듀하우
- 에니어그램의 지혜, 돈 리처스 리소 & 러스 허드슨, 한문화
- 올댓매너, 김은정 & 문시정, 백산출판사
- 유사언어가 방송메시지 전달과 설득에 미치는 영향연구, 이현경, 한국스피치커뮤니케이션학회 학술대회 자료집, 2006
- 이미지 메이킹 프로그램이 간호대학생의 이미지 메이킹 효능감, 긍정적 사고, 자아존중감 및 간호전문직관에 미치는 효과, 문인오 외, 원광보건대학교 간호학과, 전북대학교 간호대학 · 간호과학연구소, 간호행정학회지, 2015
- 이제는 간호마케팅의 시대, 박주희, 이담
- 의료환경에서 서비스 품질상황이 서비스 품질과 경영성과에 미치는 영향, 제주대학교 황용철 교수, 2006
- 의료 커뮤니케이션, 한국의과대학의학전문대학원장협회 & 대한의료커뮤니케이션학회, 학지사
- 채용이 바뀐다 교육이 바뀐다, 교육의 봄 등저, 우리학교
- 토마스 고든의 간호사 역할 훈련, 니카이 키미코, GTI코리아

- 프레젠테이션 코칭북, 조미경 외, 길벗
- 필립 코들러의 마켓 4.0, 필립 코들러 외, 더퀘스트
- 현대인의 생활매너, 이연희 외, 백산출판사
- 호텔직원의 비언어적 커뮤니케이션이 직원평가와 고객만족 및 충성도에 미치는 영향, 이승연 외, 호텔경영학연구, 2013
- 훌륭한 인품을 위한 첫걸음 서비스파워, 문소윤, 백산출판사
- 환자를 파트너로 만드는 법, 서정돈, 노보컨설팅
- Excellent Nursing, 데시마 메구미, 메디 캠퍼스
- KBU 취업설계와 상담, 경복대학교
- Non-verbal communication in human social interaction, M. Argyle, 1972
- Service consumption criticality in failure recovery, C. Webster, D.S. Sundaram, Journal of Business Research, Elsevier, 1998

저자약력

문시정

(주)더핀트 대표이자 '올댓매너' 저자로서 단국대학교 대학원 경영학과 Service Operation Management 석사를 수료했다. 연성대학교 항공서비스학과 외래교수를 역임하였으며 방송인, 기업인, 정치인 등 주요 인사의 성향별 이미지 전략과 미디어 컨설팅을 진행하고 있다. 대학에서는 교수법 및 프레젠테이션 강의를, 기업에서는 IR피칭과 서비스 관련 컨설팅을 하며 또한 강사양성과정을 운영하고 있다.

최상호

(주)더핀트 이사로서 BPR, ISP와 같은 정보화컨설팅, 경영컨설팅과 서비스전략 컨설팅을 하고 있다. 아주대학교 경영대학원에서 석사를 졸업하고 단국대학교 대학원 경영학과 Operation Management 박사를 수료했다. 단국대학교와 안양대학교 경영학과 외래교수, 안양대학교 경영대학원 외래교수를 역임하였으며 한국아토피면역치료학회 총무이사 및 한국구매조달학회 이사, 한국생산관리학회 산학협력이사로 위촉된 바 있다.

권승혁

경복대학교 간호학과 교수로서 동덕여자대학교 대학원 일문학 박사 및 중원대학교 대학원 미술치료교육 박사를 수료했다. 예술심리치료 전문가로서 개인 및 집단상담과 외부특강 등 업무를 수행하였으며, 현재 경복대학교 평생교육대학장을 맡고 있고 간호학과에서는 국제간호사 양성과정을 담당하고 있다. 국가공무원인재개발원 공무원선발 면접관으로도 활동 중이다.

박영선

경복대학교 간호학과 교수로서 대학에서 성인 및 노인 간호학을 강의하고 있다. 한양대학교 대학원에서 간호학 박사학위를 이수하였다. 남양주 풍양치매안심센터와 포천시 치매안심센터의 지역사회협의체 위원으로 위촉되어 지역사회 치매 관리 자문을 진행하고 있으며 한국통합사례관리학회 및 한국융합연구기술학회 이사로 활동하고 있다.

저자와의
합의하에
인지첩부
생략

간호서비스를 위한 비즈니스 매너

2023년 8월 20일 초판 1쇄 인쇄
2023년 9월 1일 초판 1쇄 발행

지은이 문시정 · 최상호 · 권승혁 · 박영선
펴낸이 진욱상
펴낸곳 백산출판사
교　정 박시내
본문디자인 오행복
표지디자인 오정은

등　록 1974년 1월 9일 제406-1974-000001호
주　소 경기도 파주시 회동길 370(백산빌딩 3층)
전　화 02-914-1621(代)
팩　스 031-955-9911
이메일 edit@ibaeksan.kr
홈페이지 www.ibaeksan.kr

ISBN 979-11-6639-370-9 93190
값 28,000원